高等职业教育酿酒技术专业系列教材

黄酒营销技术

魏瑞锋　胡明琦　编著

中国轻工业出版社

图书在版编目（CIP）数据

黄酒营销技术/魏瑞锋，胡明琦编著. —北京：中国轻工业出版社，2017.4

高等职业教育酿酒技术专业系列教材

ISBN 978-7-5184-1267-9

Ⅰ.①黄…　Ⅱ.①魏…　②胡…　Ⅲ.①黄酒—市场营销学—高等职业教育—教材　Ⅳ.①F724.782

中国版本图书馆 CIP 数据核字（2017）第 023172 号

责任编辑：王　朗

策划编辑：江　娟　　文字编辑：方朋飞　　责任终审：劳国强

封面设计：锋尚设计　　版式设计：锋尚设计　　责任校对：燕　杰

责任监印：张　可

出版发行：中国轻工业出版社（北京东长安街 6 号，邮编：100740）

印　　刷：北京君升印刷有限公司

经　　销：各地新华书店

版　　次：2017 年 4 月第 1 版第 1 次印刷

开　　本：720×1000　　1/16　　印张：15

字　　数：292 千字

书　　号：ISBN 978-7-5184-1267-9　　定价：38.00 元

邮购电话：010－65241695　传真：65128352

发行电话：010－85119835　85119793　传真：85113293

网　　址：http：//www.chlip.com.cn

Email：club@chlip.com.cn

如发现图书残缺请直接与我社邮购联系调换

120424J2X101ZBW

前言

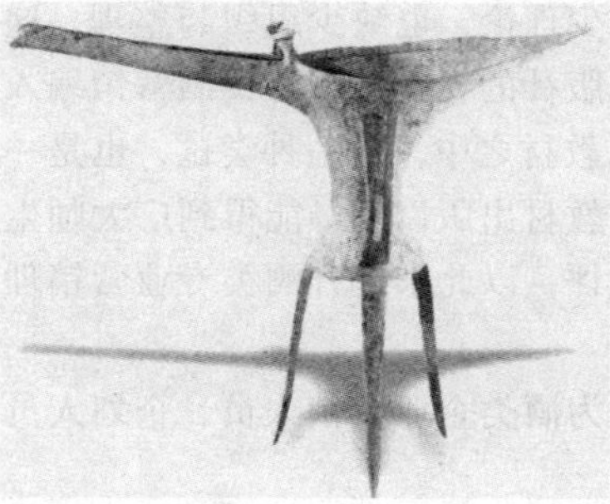

黄酒是中国最为古老的酒种，也是世界上最为古老的酒种之一，历来受到消费者钟爱。黄酒由于其历史文化底蕴极其深厚，中国各地的黄酒又分别代表着本土酒文化的基本特征与要素，使黄酒具有比其他酒种更强的地域性与局限性，导致黄酒在营销方面往往在全局意识、扩张意识、开拓意识上有所缺失。

本教材根据我国黄酒市场的实际情况，利用现有的市场营销理论，通过对黄酒产品的个性化提取，走出以往教材要么重理论、要么重实践的单一的教学思路，以高职高专人才培养为出发点，按照“理论够用，注重实战”的主旨进行资料的收集与汇编，充分体现了黄酒营销现状与改变现状的方法，尤其是对如何从实际操作入手，做了大量的分析，为酒类市场营销人才提供了一些初步的操作知识与进一步提升的进阶方法。

全书从营销概论引出黄酒的营销特点，再从市场分析与市场调查来看黄酒市场调查的实际案例，然后从营销的4P策略到黄酒的实际营销策划与终端管理，全面介绍黄酒营销的基本技术与要求，是黄酒业一本专业的营销教材。教材第一章、第二章由浙江工业职业技术学院魏瑞锋编写，第三章至第六章由浙江农业商贸职业学院胡明琦编写，全书习题由魏瑞锋设计。

黄酒的营销缺少理论，也缺少组织与整理，这次在中国轻工业出版社的支持下，将黄酒营销编入黄酒酿造专业系列教材之中，是一种尝试，也是一种探索，希望在本教材出版以后，能得到广大师生与读者的反馈与批评，以此来提升酒类专业营销理论的整体水平。

本教材也可作为酒类企业营销人员、企划人员的参考资料。

编者

2017 年 1 月

目录

第一章 营销概论

第一节 现代营销概念

一、营销学的起源

“营销学”一词译自英语中的“Marketing”，是20世纪初产生于美国的一门新兴的学科。在20世纪初，美国的几所高校开始教授市场营销方面的课程，以适应美国经济迅速发展和市场竞争日趋激烈的状况。20世纪30年代是美国经济大萧条时期，卖东西的难度大大增加，这促使营销学有了很大的发展。但这一时期的营销学只是经济学的一个分支，直到20世纪50年代，美国新技术革命深入发展以及社会生产力空前提高，使得卖方竞争异常激烈，原有的营销理论和方法已不能适应现实的需要。于是，现代营销观念以及一整套现代企业的营销战略、方法应运而生，营销学也正是在这个时期真正从经济学中分化出来，成为指导企业经营管理的一门独立学科。

20世纪50年代，许多新的营销理论不断涌现，在工商企业的经营中发挥着越来越明显的重要作用。1960年杰罗姆·麦卡锡提出著名的4P理论，涵盖产品（Product）、价格（Price）、渠道（Place）、促销（Promotion）四类要素。70年代末，随着服务业的兴起，服务营销为服务业提供了思想和工具，也帮助制造业开拓了新的竞争领域。90年代，企业营销理念发生变化，企业开始反思传统的营销活动，在产品开发基础上，要考虑消费者的需求，在满足消费诉求中获得利润。于是，4C开始向传统的4P发起挑战，4C理论涵盖顾客（Customer）、成本（Cost）、便利（Convenience）、沟通（Communication）四类要素。

20世纪末21世纪初，逐步建立起了以顾客忠诚为目标的4R理论，兼顾企业的利益和消费者的需求，包括关联（Relevancy）、反映（Respond）、关系（Relation）、回报（Return）四类要素。4R理论强调竞争导向，突出企业与顾客的双向互动，同时兼顾成本。

进入21世纪后，在互联网环境下，产生了以提高企业核心竞争力为目标的4V理论，包括差异化（Variation）、功能化（Versatility）、附加价值（Value）、共鸣（Vibration）四类要素。4V理论是典型的系统和社会营销理论，不仅兼顾社会和消费者的利益，还兼顾资本家、企业与员工的利益。

需要注意的是，这些营销理论之间不是取代关系，而是完善、发展的关系。

二、现代营销

由于现代社会科学发展、经济形势和市场状况发生了巨大变化，传统的营销方式已经在多个方面力不从心，因此有必要对现代营销进行探讨。

现代营销以互联网为基本手段营造网上经营环境的各种活动，是企业整体营销战略的一个组成部分，是为实现企业总体经营目标所进行的。

（一）现代营销组成部分

从管理学的角度，现代营销包括三个部分。

1. 学习营销

现代经济时代的到来以及科学技术的持续快速发展，尤其是计算机技术和互联网的迅猛发展，一些新的营销手段层出不穷，比如微信公众平台推广、电子信息渠道、电子交易渠道等，意味着企业必须不断地学习才能适应。消费者同样地需要“活到老，学到老”，才能熟悉和理解不断涌现的新产品。因此，相应地，营销也要上升为“学习营销”。企业向消费者和社会宣传自己的产品和服务，推广普及新技术，对消费者进行“传道、授业、解惑”，实现信息的共享，消除顾客的消费障碍，从而取得皆大欢喜的营销效果。比如，有学者针对葡萄酒消费行为的研究，发现葡萄酒的知识水平对消费者购买意愿和购买行为有显著的促进作用，这意味着企业可以通过增进消费者对葡萄酒知识的学习来提高销售额。而黄酒营销在普及黄酒知识的同时来提升销售业绩方面，恰恰做得不是很好。

2. 互联网营销

互联网营销是现代营销和网络技术相结合的产物，与传统商店相比，不需要店面、货架、销售人员，只要有一个互联网网址，就可以向全社会进行营销活动，具有成本低廉、无存货、全天候服务等优点，并且拉近了企业产品和消费者之间的距离。另外，在互联网上还可同步进行广告促销与效果跟踪、市场调查和信息收集等活动。

近几年，互联网营销的产生增加了企业的发展途径和产品的销售新模式，尤其为中小企业的发展提供了难得的机遇。

3. 环保营销

随着生活水平及自身素质不断提高，消费者更加关注产品相关各方面对环境的影响。因此，传统意义上的商品及服务已不能满足人们的消费需要，而健康化、自然化、对环境有益化的产品正逐渐成为消费的新宠。消费者对环境保护的关注，一方面限制了那些不注意环境保护企业的发展，另一方面却为那些具有良好环保意识的企业提供和创造了营销机会。无论从企业长远发展还是短期利益的角度看，企业从生产产品到使用以及回收处置的整个过程做到对生态环境无害，符合特定的环保要求都是非常必要的，同时在营销策略上注重“环保情结”，重视“环保包装”，提供“环保服务”。

（二）新的市场营销理论

由学习营销、互联网营销、环保营销三个部分演变出一些新的市场营销理论，主要有以下几种。

1. 文化营销

文化营销是指在企业营销活动中有意识地通过发现、培养或创造某种核心价值观念，并且针对企业面临的目标市场的文化环境采取一系列的文化适应和沟通策略，以实现企业经营目标的一种营销方式。文化营销包括产品层面、品牌文化层面、企业文化层面。

（1）产品层面　从文化营销的角度来看，产品是文化价值观的实物载体，在这一层面，产品可以引导一种全新的消费观念和消费方式。如“麦当劳”和“肯德基”的产品和服务创造了一种快餐文化和消费方式，“劲酒”引导形成了一种适量饮酒、健康饮酒的饮酒方式和观念。

（2）品牌文化层面　品牌有无优势，主要取决于品牌是否具有丰富的个性和文化内涵，是否符合消费者的认知和价值选择。当品牌竞争在质量、价格等物质要素上难以有突破时，给品牌注入文化内涵，就会从众多竞争者中脱颖而出。厂商创名牌的过程，就是不断地积累品牌文化个性的过程。戴尔比斯钻石的那句“钻石恒久远，一颗永流传”，不仅用丰富的内涵和优美的语句道出了钻石的真正价值，还首次将坚贞不渝的爱情引入品牌文化中，成为珠宝类品牌口号的基准模式。

（3）企业文化层面　企业文化是企业为解决生存和发展问题而形成的，被组织成员认为有效而共享并共同遵循的基本信念和认知。在这一层面，将企业的产品或服务文化、企业及员工的行为文化、组织的机制和制度文化，特别是企业的精神、价值观、伦理等理念文化，通过整合有效地传达给消费者。如大家所熟知的东风日产的“人・车・生活”，体现了东风日产致力于创造富有个性化、创新性的汽车与服务，并将可见的卓越的价值提供给所有的相关者，与内外部公众产生了深刻的共鸣和认同。

2. 绿色营销

绿色营销是指企业在营销活动中，充分考虑消费者、企业与环境三者的利益，在充分满足消费者的需求，实现企业利润目标的同时，注意自然生态平衡。实施绿色营销要求企业从产品的设计、生产过程、定价到营销的全部过程都以保护生态环境为前提，保护和节约自然资源，维护人类社会的长远利益，实现经济市场的持续发展。如可口可乐在上海世博会期间做营销时，将回收的PET材质的可口可乐瓶子，通过碾碎、抽丝、混纺等工艺将其做成纪念章、T恤等，树立了企业“绿色”的良好形象，给企业留下了很好的口碑。但目前绿色营销的实施效果与消费者的绿色观念、政府的绿色法制以及绿色科技的发展状况关系巨大。比如消费者尽管对环保比较关注，但是否这就意味着他们愿意为此购买更多或者支付更高的价格呢？

3. 全球营销

全球营销指企业通过全球性布局与协调，使其在世界各地的营销活动一体化，以便获取全球性竞争优势。全球营销的产生与兴起一方面是由于全球经济一体化的迅速发展，市场国际化和竞争国际化的趋势越来越明显，另一方面，从行为学的角度，是由于各个地区、国家消费者价值观的不一致。对于中国来说，加入WTO后，正逐步成为全球重要投资基地，并已经成为全球最重要的市场之一，全球营销显得愈发必要。

全球营销的中心任务是优先考虑不同国家的商业利益如何符合企业的全球性战略目标，即全球营销应服从于企业的整体发展，更注重全球整体市场规模的优化，甚至在必要时候不惜牺牲在某一地区或国家的市场。

4. 电子商务

电子商务通常是指在互联网开放的网络环境下，基于浏览器/服务器应用方式，买卖双方不谋面地进行各种商贸活动，实现消费者的网上购物、商户之间的网上交易和在线电子支付等活动的一种新型的商业运营模式。电子商务的类型有三种：企业对消费者（B to C）的电子商务、企业对企业（B to B）的电子商务、个人对个人（C to C）的电子商务。

2000年初，随着互联网泡沫的破灭，中国电子商务市场出现了萎缩；2005年以后，中国电子商务及网络营销重新步入稳步发展时期；2015年电子商务交易额达到18.3万元，同比增长36.5%。电子商务已广泛应用于各企业，即使不用来进行交易，也用于信息的传播或收集。目前，电子商务正给商务活动带来史无前例的革命，它的影响甚至会超出商务活动本身，对社会法制以及人们日常生活等方面产生越来越明显的影响。而反过来，网络基础建设、网上交易的安全和信用保障机制的完善程度、法律的健全程度、物流配送体系的建设程度等对电子商务的实施有很大的影响。

5. 整合营销

随着营销环境日趋复杂以及消费者获得市场信息的渠道越来越广，消费者的需求差异比以往更为显著，许多曾经有效的营销手段逐渐失去作用，整合营销是市场营销理论适应环境变化出现的。整合营销是一种通过对各种营销工具和手段的系统化组合，并根据营销环境的变化进行即时性的动态修正，以使交换双方在交互中实现价值增值的营销理念与方法。整合营销发生在两个层次：一是不同的营销功能（如市场研究、销售力量、广告、产品管理等）之间的相互配合；二是营销部门和企业的其他部门之间的相互协调。

整合营销强调以顾客、企业和社会三方利益为中心，将从产品的设计、生产到售出的全过程有机地结合在一起，并将所有的活动和元素都整合和协调起来。整合营销力争在同一时间向一个客户推销最多的产品，而不是将一种产品同时推销给最多数量的客户，更加注重从不同的层面和感官使消费者获得多重体验。在条件允许的情况下，整合营销还强调定制化的服务和与消费者的双向沟通。

第二节 传统营销与现代营销的区别

一、市场营销概念的演变

国内外时常将“市场营销”和“推销”混为一谈，这也并不奇怪，因为在20世纪30年代，这两个概念是可以通用的，无显著区别。然而到20世纪50年代以后，随着营销实践的发展和现代营销理论的形成，“市场营销”一词的含义已远超出了传统推销的意义范畴，被赋予了许多新的内容。在现代营销理论形成的背景下，营销大师菲利普·科特勒指出：“市场营销最重要的部分不是推销，推销仅仅是市场营销冰山的顶端，推销仅仅是市场营销几个职能中的一个，并且往往不是最重要的一个。因为，在售卖产品前，如果营销人员做好识别消费者需求的工作，发展适销对路的产品，并且搞好定价、分销和实行有效的促销，这些货物将会很容易地推销出去。”

1960年美国市场营销协会（AMA）提出市场营销的概念为：“市场营销是引导货物和服务从生产者流向消费者或用户所进行的一切商务活动。”营销专家认为市场营销不是始于产品产出之后，也不是终于产品售出之时，而是包括了产前与售后的一系列经营活动。这一定义缩小了市场营销的含义，也不符合现代企业市场营销的实际。到1985年，美国市场营销协会提出了新的定义：“市场营销是关于构思、货物和服务的设计、定价、促销和分销的规划与实施过程，目的是创造能实现个人和组织目标的交换。”对市场营销最新的定义是在2007年发布的：“市场营销是创造、传播、传递和交换产品与服务的活动和过程，这些产品与服务可为顾客、委托人、合作者以及全社会提供价值。”

二、市场营销管理哲学的演变

（一）生产观念

生产观念认为，卖方的一切经营活动以生产为中心，企业应致力于提高生产效率和分销效率，降低成本，扩大生产。在20世纪20年代初期及其以前的西方发达国家，由于商品供不应求以及成本太高，消费者更关注是否能得到产品而不太关注产品的特点，生产观念占支配地位。生产观念是一种重生产、轻市场营销的商业哲学。

被誉为“汽车大王”的亨利·福特，1903年创立美国汽车行业中资格最老的垄断企业——福特汽车公司。1863年，亨利·福特出身于美国密歇根州的一个农场主家。他热衷于汽车制造，并将生产的汽车统一规格（T型黑色车）、降低成本，使得公司成立以来产品销售形势一直很好，长期供不应求，以至于亨利·福特扬言“不管顾客需要什么，我的汽车只有一种黑色的。”但好景不长，到20世纪20年代中期，随着美国经济增长和居民收入、生活水平的提高，美国广大消费者开始追求时髦和变化，缺乏特色的T型黑色汽车在市场上几乎无人问津。后来公司改变市场营销观念，按消费者的需求开发新型汽车，才重新打开销路。

（二）产品观念

产品观念认为，消费者最喜欢高质量、多功能、具有特色的产品，企业生产的产品只要质量好，技术独特，顾客自然会盈门。这一观念下的企业将过多的注意力放在了产品上，而很少放在市场的实际需要上。

美国柯达公司创立于1881年，并于1900年发布了价格为1美元的相机，开创了大众摄影的新时代。该公司一直致力于提升胶卷的品质，获得了巨大成功，到1981年，柯达公司的销售额冲破了100亿美元。然而，2007年以后，公司的盈利急剧下降，到2012年破产。造成这种状况的主要原因是市场形势发生了变化：由于电脑等设备的发展，人们更愿意将纪念的瞬间方便地放到存储设备里，方便再欣赏，而不是麻烦地去洗胶卷。尽管柯达公司是第一个发明数码相机的公司，也注意到了市场形势的变化，但依然迷恋于生产高质量和有特色的胶卷，面对顾客的需求犹豫不决，缺乏精力的投入，结果致使这个百年企业破产而终。

生产观念和产品观念都属于以生产为中心的经营思想，均不重视消费者的需求，所不同的是，前者注重生产的数量，后者注重生产的质量和特色。

（三）推销观念

20世纪20年代末，由于美国正处于经济大萧条时期，大批产品供过于求，人们担心的不是生产问题而是销售问题，推销观念成为这一时期的主导思想。

推销观念认为，消费者通常有购买的惰性，一般不会足量购买企业的产品，企业所做的推销努力程度与销售量成正比。推销观念下，企业着眼于现有产品，采用各种方法销售给消费者，而不太关注消费者是否真的需要以及是否满意。

（四）营销观念

营销观念产生于20世纪50年代中期，是买方市场完全形成的形势下的产物。营销观念认为，实现企业各项目标的关键在于正确确定目标市场的需求和欲望，并比竞争对手更能有效地传送给目标市场所期望的物品或服务的过程。这种观念要求企业以满足顾客需求为出发点，发现消费者的需求并设法满足，而不是先制造产品然后设法推销出去。

日本本田汽车公司想在美国推出一种品牌名为雅阁的新车。在设计新车前，他们派出工程技术人员专程到洛杉矶地区考察高速公路的情况，实地丈量路长、路宽，采集高速公路的柏油，拍摄进出口道路的设计。回到日本后，他们专门修了一条14500m长的高速公路，就连路标和告示牌都与美国公路上的一模一样。在设计行李箱时，设计人员意见有分歧，他们就到停车场看了一个下午，看人们如何放取行李。这样一来，意见马上统一起来。结果本田公司的这款汽车一到美国就备受欢迎，被称为是全世界都能接受的好车。

（五）社会营销观念

这一观念是1971年杰拉尔德·蔡尔曼和菲利普·科特勒提出的，并已获得广泛的认同。它产生于20世纪70年代能源短缺、通货膨胀、失业增加、环境污染严重的新形势下。

社会营销观念认为，企业的任务是确定目标市场需求、欲求和利益，并且在保持、增进消费者和社会福利的情况下，比竞争者更有效率地向目标市场提供满足其需要、欲望和利益的物品或服务。这就要求企业在满足自身利润利益的同时，兼顾消费者的需求和社会的长远利益。

美国安利公司一向非常重视环境保护，生产的每一项日化产品都具有生物降解性能，不污染土壤和水源。公司从1978年开始已停止使用破坏臭氧层的氯氟化合物。安利产品多采用浓缩包装，因而较其他同类产品减少50%～70%的塑料包装材料。安利公司自设种植园，专门为其生产的营养商品提供原料，在种植园里不使用农药和化肥。安利还全面停止利用动物进行试验。安利在世界各地积极推广环保意识和绿色营销观念，为此，1989年获得了联合国环保组织颁发的“环境保护成就奖”。

三、传统营销与现代营销的区别

从市场营销概念和市场营销管理哲学的演变可以得出关于传统推销与现代营销的区别有如下的几个方面。

（一）营销管理的中心不同

传统市场营销观念指导下的营销活动是以生产为中心，以产定销，属于“后知后觉”式的对策性营销活动。这种营销管理具有滞后性、盲目性、被动性等缺点。而现代市场营销观念指导下的营销活动则是以消费者的需求为中心，以需定销，属于“先知先觉”式的战略性营销活动。这种营销管理具有超前性、主动性、战略管理性的优点，目标是让推销变得多余。

（二）营销实践的手段不同

传统的市场营销活动一般以单一的推销、广告等营销手段开展；而现代市场营销活动则是以系统的、多层次的、整体协调的多样化手段开展的，表现为“全员、全过程、全企业”的整体性营销活动。

（三）营销活动的目的不同

传统的市场营销活动的目的是企业通过生产和销售已有的产品来实现赢利；而现代市场营销活动则是企业根据消费者的需求和欲望来生产产品和服务，来提供产品和服务，在最大限度满足消费者需求的同时实现自己赢利。

（四）营销决策的利益导向不同

传统营销观念指导之下，营销决策的利益出发点与归宿点都是单一的企业的利益，而忽略了或根本不考虑消费者与社会的利益；而现代营销观念指导之下的营销决策则在统筹兼顾消费者利益、社会整体利益以及企业利益的前提下，开展营销活动。在三者利益发生冲突与矛盾时，则崇尚“顾客利益至上”“社会利益至上”“服务社会，发展自己”“消费者是企业的衣食父母”“顾客永远是对的”等经营宗旨，积极承担社会责任，维护消费者利益，表现为利益兼顾的多元化。

第三节　黄酒营销的特点

黄酒是中国优秀的传统酒种，已有数千年的悠久历史。但黄酒的营销是在改革开放以后才被国人所重视的，因此，黄酒营销的特点尚脱不开传统的窠臼。到目前为止，黄酒营销还停留在主要利用其他酒种的营销理念、营销观念与营销方式方法的阶段，尚无黄酒的营销理论与实践操作指导专著。尽管黄酒具有与其他酒种相似的特点，但同时也具有自身独特的个性，而这些个性可能恰恰是与其他产品营销不同的特殊性所在，因此，在黄酒营销理论与实践操作论述展开之前，有必要先介绍一下这些个性特征。

一、以产品为中心

黄酒是中国的创造发明，数千年以来一直只有中国生产。黄酒有生产与销售等多个环节，尽管黄酒企业将极大部分的精力投放在产品的开发上，但不得不承认的是，黄酒产品的开发大多在低层次的理化指标稍做变动中微调，近年的特型黄酒大多也是在原黄酒酒基的基础上，添加一些药食两用物质的煮提液或浸提液而成，技术含量不高。换句话说，各黄酒企业多是在想方设法生产出许多同质的产品出来，以适应市场上与其他企业的产品竞争。这实际上体现出的是一种传统的原始的营销特点。目前，黄酒产品的开发或改进多集中在酒精含量和糖含量两个思路上。

（1）以降低酒中酒精含量来进行产品开发和生产　传统黄酒一直以来是以酒精含量16%以上的为代表品种，为适应不同消费群体对酒的不同需要，尤其是在现代生活快节奏的影响下，黄酒的酒精含量在逐步下降。目前，以清爽型为代表的黄酒其酒精含量在8%～14%（体积分数），特型也大多采用这一模式。在这个酒精含量范围内，各企业竞相推出许多产品。

（2）以酒中含糖量多少来进行产品开发和生产　我国黄酒的国家标准也是以酒中含糖量的多少来进行品种分类的，总糖含量在15.0g/L以下的称为“干型黄酒”、15.0～40.0g/L的称为“半干型黄酒”、40.0～100.0g/L的称为“半甜型黄酒”、100.0g/L以上的称为“甜型黄酒”。企业根据不同地域对甜味适应性的差异，在酒精含量变化的基础上，结合总糖含量的变化开发出了这四大类产品，其中，半干型黄酒为主导产品，约占黄酒产品总量的70%，其次是半甜型黄酒，甜型黄酒产量最小。现今社会，人们生活水平越来越高，多数人饮食富营养化，含糖量高的产品越来越不受欢迎，但在我国的江苏苏南一带、西部地区以及西南地区，因为有食甜的偏好，半甜型和甜型黄酒比较受欢迎。

由于黄酒产品的开发大多集中在酒精含量和总糖含量变化的思路上，有数百个产品进入市场，因此，以产品为中心的同质化竞争十分激烈。

二、以文化为渲染

黄酒的文化极其厚重，中国数千年来的文化可以说无不与酒有着不解之缘。无论从中国最古老的文字甲骨文，还是最古老的饮器；无论从史籍记载，还是传说故事；无论从酿酒方法，还是划拳行令，酒之文化已与人们的日常生活紧密地结合在一起。在黄酒营销方法选择与营销推广中，文化元素的应用便显得非常必要。

如孔子的“惟酒无量不及乱”，讲的就是酒应该在严肃的敬天、拜神、祭祖后方能由人来饮用，而不能乱了礼法。

（一）绍兴酒往往可以引经据典

《国语》中的“越语”篇中有越王为增加国家人口补充兵力和劳力，曾采用一系列奖励生育的政策和措施，内中有“生丈夫，二壶酒，一犬；生女子，二壶酒，一豚”。如此明确记载的以酒奖励生育的政策，在中国历史上绝无仅有。以酒奖励生育有两方面的作用，一是作为国王的恩赐，使百姓感激国君，服从国君；二是作为产妇的一种保健饮品，帮助催奶和恢复产妇的体能，有利于优育。以黄酒作为产妇的保健饮品一直沿用至今。

在《吕氏春秋・顺民》中有“越王苦会稽之耻，欲深得民心……有酒流之江，与民同之”的记载，意思是勾践为获得百姓的支持，在有酒时，便倒入江河中与老百姓共饮。此获取民心的做法，以“箪醪河”的形式传承至今。

《国语》相传为春秋战国时期左丘明所作，所以又称《左氏春秋》，加上《吕氏春秋》，这两部春秋中对酒的记载让绍兴人引以为傲。于是黄酒之源出绍兴，似乎也变得顺理成章。先不论绍兴是否为中国黄酒的起源地，然黄酒在绍兴已有2000多年的历史是无可非议的，于是绍兴黄酒的生产企业也就把黄酒的正宗锁定在绍兴。

其后南朝梁元帝萧绎所著的《金镂子》一书，其中有记录他少年读书时的“银瓯一枚，贮山阴甜酒”之语。另外，做过梁元帝幕僚的颜之推，在《颜氏家训》中也有同样记载，内中说萧绎11岁在会稽读书时，“银瓯贮山阴甜酒，时复进之”。小小年纪不时饮用甜酒，可见当时的酒应该是淡淡的，不会太醉人，否则可能就读不了书了。但绍兴的酒在南北朝时期就有记录，能将此作为营销文化，企业想想也是开心之事。这种文化烙印企业在宣传时是不会轻易放过的，甚至有企业就起名为山阴酒厂，将其产品称为“山阴甜酒”。

康熙《会稽县志》有“越酒行天下”的记载，随园老人袁枚有“绍兴酒如清官廉吏不参毫假，又如名士耆英长留人间，阅尽世故而其质愈厚”之喻，梁章钜在《浪迹续谈》中说：“今绍兴酒通行海内，可谓酒之正宗……至酒之通行，则实无它酒足以相抗”。

（二）各地竞相效仿

各地的酿酒企业，通过查阅当地的方志、传记、历史记载，寻找到了属于自己企业的文化印记，绍兴黄酒企业获得了很大的名声，其他地区的黄酒企业也想借鉴类似的方法。举例如下。

山东即墨老酒称，古时的酒为“醪酒”。其佐证为《春秋纬》中有“麦，阴也；黍，阳也，先啧曲而投黍，是阳得阴而沸，故以曲酿黍为酒”，开始了人工酿酒的先河，但受技术条件的限制，此时酿出的是一种未过滤的酒，即古时的“醪酒”。醪酒是人类最早酿造的一种汁渣混合的酒，又称“浊酒”，其多次重酿而成的精品为“酎酒”。《说文》中解释“酉，酒也。八月黍成，可为酎酒”，意思是说，仲秋八月，黍米成熟之时，正是用黍米酿酒的最好时机，这时酿出的酒醇厚质好，称“酎酒”，《礼记·月令》中有“天子饮酎”的记载。历史也确实够久远的。

江苏苏州是中国黄酒有名的产区，苏州历史上的文人大都饮酒，且关于酒的诗文、绘画、书法佳作甚多。唐代“饮中八仙”之一的张旭是苏州人，号称“酒帝诗仙”的顾嗣立也是苏州人，还有陆龟蒙、范仲淹、范成大、唐伯虎、祝枝山、张灵、冯梦龙等也都是苏州人。张灵豪放喜饮，每以刘伶、李白自况。相传唐伯虎为其作《张灵行乞图》，盛传一时。冯梦龙撰写《酒史》，选录和描述当时名酒《酒品》一篇，其中诗词歌赋可征者占56%，为中国酒文化做出了杰出的贡献。唐伯虎更是酒酣作画，皆入神品，当时有“若得伯虎画一幅，须费兰陵酒千钟”之谚。祝枝山的《春日醉卧戏效太白》诗描述独自饮酒的乐趣，妙趣横生。还有寓居苏州的文人墨客，如自称“醉吟先生”的白居易、“《汉书》下酒”的苏舜钦等。这些历史上大名鼎鼎的文豪，往往饮酒也是鼎鼎大名。假如没有这些文人，苏州历朝历代的社会文化生活将寡淡许多；假如没有酒，这些文人的佳作韵味也将少了许多。苏州实在也是一个酒陶冶下的文人福地。此外，苏北如皋的“陈元酒”“白蒲黄酒”也都有动人的故事。

四川以汉代的画像砖，作为标榜四川酒悠久历史的实物证据。成都土桥曾家包汉墓，1975年出土石刻“酿造图”，图中有五口大陶缸，一人右手正向缸内投酒曲，左手握棍用力搅拌。陶缸为侈口，便于进料，敛颈为防止酒香外溢，大腹为增加盛料容量，缸底部埋于地下使其固定和保温。旁边一人赶牛车运载粮食来到酿酒作坊，有一妇女正在井边提水，附近一只犬被酒香吸引，正伸长脖子张望。什邡，汉代属广汉郡辖县，《汉书·地理志》做“汁方”。汉代有“汁方长印”封泥（《汉印文字征》十）。据专家考证什邡得名，汁即酒汁，琼浆玉液。

汁方意为曲蘖酒母酿酒发祥地，是以酒术驱鬼神的巫文化祭祀中心。

陕西谢村黄酒是陕西省非物质文化遗产，也有多彩的文化元素。相传“唐代德宗皇帝歌咏谢村黄酒的一首诗。诗曰‘此酒只应皇家有，瑶池天宫量也无。他日龙驾回长安，每年送朕三万斛。’朱泚兵变，唐德宗李适经傥骆道避难洋州谢村镇，谢村的乡绅捧黄金白银、绫罗绸缎、美酒佳肴前往接驾。德宗皇帝唯独对谢村黄酒赞不绝口，当即挥毫赋诗，传为佳话”。

中国台湾的酿酒历史虽然较短，但记录真实，值得宣扬。在1630年8月5日的福尔摩沙评议会曾载有决议，禁止汉人酿造米酒的记录，为中国台湾最早的“酒业”记录……三百多年前来自闽粤的居民，已在中国台湾用白曲酿酒，荷兰的士兵及水手则是主要顾客之一。

而最为有趣的是宁夏黄酒，“清朝光绪年间，在宁夏一家破旧的小酒铺里出现了一种奇特的酒——明澈亮黄，甘醇馥郁，犹如玉液琼浆，汁液浓酽，斟之挂碗，饮之沾唇。它一面市，小酒铺便蓬荜生辉，顾客盈门。此酒的泡制者是一位年轻的寡妇”，人称张寡妇黄酒。一直传承至今。由于其文化印记独特，被世人所深记。

（三）获奖作为品质的标志

产品获奖证明了其具有优秀品质，黄酒生产企业与其他酿酒企业一样，把历史上所获的种种奖项，作为产品品质的证据。而奖项是最为耀眼的文化元素，体现着社会对产品的认可程度与褒奖力度。其奖项层次越高，越能被人们所认同与推崇。

如绍兴酒，在清宣统二年（1910年）第一次南洋劝业会上，浙江和绍兴的地方政府将包括绍兴酒在内的土特产送去陈列、展评。绍兴“沈永和”和“廉豫萃”两家酿坊生产的绍兴酒均受清政府的褒奖，获特等金牌。1915年，绍兴酒参加了在美国旧金山举办的巴拿马太平洋万国博览会，“云集信记”酿坊的绍兴酒获金牌奖。1929年，在杭州举办的“西湖博览会”上，“沈永和墨记”酿坊的“善酿酒”荣获金奖。1936年，在杭州举办的浙赣特产展览会上，绍兴酒获优等奖状。中华人民共和国成立后，“绍兴加饭酒”获历届全国评酒会金奖，成为国家名酒。同时屡获国际酒类大赛和食品、饮料、酒类等博览会金奖。所有这些都成为绍兴酒优秀品质的证明。

其他如即墨老酒，1963年开始就被评为国家优质酒，1988年中国首届食品博览会获金奖等；福建龙岩沉缸酒虽然现在规模已较小，但以往历届全国评酒会金奖的名声犹在；打开上海金枫酒业网站，企业荣誉录上记有上百条的奖项；其他如广东黄酒、江苏黄酒、安徽黄酒、湖南黄酒、陕西黄酒、甘肃黄酒、大连黄酒等都有其自身优秀品质的证明。

（四）品牌意识的增强

品牌作为产品重要的文化元素，在黄酒中也是不甘落后。有20世纪80年代以前的中国名牌，国家级金牌、银牌、铜牌；有改革开放以后的中国名牌、中国驰名商标、中华老字号等。虽然国家有规定，不能将名牌、驰名商标用于产品标识中，但企业在宣传时还是注重这方面的荣誉，以激起消费者的购买欲。

在产品同质化的市场境况下，这些文化积淀往往是消费者进行产品选择的重要提示。

三、以历史为自豪

黄酒的历史，据史书记载已有2000多年，若据考古研究则历史更长，如浙江宁波的河姆渡文化，其酒器的存在年限在7000年以上，更有专家对稻米、陶器、文字、酒器的考古研究得出，稻米酒的历史在1万年以上。且中国酒的历史在明以前，或者说在唐以前基本上是黄酒的历史，在黄酒发展的基础上，蒸馏器的出现才提升了黄酒的酒精度，成为当今的白酒。

所以黄酒在营销上往往也是以世界三大发酵古酒之一为自豪，把自己与啤酒、葡萄酒并列在一起，以此作为历史悠久的佐证。事实上黄酒确实是中国各酒种中，历史最为长久的。从汉刘向的《说苑》中就有“清盎之美，始于耒耜”的明确说法；“四书五经”的书经《尚书》就有传统酿酒的“六必”大法，即稻秫必齐、曲蘖必时、水泉必香、湛炽必洁、陶器必良、火候必得。这与现代的传统工艺要点仍十分吻合。其实这一经典在中国传统文化典籍中更早记载于春秋战国时期的《礼记·月令》中，其“曲蘖必时”令世界生物界为此着迷。欧洲利用曲糖化谷物要比中国晚1000多年。所以有人说中国的黄酒是酒的祖宗也不过分。黄酒企业将历代文人的词章诗句、历代政府的酒政酒策到市井的故事传说，甚至牵强附会的绘声绘色的编造等，都用作自己产品的历史印记。

黄酒企业在营销手册与大多数宣传资料上，都把其悠久的历史作为引以为豪的独家资源进行花样百出的宣传。

绍兴酒前面已有提及，这里再观北方黄酒的代表——即墨老酒，为了突出其悠久的历史，在讲故事时，不忘联想。根据《战国策·齐策》中的田单巧布火牛阵大破燕军的记载，绘声绘色地插入庆功所用的就是即墨老酒的前身的情节。

据《战国策，齐策》记载，公元前284年，燕将乐毅攻齐，唯即墨久攻不下，即墨大夫战死，众推田单为将，率众守城拒敌，百姓以醪酒犒赏将士，鼓舞斗志，田单巧布火牛阵，大破燕军，百姓倾城中之醪酒庆贺，大宴数日，可见当时酿酒之多，喝酒之盛。传说秦始皇东巡崂山，喜饮即墨大夫献的醪酒，连夸好酒，钦名“金液”，如今崂山下清宫景区的“金液泉”已成旅游景点，游客到此以饮金液为快……盛唐时期，人们发现喝醪酒有舒筋骨、壮骨髓之功效，便名其曰“骷髅醪酒”。宋代以后，即墨的醪酒酿造已成为当地的一大行业，酿造工艺也有了进步，开始将酒醪装布袋后压榨取酒，使酒液与酒糟分离，俗称“老干榨”……清朝光绪年间，即墨城内有“隆盛栈”等有名黄酒馆十几家。到了1932年，“源兴泰”“泉盛祥”“元聚栈”“振源馆”等有名的黄酒作坊就增加到五百余家，年产100万斤。沿淮涉河（今墨水河）两岸的“黄酒馆”生意特别兴隆，并一直延续至解放前夕。1949年5月，即墨解放，6月，胶东专酿公司、南海烟酒专卖处来即墨建立即墨烟酒专卖事业分处，同时接管没收官僚资产国民党即墨县政府副县长姜介甫投资经营的“源聚兴”黄酒馆，建起了即墨黄酒厂，继续沿用传统工艺酿造黄酒，并将其产品正式定名为“即墨老酒”，实行专酿专卖，从此，“即墨老酒”成为山东即墨黄酒厂的专有产品名称。

浙江宁波的阿拉老酒，以河姆渡文化为宁波黄酒的发祥地，这样使黄酒的历史一下推到了5000年前，且有出土的河姆渡文化时期的谷物和器物佐证，以此显示宁波黄酒历史之久远。

河北张家口北宗黄酒，为了突显企业产品的历史源头，专门塑造了舜帝的谷神形象，矗立在企业的正中央，以此来显示谷子酿酒的源头。

湖南胜景山河则以洞庭与岳阳楼作为历史诉求，将古时的“压酒”融入今日的黄酒之中。

安徽古南丰酒业则将安徽历史上著名的徽商、徽州名人作为酒史文化的支撑。

……

等等，不一而足。凡有企业制作产品宣传资料的，历史总是列入其宣传的重要地位。

四、以营养为诉求

黄酒是酒精饮料的一种，不是生活必需品，而是作为一种嗜好品来享受的。那么，该用什么来作为营销的诉求呢？黄酒往往从营养价值角度来宣传其优秀品质的内在意义。

如对绍兴黄酒的营养介绍：“绍兴黄酒精选优质精白糯米、小麦为主要原料，辅以鉴湖佳水，利用霉菌、酵母菌及细菌等多种微生物综合发酵酿制而成。酒中含有丰富的小分子氨基酸、活性多肽、多糖、多酚、有机酸、维生素、微量元素以及大量含氮化合物，营养价值比同是发酵酒的啤酒和葡萄酒高得多，特别是丰富的氨基酸含量居各种酿造酒之首。如果说，啤酒被称为‘液体面包’，那么绍兴黄酒被称为‘液体蛋糕’则当之无愧。临床研究表明，每天喝二两绍兴黄酒可活血化瘀，预防血栓及心脑血管疾病的发生，起到养生保健、扶衰疗疾的作用，对身体健康非常有利。”

浙江金华黄酒的营养表述：“金华酒养生的秘诀在于含有丰富的氨基酸、活性肽、多酚、有机酸、维生素和微量元素，据研究表明，每天坚持喝，可以起到活血化瘀、预防血栓及心脑血管疾病的发生，起到一定的保健作用。如氨基酸是蛋白质的分解物，也是构成生命的重要物质，必需氨基酸是人体生长发育和维持体内氮平衡的重要物质，体内不能自行合成，而金华酒可以直接供给人体必需的氨基酸。”

陕西谢村黄酒的营养说明：“谢村黄酒之中的蛋白质最为丰富。其中的蛋白质经微生物酶的降解，绝大部分以肽和氨基酸的形式存在，极易为人体吸收利用……含有较高的功能性低聚糖，无机盐及微量元素也很丰富。包括钙、镁、钾、磷等常量元素和铁、铜、锌、硒等……还存在着多酚物质、类黑精、谷胱甘肽等生理活性物质，它们具有清除自由基，防止心血管病、抗癌、抗衰老等多种生理功能……科学检测表明，谢村黄酒的营养价值超过了啤酒和营养丰富的葡萄酒。它含有多种氨基酸。据检测，它里面的主要成分除乙醇和水外，还含有 17 种氨基酸。这 17 种氨基酸之中有 7 种是人体必需而又不能合成的。这 7 种氨基酸，谢村黄酒中的含量最全，尤其是能助长人体发育的赖氨酸，含量是同量啤酒、葡萄酒的两倍至数倍。它的发热量是啤酒的 3 ~ 5 倍，是葡萄酒的 1 ~ 10 倍。每升含有氢化合物 1.6 ~ 2.8g，碳水化合物 28 ~ 200g。此外还含有许多易被人体消化的营养物质，如麦芽糖、葡萄糖、脂类、甘油、高级醇、维生素及有机酸等。”

从上述三例中可以看出，黄酒都营养丰富，且主要营养为糖、氨基酸、矿物质等，其营养成分基本相同，只是叙述文字上有所差异。但对近年来研究成果表述较少，如γ-氨基丁酸、多酚类物质等具有现代保健作用的微量成分，如宣传得当，更能激起人们的消费欲望。

五、以廉价竞争

中国黄酒，如果以吨粮产生的纯收益来衡量，还不如啤酒，是所有酒类中利润率最低的。造成这一低收益的根本原因有两点，一是生产进入门槛较低。只要有一些简单的工器具，如陶缸、坛、竹木工具等，就可进行酿造；二是缺乏市场操作能力。黄酒从统购统销转入市场营销，专业营销人才与手段缺乏，导致在市场中只能进行最为低端的廉价竞争。

黄酒是唯一只在中国生产的酒种，尽管没有国际竞争压力，但同时也得不到国际先进的营销模式与国际营销竞争的历练，因而总是跟在其他酒种后面，仿效营销，使得黄酒生产企业间产品同质化严重，缺乏营销和产品创新，无法做到差异化，营销主要靠价格竞争。也由此给黄酒业带来了“火不起来”的局面。

黄酒的低价竞争，尤其以绍兴黄酒为最。绍兴黄酒代表着中国黄酒的总体特色，绍兴也是中国黄酒产量最大的集散地。虽然绍兴黄酒占据着高端品种的主要市场份额，但在占主要产量的普通黄酒方面，绍兴酒在国内市场上的销售价格却均低于在其他地区生产的黄酒，使得其他地区生产的黄酒销售受到一定的打压，价格也加不上去太多，导致黄酒总体上在廉价的怪圈里打转。

复习思考题

1. 现代营销与传统营销的区别有几个方面？
2. 由现代营销理念演化出的新的营销方式有哪些？
3. 黄酒的营销特点是什么？

实践操作题

请利用互联网搜索用现代营销理念营销黄酒的具体方法，以实际案例说明，比如可以去淘宝网、京东网、酒仙网等。

第二章 市场分析

第一节　市场的概念、分类及模式

一、市场的概念

市场起源于古时人类对于固定时段或地点进行交易的场所的称呼，在日常生活中，人们习惯将市场看作是买卖的场所，如集市、商场、批发市场等，这是从时间和空间方面来理解市场的概念。狭义的市场是买卖双方进行商品交换的场所。广义的市场是指为了买和卖某些商品而与其他厂商或个人相联系的一群厂商或个人。

经济学家从揭示经济实质角度提出市场的概念。他们认为市场是一个商品经济范畴，是商品内在矛盾的表现，是供求关系，是商品交换关系的总和，是通过交换反映出来的人与人之间的关系。

管理学家侧重从具体的交换活动及其运行规律去认识市场。在他们看来，市场是供需双方在共同认可的条件下所进行的商品或劳务的交换活动。著名营销学家菲利普·科特勒指出："有关市场的传统观念认为，市场是买方和卖方聚集在一起进行交换的实地场所。经济学家则把市场定义为'对某一特定产品或一类产品进行交易的买方和卖方的集合'"。4P 理论创始人杰罗姆·麦卡锡在《基础营销学》中将市场定义为一群具有相同需求的潜在顾客，他们愿意以某种有价值的东西来换取卖主所提供的商品或服务，这样的商品或服务是满足需求的方式。

可见，人们从不同的角度对市场进行了界定。我们认为：市场是由一切具有特定的欲望和需求，并且愿意和能够以交换来满足此欲望和需求的潜在顾客构成的。由此定义可知，市场包含 3 个主要因素：有某种需要的人、满足这种需要的购买能力和购买欲望。市场的大小取决于那些有某种需要，并拥有使别人感兴趣的资源，同时愿意以这种资源来换取其需要的东西的人数。

二、市场的分类

（一）基于商品性质的分类

从市场上的商品性质看，市场可以分为以下六大市场。

（1）有形产品市场　在这个市场中，商品为物质产品。按产品的用途，又可以分为消费资料市场和生产资料市场。按产品的来源，又可以分为工业品市场和农产品市场。有形产品市场的交换是商品交换的起始形式，有形产品市场是最基本的市场形式。

（2）服务市场　在这个市场中，服务作为人们劳动所提供的无形产品以满足消费者的特殊需要。服务市场可分为狭义的服务市场和广义的服务市场。狭义的服务市场是指为生产经营和人民生活提供的各种服务性劳动的市场，广义的服务市场是指除物质产品市场以外的一切服务产品市场，即全部第三产业服务产品市场。

(3) 金融市场　在这个市场中，资金市场是主体，还包括外汇市场和黄金市场等。该市场是货币买卖或借贷贵金属、货币、有价证券和外汇所形成的。金融市场在我国社会主义市场经济体制建设过程中，具有至关重要的作用。

(4) 劳动力市场　劳动力市场是现代市场经济中最重要的生产要素的市场。其基本内涵是指劳动力的供给方（劳动者）和劳动力的需求方（企业等用人单位）通过市场竞争，自主达成劳动契约关系。构成劳动力市场的三个基本要素是劳动力的供给、需求和价格。随着我国劳动用工制度和就业制度的改革，以及农业劳动力的大量富余和部分职工的下岗待业，我国的劳动力市场得到了较大发展。

(5) 技术市场　在这个市场中，商品的要素是技术，包括狭义的技术市场和广义的技术市场两类。狭义的技术市场是由技术方法这一商品要素构成的市场，广义的技术市场是由技术设备、技术方法和技术服务三大类商品要素构成的市场。我国通常所说的技术市场处于两者之间，是由技术方法和技术服务这两类商品要素构成的市场，具体包括技术交易、技术特许、技术服务方法、合作研制、项目总承包、委托科研设计、专业技术培训以及技术难题招标等。

(6) 其他商品市场　该市场主要包括房产市场、地产市场等，是上述市场以外的各种市场。

(二) 基于社会经济地位和作用的分类

基于社会经济地位和作用，市场可分为生活消费市场和生产要素市场这两类市场。

(1) 生活消费市场　该市场由人们生活消费所必需的各类有形和无形商品所构成，涵盖生活消费品市场、为人们生活消费提供服务的市场、房地产市场、劳动力市场以及金融市场等多个领域。

(2) 生产要素市场　该市场由社会再生产活动所必需的各类生产要素所构成，涵盖生产资料市场、为生产经营提供服务的市场、房地产市场、技术市场、金融市场、劳动力市场等诸多领域。

(三) 基于市场竞争程度的分类

基于市场竞争程度的不同，市场可分为完全竞争市场、完全垄断市场、垄断竞争市场以及寡头垄断市场四类。

(1) 完全竞争市场　该市场是一种没有垄断因素的市场。一般认为，在现代市场经济条件下，该市场是虚构的，是不存在的，但常把农产品市场视为完全竞争市场。

(2) 完全垄断市场　该市场中供应商仅有一家，无竞争者存在，这家厂商可以利用产品数量和销售价格对生产实施完全控制。一般而言，现代市场经济条件下，这类市场极少。

（3）垄断竞争市场　该市场中存在为数颇多的厂商，这些厂商提供大致相同但有差别的产品，每个厂商可能在某个范围、某些方面有一定的控制性，但整个市场还是处于竞争状态。在现实社会经济条件下，垄断竞争市场是一种比较普遍的市场状态。

（4）寡头垄断市场　该市场是由少数几家厂商控制的。

三、市场的模式

（一）市场选择模式

1. 产品市场集中化

企业集中力量只生产或经营一种产品，供应某一类市场（图 2－1a）。如果选择得合适，企业有可能在投资较少的情况下，获得较高的收益。但同时企业在该市场不景气或有强大的竞争者进入时，有可能面临灾难性的局面。

2. 产品专业化

企业向各类顾客同时供应同一种产品的不同款式或品种（图 2－1b）。这就要求企业在面对不同类型的顾客群时，产品在档次、质量或款式等方面有所不同。而且，如果用于生产同一种产品的原料供应不足或枯竭，企业会面临生存的威胁。

3. 市场专业化

企业以所有的产品，供应给一类顾客，产品的性能有所区别（图 2－1c）。这种模式下，企业可以使用同一种营销方式，满足同一类顾客的不同需求，营销费用会比较节省，但同时企业也会面临一些威胁，比如企业服务的同一类顾客如果随着年龄的增长，需求发生了巨大转变，从而导致市场萎缩，那么企业可能会出现危机。

4. 选择性专业化

企业有选择地专门服务于几个不同的子市场的顾客群体，提供各种性能的、生命力较强的同类产品尽力满足不同的消费者群体的各种需求，各个子市场之间没有联系或者联系较少（图 2－1d）。选择这种模式，较前几种模式会消耗企业更多的资源，所以说应当十分慎重，选择的子市场要么均有相当的吸引力，要么能够保证在某个子市场失去吸引力时，企业仍可以从其他的子市场获得利润，以保证企业的生存。

5. 全方位进入

企业为所有顾客群体供应其所需的各种产品（图 2－1e）。这种模式下，企业覆盖全部的子市场，针对不同顾客的特点，分别设计有针对性的营销策略，即为“每一个人、每只钱包和每种个性”提供各种产品，会耗费大量的人力、物力和财力，只有领导者企业或者实力雄厚的企业才适合采用。

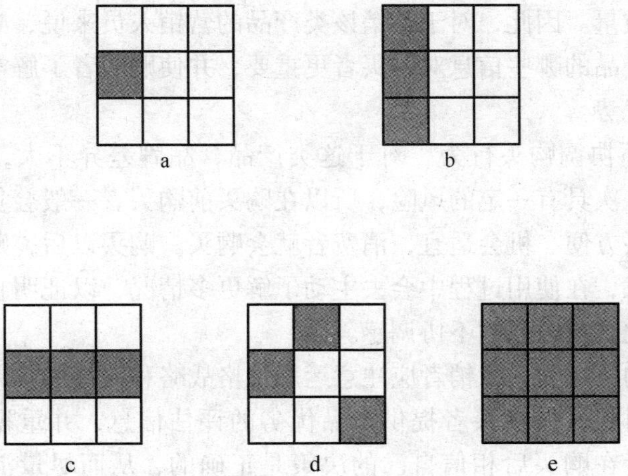

图 2－1　市场选择模式

（二）市场购买模式

市场购买模式主要分为消费者购买行为模式、产业购买行为模式、中间商购买行为模式三类。

1. 消费者购买行为模式

在市场中错综复杂的因素下，消费者的购买行为会有多种类型。根据参与者时间、精力等投入的程度和所购产品品牌的差异程度，可将消费者的购买行为模式分为以下 4 种类型（表 2－1）。

表 2－1　　　　消费者购买行为模式

介入程度	品牌差异	
	品牌差异大	品牌差异小
高度介入	复杂购买行为	化解不协调购买行为
低度介入	寻求多样化购买行为	习惯性购买行为

（1）复杂购买行为　当消费者购买一件贵重的、不常买的、有风险的而且又非常有意义的产品时，由于该产品对于消费者来说通常缺乏了解，再加之产品品牌之间差异大，因而在购买该类产品前有一个较长时间的学习过程，以广泛地了解产品性能、特点等，最后才决定购买。

该类产品即使消费者经过较长时间的学习，也很难彻底地了解。比如城市的房子就是这类产品，房子的价格很贵且对家庭生活意义重大，一般家庭可能一生只买一次，万一刚买完，房地产市场不景气，价格回落，又面临巨大的风险，即使消费者在买房子前花巨大精力去看了大量的楼盘并进行对比，依旧可能对要买的房子不太了解，因为多数消费者不是学建筑的，对房子的钢筋等不了解，仍无法确定房子的质量。因此，对于营销该类产品的营销人员来说，必须懂得搜集信息并评估该类产品的哪些信息对购买者更重要，并使购买者了解本企业在重要属性上所具有的优势。

（2）化解不协调购买行为　对于这类产品，品牌差异不大，消费者不经常购买，但购买一次具有一定的风险，所以在购买前购买者一般会货比三家，只要价格公道、购买方便、机会适宜，消费者就会购买。购买以后，购买者可能会感到有些不够满意，在使用过程中会去主动了解更多情况，以证明自己购买决策的正确性，从而化解掉内心的不协调感。

针对这种购买行为，营销者应注意运用价格战略和人员的推销战略，选择最佳销售地点和时机，向购买者提供产品优劣的评估信息，并重视售后信息的沟通，使得购买者在购买后相信自己的决策是正确的，从而尽量消除购后的不协调感。

（3）寻求多样化购买行为　对于这类产品，虽然品牌差异明显，但因为价值不高，消费者并不愿意花大量的精力和时间去选择和估价，而是不断变换所购产品的品牌。这样做仅仅是为了寻求多样化而不是对产品不满意。比如，很少会有顾客在购买饼干、点心等小食品时总是选同一个品牌。

针对这种购买行为，市场领导者企业和追随者企业可采用的营销策略有所不同。市场领导者企业可采用销售促进、占据有利的货架位置以及扩大货架占领面积的办法；市场追随者企业可采用价格优惠、免费试用以及强调产品特色的办法。

（4）习惯性购买行为　对于这类产品，品牌差异小、价格低廉，但需经常购买，消费者不需要花费大量的时间和精力去收集信息、评估产品，因而该购买行为是最简单的。比如，日常的油、盐、酱、醋等消费品的购买均属于此类购买行为。

针对这种购买行为，营销人员可采用价格优惠、广告、独特包装、销售促进等方式。由于消费者并不重视产品的品牌，企业在广告宣传中应着重突出品牌的视觉符号和形象特征，而不是品牌自身，给顾客留下深刻的印象，以便顾客下次购买时唤起回忆。企业还可以将产品与人们关注的某种相关理念联系起来，引起消费者的注意。比如，某粮油公司将谷物与“绿色有机”的理念相联系，取得了很好的效果。

2. 产业购买行为模式

（1）重购　重购是产业购买行为的一个极端，基本上属于惯例性决策，是企业的采购部门根据过去和供应商打交道的经验，从供应商名单中选择供货企业，并直接订购过去采购过的同类产业用品，该购买决策最简单。

针对这种购买行为，已列入供应商名单的企业应尽力保持产品的质量以及优质的服务，并尝试建立直接重构的自动系统，以维持长期的合作关系。未被列入名单的企业可以考虑通过提供新产品或免费试用的方式，尝试获得机会。

（2）新购 新购是产业购买行为的另一个极端，是企业第一次采购某种产业用品，需要做大量的调研工作，成本费用高、风险也存在，是最复杂的一种购买行为。

新购对于所有的供应商企业来说，机会是平等的，供应商企业应抓住一切机会提供尽可能多的市场信息以及周到的服务，帮助顾客解决疑难问题，尽力争取机会。

（3）修正重购 修正重购的复杂程度处于重购和新购之间，需要做一定的市场调研，是企业的采购部门为了更好地完成采购工作，适当改变要采购的部分产品的规格、价格等条件或供应商。

这种购买行为下，供应商之间竞争非常激烈。“已入门”的企业感觉到受到了威胁，而“未入门”的企业感觉到机会的来临，会竭力争取。“已入门”的企业应与采购企业保持良好的沟通和关系，并做好服务工作，“未入门”的企业应着重突出产品与采购企业要求的匹配度，以试用或销售促进等方式，尽力争取，如有可能了解到企业的实际困难，以帮助企业解决。

3. 中间商购买行为模式

（1）新产品采购 新产品采购是指中间商对是否购进以及向谁购进以前未经营过的某一新产品做出决策。

（2）最佳供应商选择 最佳供应商选择是指中间商已经确定需要购进的产品，寻找最合适的供应商。

（3）改善交易条件的采购 改善交易条件的采购是指中间商希望现有供应商在原交易条件上再做些让步，使自己得到更多的利益。

（4）直接重购 直接重购是指中间商并不想更换供应商，但试图从原有供应商那里获得更为有利的供应条件。

第二节 市场营销调研及预测

一、市场营销的信息系统

（一）信息及其功能

信息是事物及其属性标识的集合，是事物运动状态和存在方式的表现形式。广义的信息可分为数据、图像、声音和文本四种形态，主要与视觉和听觉相关。数据通常是一系列数字，也包括计算机所能处理和产生的任何数字、符号等；图像是看得见的形态，包括图片和图画等，既可以是艺术的，又可以是实用性的；声音主要是可听到的声音、音乐、电话、录音等音频信息；文本是书写的语言，既有手写的，又有机器输出的。

信息按内容可分为消息、资料和知识三类。信息是人们在适应外部世界并使这种适应反作用于外部世界过程中，同外部世界进行互相交换的内容和名称；资料是对事物的静态、变化过程以及社会现象的描述，消息的积累就是资料；知识是人们对资料去伪存真、去粗取精，并进行思维加工后形成的。

信息对人类社会有三大功能。一是中介功能。作为认知主体的人，要通过对信息的接收和加工，才能认识到客观事物的本来面目。二是连接功能。由于信息表露的一致性，人们看待客观事物有了一致的标准，从而信息将人与社会连接起来。三是放大功能。信息虽然在第一次获得时需要投入大量的时间和精力，但一旦获得，便可学习和复制，从而在较长的时期内大大节约社会资源。

（二）市场营销信息系统的内涵和作用

市场营销信息是从了解市场需求情况、接受顾客订单开始，直到交付顾客使用，为顾客提供各种服务为止的整个市场营销活动过程中搜集和处理有关市场信息的过程。它的基本任务是搜集顾客对产品质量、性能方面的要求，分析市场潜力和竞争对手情况，及时、准确地向企业营销决策者提供信息。要完成这些基本任务，信息应能满足以下几个要求。

（1）目的性　在营销活动的产出大于投入的前提下，应为营销决策者搜集必要的信息，尽量避免无关的信息。

（2）及时性　先进社会信息日新月异，只有保证信息传递的快速才能使得管理者适应急剧变化的环境。

（3）准确性　要求搜集到的信息来源可靠，方法科学，信息能反映客观实际情况。

（4）系统性　要求若干具有特定内容的同质信息在一定时间和空间范围内形成有序的集合，在时间上具有纵向的连续性，在空间上具有最大的广泛性，内容完整、全面。

（5）广泛性　营销信息反映的是人类社会的市场活动，伴随着市场经济的快速发展和经济全球化的加剧，市场营销的范围由地方市场扩展到全国性市场甚至国际市场。

最终，一个理想的市场营销信息系统应能解决以下问题：

（1）能向各级管理人员提供从事其工作所必需的一切信息；

（2）提供信息的时间限于管理人员能够采取行动的时间；

（3）信息是最新的，且信息的形式是有关管理人员容易了解和消化的；

（4）能够对信息进行选择，以便管理人员获得与他们行动相关的信息；

（5）能提供所要求的任何形式信息和数据的分析。

（三）市场营销信息系统的构成

营销决策所需的信息一般来源于企业内部报告系统、营销情报系统、营销调研系统以及营销分析系统，它们共同构成了市场营销信息系统。

1. 内部报告系统

内部报告系统的核心是订单 – 收款循环，同时辅之以销售报告系统。订单 – 收款循环涉及企业的销售、财务等不同的部门和环节的业务流程。销售报告系统应向企业决策者提供及时、全面、准确的生产经营信息，以利于掌握时机更好地处理进、销、存、运等环节的问题。

内部报告系统的主要功能是向市场营销管理者及时提供有关交易的信息，包括订货数量、销售额、价格、库存状况、应收账款、应付账款等反映企业营销状况的信息。

2. 营销情报系统

市场营销情报信息不仅来源于市场与销售人员，也可能来自于企业中所有与外部有联系的其他员工。收集外部信息的方式主要有下面四种。

（1）无目的的观察　无特定的目的，在与外界接触时留心收集有关信息。

（2）有条件的观察　并非主动探寻，但有一定目的性，对既定范围的信息做任意性的接触。

（3）非正式的探索　为取得特定的信息进行有限的和无组织的探索。

（4）有计划的收集　按预定的计划、程序和方法，采取严密的行动来获得信息。

营销情报系统的主要任务是及时捕捉、反馈、加工、分析市场上正在发生和将要发生的信息，用于提供外部环境的变化情况，以帮助营销决策者了解市场动态，同时指明未来面临的问题及可能的机会。

3. 营销调研系统

营销调研系统是系统地设计、收集、分析和提出数据资料以及提出跟公司所面临的特定的营销状况相关的调查研究结果。营销调研系统的任务是针对公司面临的具体问题，对有关信息进行系统的收集、分析和评价，对研究结果提出正式报告，以帮助管理者制订有效的营销决策。

4. 营销分析系统

营销分析系统是企业用一些先进的技术分析市场营销数据和问题。完善的营销分析系统通常包括资料库、统计库和模型库三部分。

（1）资料库　有组织地收集企业内外部资料，需要用时可随时取得所需资料进行研究分析。内部资料包括销售、订货、存货、推销访问和财务信用资料等，外部资料包括政府政策资料、行业资讯、市场研究报告等。

（2）统计库　统计库是指一组随时可用于汇总分析的特定资料统计程序，为规模较大的营销研究方案的实施提供平均数和标准差的测量，以便进行交叉分析。统计库分析结果将作为模型的重要投入资料。

（3）模型库　模型库是高级营销人员运用科学方法，针对特定营销决策问题建立的，包括描述性和决策性两种模型。其中，描述性模型主要用于分析实体分配、排队、品牌转换等问题，决策性模型主要用于厂址选择、产品定价、广告预算、营销组合等问题。

二、市场营销调研

（一）市场营销调研的含义和作用

1. 市场营销调研的含义

市场营销调研就是运用科学的方法，有目的、有计划地收集、整理和分析研究有关市场营销方面的信息，获得符合客观事物发展规律的见解，提出解决问题的建议，供营销管理人员了解营销环境、发展机会以及问题，从而为市场预测和营销决策提供依据。

2. 市场营销调研的作用

市场营销调研是企业营销活动的出发点，其作用不言而喻。

（1）有利于制订科学的营销规划　根据市场需求及其变化、市场规模、竞争格局、消费者意见、购买行为以及营销环境的基本特征，可以帮助营销者评估市场潜力和市场份额，从而科学地制订和调整企业营销规划。

（2）有利于优化营销组合　根据营销调研的结果，评估定价、分销以及促销的效果，分析出定价的合适策略、较适宜的渠道、产品的各生命周期以及产品的改善与开发。比如，可口可乐公司根据调研结果发现自身的产品形象在消费者心中老化严重，于是在可乐瓶的包装图案方面做了改进，加入年轻人喜欢的“好闺蜜、好基友”等一些活泼的语言，取得了很好的效果。

（3）有利于开拓新的市场　通过调研可以发现消费者尚未满足的需求，对于现今处于时刻都在变化的营销环境中的企业来说，这一点更加重要，可以给企业不断带来新的发展机遇。

（二）市场营销调研的类型

市场营销调研的类型根据标准的不同，划分的种类也不同。根据调研目的的不同，可分为探测性调研、描述性调研、因果关系调研及预测性调研。

1. 探测性调研

探测性调研在企业情况不明时，通过对环境的初步调研，以帮助决策者更加深入地认清和理解问题，从而为后续的研究最终确定问题及其关联要素奠定基础。调研的范围比较大，开展方式多样，多利用廉价易得的二手资料。对于比较简单的问题，如果依靠探测性研究已能搞清楚问题所在，可不再做进一步调研。探测性研究属于非正式调研，金钱和时间投入均较少。

2. 描述性调研

描述性调研的目的在于准确地描述问题，反映问题中各个要素及其相互关系，对问题发生的地点、时间、行为主体等方面进行说明，开展的基础是探测性调研。在已明确所要研究问题的重点后，一般要进行实地调查，收集一手资料，并进行归纳分析。比如某企业发现销售量下降了，通过调研，发现主要原因是产品质量不能适应消费者的新需求、售后服务不到位等，可将这些结果描述下来。

3. 因果关系调研

因果关系调研旨在找出各变量间的因果逻辑关系，这些变量既包括企业自身可以控制的产品质量、价格、产量、促销等，也包括企业无法完全控制的销售量、供求关系等。因果关系调研在本质上可分为两种方式：一种是验证调研，即在调研之前，根据以往的知识和经验做出一个判断，然后调研验证；另一种方式是发现调研，即在调研之前，有些要素间的因果关系未被感知，在调研开始后才被发现。如要比较两种促销手段哪个更有效时，就属于后者。

4. 预测性调研

预测性调研是指专门为了预测在未来某一段时间内或某一时点，环境因素的变动对企业市场营销活动的影响而开展的调研活动。如调研得到了某企业连续几年的销售额后，可以通过直线估计法预测后几年的销售额，虽然由于影响市场变化的因素众多且错综复杂，预测的结论存在较高的不确定性，但为企业做出了良好的指导。

（三）市场营销调研的内容

营销调研主要涉及营销活动的顾客调研、产品调研、销售调研、促销调研四个方面。

1. 顾客调研

顾客调研包括对消费者心理、行为的特征进行调研分析，研究社会经济、文化等因素的变化对购买决策的影响，确定这些影响作用到底发生在消费环节、分配环节还是生产环节。此外，通过调研了解潜在顾客的需求情况、影响需求的各因素的变化情况、消费者对品牌的偏好以及产品的满意度。

2. 产品调研

产品调研包括对新产品的设计、开发与试销，对产品进行改良，以及目标顾客对产品款式、质量、性能、包装等方面的偏好进行趋势预测。

3. 销售调研

销售调研既包括购买行为的调研，即社会、经济、文化、心理等因素对购买决策影响的研究，又包括对企业销售活动的全面审查，如销售量、销售范围、产品市场潜力以及市场占有率的变化情况等。

4. 促销调研

促销调研主要是对企业所采用的各种促销方法的有效性进行测定和评价，如媒体影响力、企业形象的设计与塑造、公共关系的主要动作及效果等。

（四）市场营销调研的步骤

市场营销调研的过程，通常有五个步骤：确定问题及调研目标、拟定调研计划、资料收集、资料的处理、资料的分析。

1. 确定问题及调研目标

考虑到调研的投入要小于产出和结果的有效性两个方面，调研时确定的问题既不可过于宽泛，也不能过于狭窄。在确定问题的基础上，提出调研的目标。

2. 拟定调研计划

拟定调研计划时先确定资料的来源以及合适的调研方法，调研通常从收集二手资料开始，必要时才进一步设法收集第一手资料。然后制订具体的调研日程安排，以及质量控制措施，并考虑经费预算。

3. 资料收集

二手资料可以来源于内部和外部，内部来源包括：企业职能管理部门提供的资料，如会计部门做的会计账目等；企业经营机构提供的资料，如销售报告、库存动态记录等；其他几类记录，如企业自己做的专门审计报告、以前的调研报告等。外部来源包括：政府机构及经济管理部门的有关方针、政策、法令、经济公报、统计公报等；行业协会已经发表和保存的有关行业销售情况、经营特点、发展趋势等；各种信息咨询机构所能提供的分类统计资料；电视、广播、报刊等各种大众媒体中包含的经济信息和技术情报；各种类型的图书馆中的图书提供的资料。

一手资料的来源有：企业内部，市场调查人员既可以直接到企业中的生产部门、业务部门、经营管理部门询问有关问题，也可以直接到生产现场、仓库、销售点收集生产状况、库存、销售量等资料；消费者，了解消费者的需要和购买动机，了解包括寻找、比较、购买、使用、评价在内的一整套购买行为；中间商及市场经营组织，了解和掌握批发商、代理商及实体分销企业、零售商业活动的信息资料；各类企业的产品与产量、质量与价格、品牌与包装、品种与规格等信息。

4. 资料的处理

资料的处理过程一般可分为资料的验收、资料的编辑、资料的编码、资料的转换四个步骤。

（1）资料的验收　该步骤主要作用是对资料进行大致的检查，发现资料是否有重大问题，从而决定资料的采纳与否。

验收时应该注意检查是否存在以下问题：

①被调查者是否属于规定的抽样范围，如预计调查的对象是女人，调查问卷上的性别项填的是男；

②资料是否完整清晰；

③资料的可靠程度如何；

④资料中关键的问题是否得到问答；

⑤资料中明显的错误或疏漏存在与否；

⑥资料的有效份数是否达到所要求的比例。

对不同的资料，处理的一般方法为：

①接受基本正确的资料；

②问题较多的作废；

③问题较少的，可责成相关人员进行补救性调查。

（2）资料的编辑　该步骤相对于资料的验收是细致的检查，以发现资料中是否有具体的错误，确保资料的正确性和完整性。

资料编辑时应注意检查是否存在如下问题：

①有无错误的回答，如年龄项填300岁；

②有无遗漏的回答，如性别未填或者收入未填；

③有无不一致的回答，如某问题回答的是不喝酒，而另一问题中回答为每三个月喝一次酒；

④有无答非所问的回答，如每月喝酒的次数回答为不想喝酒；

⑤有无不确切的回答，如每月喝酒的次数为5~10次。

对不同资料处理的一般方法为：

①此回答作废，如某个问题被调查者回答错误；

②此问题作废，如某一问题被多数被调查者回答错误；

③此份资料作废，如某份资料的多数问题都被回答错误；

④使用统一的符号标记遗漏的问题，如用0或空白表示。

（3）资料的编码　为了便于进行统计分析以及进一步的计算机存储和分析，该步骤使用一个规定的数字或符号代表一个种类的回答。如用数字1代表男性，2代表女性；用数字1~4分别代表工人、农民、军人、学生；喝酒用数字1代表，不喝酒用2代表；那么男工人不喝酒可以用数字112代表。

在资料分类时，市场调研人员应注意以下原则：

①正确掌握分类的尺度，既不能分类过细，增加分析的复杂性，又不能分类过粗，以免信息的流失；

②为保证每一类回答都有类可归，又不致分类过细，可设置一个“其他”的分类；

③每个问题中的分类含义应明确，且避免与其他分类交叉；

④对于错误或遗漏的回答可作为特殊分类，并指定一个特殊的数字或符号代表，如用0或1等，不应归入“其他”中。

（4）资料的转换　该步骤将资料输入并存储在计算机中，一般使用计算机键盘直接输入。

5. 资料的分析

（1）资料的概括技术　资料的概括技术是一种十分常用的资料分析技术，

属于单变量分析，包括集中趋势概括技术和离中趋势概括技术两种。

集中趋势概括技术常用的指标有众数、中位数、平均数三个。众数是资料中出现次数最多的变化值，比如对某城市消费者每月喝酒次数的调查显示，大多数消费者是4次，那么这一数字即是众数。中位数是将资料中的一系列数字按大小顺序排列后，居于中间位置的变化值，如某城市白领每周打羽毛球的次数，对11个被调查对象的调查结果按顺序排列后是：0、0、1、1、3、3、4、4、4、5、6，则中位数是3。如果数字有偶数个，那么中位数为中间两个数字的算术平均值。平均数是变化值的总和除以变化值的数目后的数值，比如上例中11个白领每周打羽毛球的次数总和为31，其平均数为2.8。

离中趋势概括技术常用全距、平均差、平均差系数、标准差、标准差系数等指标。

全距是资料中变化值的最大值与最小值之差，它只是一个较粗略的测量指标。

平均差是总体各单位标值对其算术平均数的离差绝对值的算术平均数。它综合反映了总体各单位标志值的变动程度。平均差越大，则表示标志变动度越大，众数、中位数、平均数等的代表性越小，反之则表示标志变动度越小，众数、中位数、平均数等的代表性越大。

平均差计算公式为：$A.D. = \sum |X-\overline{X}|/n$，式中 $X-\overline{X}$ 代表离差，n 为离差的项数。

平均差系数为平均差除以算术平均数，它解决了不同计量单位不能直接比较的问题，突破了平均差的局限。

标准差是各个离差平方的算术平均数的平方根，对离差进行平方以消除正负号，基本原理与平均差相同，意义也类似。

标准差系数是标准差除以算术平均数，与平均差系数类似，同样解决了不同计量单位的资料不能直接比较的问题。

（2）综合指标分析法　综合指标分析法是指根据一定时期的资料和数据，从静态关系上对总体的各种数量特征进行分析的方法，其表现形式有：总量指标、相对指标、平均指标等。

总量指标反映经济现象在具体时间、空间条件下的总规模或总水平，是领导层进行决策、检查下级执行情况的依据，也是计算相对指标和平均指标的基础。

相对指标是指两个有联系的指标数值对比的比值，表示两个指标之间的相对关系或差异程度，其计量形式有百分数、系数和倍数等。

平均指标是指在一定条件下同质总体内各单位某一数量标志的一般水平，用来说明代表总体的代表值。

（3）动态分析法　动态分析法是指把反映经济现象发展变化的一系列数字，按时间先后顺序排列，组成一组动态数列，对其进行分析的一种方法，其表现形式有发展水平指标、动态比较指标、平均指标等。

发展水平指标是指某一数值反映它在各个时期上发展所达到的水平，是计算各种动态分析指标的基础。数列中的第一项指标数值为最初水平，最后一项是最末水平，其余各项是中间水平。进行动态对比时，作为对比基础时期的发展水平称为基期水平，与基期水平进行对比的那个时期的发展水平称为报告期水平，基期与报告期不是固定不变的，而是随着人们研究目的和对时期的要求不同而变化。

动态比较指标是根据两个时期发展水平的比较计算而成的，这种比较关系可以是相除关系，也可以是相减或相除与相减相结合。

平均指标是对时间数列中各个指标数值在时间上的变动加以平均，计算出来反映某种现象在一段时间内的平均速度或一般水平。

三、市场预测

进行市场调研与市场预测，是市场营销工作不可或缺的部分，也是市场营销人员应掌握的基本技能。

（一）做出市场预测决策

管理者在面对选择时，不应仅凭直觉就草率地开展市场调研，应首先分析以下几种情况。

1. 是否有足够的资源去实施

公司如果缺少调研所必需的资金，或者能够提供调研资金，但是没有足够的资金去实施调研预测所产生的决策，那么进行市场调研是毫无意义的。

2. 能否把握市场时机

如果进入市场的时机不合适，那么就没有必要进行市场调研了。例如，一种产品处于生命周期的成熟期的末期或衰退期，像 MP3 或 CD 机，此时不应该去做新产品的调研。另外对于会很快饱和的市场，也是如此。

3. 制订决策所需的信息是否存在

如果一个企业研究相关问题已经很多，并且充分了解了目标顾客的特征及其对产品的好恶情况，那么再做近一步的调研就是多余的。

4. 调研付出是否小于所能带来的收益

调研尤其是实地调研，企业需要付出大量的金钱，这就要求企业考虑实施后的收益情况，当调研能够产生的收益大于调研成本时才有意义。

（二）市场预测的步骤

市场预测的过程是调查研究、综合分析以及计算推断的过程。一个完整的市场预测一般包括确定预测目标、搜集和整理资料、选择预测方法、建立预测模型、评价模型、利用模型进行预测、分析预测结果、编写预测报告、输出预测结果。

1. 确定预测目标

进行一项预测，首先必须明确预测的内容或目标，预测的内容或目标关乎后面的一系列问题，如搜集什么资料、怎么搜集、选择什么预测方法等。

2. 搜集和整理资料

资料是预测的基础，资料的搜集是必需的工作。搜集什么样的资料由预测的目标决定，搜集过程中要辨别资料的真实性、完整性。

3. 选择预测方法

市场预测的方法有很多，每种方法都有其局限性和适用的范围，因此要取得较好的预测效果，必须选择正确的预测方法，选择时主要考虑以下几个方面。

（1）针对不同的预测目标，预测的方法也不同　例如，如果为了分析和判明两种相关产品之间的内在联系及需要量的关系，可以运用相关分析法；如果要预测新产品未来的市场容量，可以运用市场因子推演法。

（2）预测时间的长短　短期内的预测，一般采用各种平均法、平滑法，中、长期预测可采用直线或曲线预测法。

（3）拥有历史资料的多少及其完整性　中、长期预测一般要有 3 年及以上的资料，如果资料丰富、完整，那么可采用多种统计方法进行预测；如果资料不完整，那么一般适宜采用主观经验判断法、德尔菲法、专家意见集合法等。

（4）产品所处的生命周期　产品所处的生命周期不同，市场需求趋势很不相同，从而有不同的市场特性和经营决策目标，所采用的预测方法也不同。如产品处于成长期，销售量增长很快，可采用直线式或曲线式最小平方法，产品进入成熟期，销售量比较稳定，可采用移动平均法、平滑法。

4. 建立预测模型

预测模型的建立是科学、准确预测的前提，模型中预测对象发展规律与实际的近似程度关乎预测的成功与否。在建立模型前应在资料的搜集和处理阶段，搜集到足够的可供建立模型的资料，以尽量多地反映出预测对象未来发展的规律。如用数学模型法时，需要确定模型的形式并求出模型的参数；用趋势外推法时，需要确定反映发展趋势的公式；用概率分析法时，需要确定预测对象发展的各种可能结果的概率分布。

5. 评价模型

模型建立后应根据搜集到的有关未来情况的资料进行分析和研究，评价其是否可以运用于对未来实际情况的预测。如果模型预测出的结果与资料反映的未来情况不符，则应舍弃该模型，反之，则采用该模型。

6. 利用模型进行预测

利用建立的模型计算或推测对象发展的未来结果，这种计算或推测出来的结果是以假定过去和现在的规律能够延续到未来为前提的。

7. 分析预测结果

由于预测模型只是对未来市场供需情况及变化趋势的一种估计和假想，再加之市场需求总是发生变化，因此，预测值与未来的实际值常常有差距。分析结果时，主要考虑以下几个方面。

（1）预测方法选择不当，导致建立的预测模型与产品实际需求规律不符，如历史数据显示最好选用曲线估计模型，却选择了直线估计；

（2）历史统计资料不完整或不真实；

（3）环境或影响预测对象的主要因素发生了重大变化；

（4）预测人员自身经验、分析能力、判断能力等的局限性。

8. 编写预测报告

预测报告是对预测工作的总结，内容包括：资料搜集与处理过程、选用的预测方法、建立的预测模型以及对模型的评价与检验、对未来条件的分析、预测结果及其分析与评价以及其他需要说明的问题等。

报告要把历史和现状结合起来进行比较，既要进行定性分析，又要进行定量分析，并尽可能地利用统计图表及数学方法予以精确表述。此外，还要对预测的结果进行判断、评价，并重点分析预测误差。

（三）定性预测法

1. 购买者意向调查法

市场是由潜在购买者构成的，购买者意向调查法是在给定条件下，预测潜在购买者的可能行为。这种方法结果的准确性和可靠性，取决于以下三个条件：

（1）购买者的购买意向是否明确清晰；

（2）购买意向是否会转化为顾客购买行为；

（3）购买者愿意把其购买意向告诉调查者。

应用购买者意见调查法步骤为：

（1）把消费者的购买意向划分为不同等级，并用相应的概率来描述其购买可能性大小。一般分为5个等级：“肯定购买”，购买概率是100%，“可能购买”，购买概率是80%，“未确定”，购买概率是50%；“可能不买”，购买概率是20%，“肯定不买”，购买概率为0，见表2－2。

表2－2　消费者购买意向等级划分

购买意向	肯定购买	可能购买	未定	可能不买	肯定不买
概率描述（P）	100%	80%	50%	20%	0

（2）向被调查者说明所要调查的商品的性能、特点、价格以及市场上同类商品的性能、价格等情况，以便使购买者能准确地做出选择判断，并请被调查者明确购买意向，即属于表2－2中5种购买意向中的哪一种。

（3）对购买意向调查资料进行综合，见表2－3。

表 2-3 购买意向汇总表

购买意向	肯定购买	可能购买	未定	可能不买	肯定不买
概率描述（P_i）	100%	80%	50%	20%	0
人数（户数）X_i	x_1	x_2	x_3	x_4	x_5

（4）计算购买比例的期望值，再计算购买量的预测值。购买比例的期望值公式如下：$E = \sum P_i \cdot X_i / \sum X_i$，其中$P_i$表示不同购买意向的概率值，$X_i$表示不同购买意向的样本人数（样本户数）。购买量预测公式为：$Y = E \cdot N$，其中E表示购买比例的期望值，N表示预测范围内总人数（总户数）。

这种方法用在短期预测比较准确，长期预测不太准确，并且适宜预测耐用消费品需要以及产业用品需要。

2. 销售人员综合意见法

销售人员综合意见法利用销售人员对未来销售情况进行预测，有时是由每个销售人员单独做出这些预测，有时则与销售经理共同讨论而做出这些预测。预测结果以地区或行政区为划分单位，逐级汇总，最后得出企业的销售预测结果。

此方法的主要优点是：

（1）销售人员经常接触顾客，对购买者意向有较深入的了解；

（2）由于销售人员参与企业预测，因而他们对上级下达的销售配额有较大的信心完成；

（3）通过这种方法，也可以获得按产品、区域、顾客或销售人员划分的各种销售预测。

一般情况下，销售人员所做的需求预测需经过一定的修正才能利用，这是因为：

（1）销售人员的判断比较主观，有可能会过于乐观或悲观；

（2）销售人员对经济发展形势或营销环境变化总体不了解；

（3）销售人员为更易获得下一年的奖励，而故意压低其预测数字，以使下一年的年度销售量大大超过配额指标；

（4）销售人员对这种预测缺乏足够的知识、能力或兴趣。

3. 德尔菲法

德尔菲法又称专家意见法，是依据系统的程序，采用匿名发表意见的方式，即专家之间不得互相讨论，不发生横向联系，只能与调查人员发生关系，通过多轮次调查专家对问卷所提问题的看法，经过反复征询、归纳、修改，最后汇总成专家基本一致的看法，作为预测的结果。这种方法具有广泛的代表性，较为可靠。

此方法的步骤如下。

（1）组成专家小组，按照课题所需要的知识范围，确定专家。专家人数的多少，可根据预测课题的大小和涉及面的宽窄而定，一般不超过20人。

（2）向所有专家提出所要预测的问题及有关要求，并附上有关这个问题的所有背景材料，同时请专家提出还需要什么材料。然后，由专家做书面答复。

（3）各个专家根据他们所收到的材料，提出自己的预测意见，并说明自己是怎样利用这些材料并提出预测值的。

（4）将各位专家第一次判断意见汇总，列成图表，进行对比，再分发给各位专家，让专家比较自己同他人的不同意见，修改自己的意见和判断。也可以把各位专家的意见加以整理，或请身份更高的其他专家加以评论，然后把这些意见再分送给各位专家，以便他们参考后修改自己的意见。

（5）将所有专家的修改意见收集起来，汇总，再次分发给各位专家，以便做第二次修改。逐轮收集意见并为专家反馈信息是德尔菲法的主要环节。收集意见和信息反馈一般要经过三四轮。在向专家进行反馈的时候，只给出各种意见，但并不说明发表各种意见的专家的具体姓名。这一过程重复进行，直到每一个专家不再改变自己的意见为止。

（6）对专家的意见进行综合处理，做出最终判断。专家意见的整理分析，要注意应用科学的数据资料分析方法。在实践中，一般采用平均数作为预测结果；用中位数表示专家意见的集中程度，集中程度高的意见也是专家们最有代表性的意见；用极差反映专家意见的集散程度，极差越小，说明专家意见越集中，反之，则越分散。最后一轮产生的中位数和极差数作为最终的预测数字。

具体的操作方法如下面的案例所示。

某企业对某种商品某年的销售趋势难以确定，因而聘请了7位专家采用德尔菲法进行预测，具体见表2－4。

表2－4　　　　德尔菲法预测　　　　单位：百万瓶/年

征询次数	专家意见							中位数	极差数
	1	2	3	4	5	6	7		
1	50	60	55	25	20	30	34		
2	50	55	47	32	28	30	44		
3	50	50	33	35	44	31	51		

具体的计算如下。

（1）第一轮专家意见的中位数和极差数

首先，排列第一轮专家意见的数列为：

20，25，30，34，50，55，60

其次，根据中位数的计算公式计算中位数：

$$中位数位置 = (n+1)/2 = (7+1)/2 = 4$$

即数列中的第四个数34为中位数，最后计算极差数＝60－20＝40。

（2）第二轮的中位数和极差数的计算方法与第一轮相同，结果分别为：44和27。

（3）第三轮的中位数和极差数的计算方法与前两轮相同，结果分别为：44和20。

因此，预测结果为该企业该商品某年的销售量为44万瓶，但偏差较大，为20万瓶。说明专家意见分歧到第三轮依然比较大，应进一步分析其原因。

4. 市场试销法

市场试销法是指就某一特定的地区或消费对象到市场上去进行商品实地试销，然后依据试销实际数据对未来销售做出预测。这种方法应用广泛，凡是还未正式进入市场的新产品或改进的老产品，均可采用。

具体过程如以下案例所示。

某黄酒企业试制了一种新型黄酒，选择北方某城市中的一个典型地区试销该产品。试销结果表明，该区域中有10%的消费者使用了这种黄酒，而且其中有8%的消费者重复购买。据此可以推算出该销售区域对该产品的重复购买率为10% ×8% =0.8%。如果试销区消费者每年平均消耗量为10L，并假定该城市中共有消费者300万，那么，新型黄酒在未来市场的需求量为：

$$Y = D \times N \times Q = 0.8\% \times 3000000 \times 10 = 240000\ (\text{L})$$

式中 Y——年销售量预测值；

D——消费者重复购买率；

N——试销的整个区域内消费者总数；

Q——每个消费者每年的平均消耗量。

（四）定量预测法

1. 回归分析法

回归分析法是借助回归分析这一数理统计工具进行定量预测的方法，实际上是根据现有的一组数据来确定变量之间的定量关系，并建立回归方程进行预测，同时可对所建的关系式的可信度进行统计检验，判断哪些变量对预测值的影响较为显著。由于该方法定量地揭示了事物之间因果关系的规律性，所以具有较高的可靠性。

根据自变量的多少，回归预测分析可以分为一元回归和多元回归；根据自变量与因变量函数关系的不同，可分为线性回归和非线性回归。下面以一元线性回归为例说明回归分析的步骤。

（1）分析变量之间的关系，确定自变量和因变量，建立预测模型；

（2）根据已知的统计数据，求解回归方程 $Y = a + bX$ 中回归系数 a 和 b 的值，然后确定回归方程；

（3）利用 R 检验，进行相关分析，检验 X 和 Y 之间是否存在线性关系；

（4）计算方差，估算预测值的误差范围。

在定量预测时，多数时候会有多个因素同时影响预测目标，即属于多元回归问题，多元线性回归方程式为：

$$Y = a + b_1X_1 + b_2X_2 + b_3X_3 + \cdots + b_nX_n$$

式中　　　　　　Y——预测目标；

X_1、X_2、X_3、…、X_n——影响预测目标的诸因素；

a、b_1、b_2、b_3、…、b_n——参数。

计算各参数时，可以采用最小二乘法手工计算，或者采用软件 SPSS 进行处理。最小二乘法计算过程可以参考市场调研类书籍，本文将介绍一下如何使用 SPSS 进行多元线性回归，过程如图 2－2 所示。

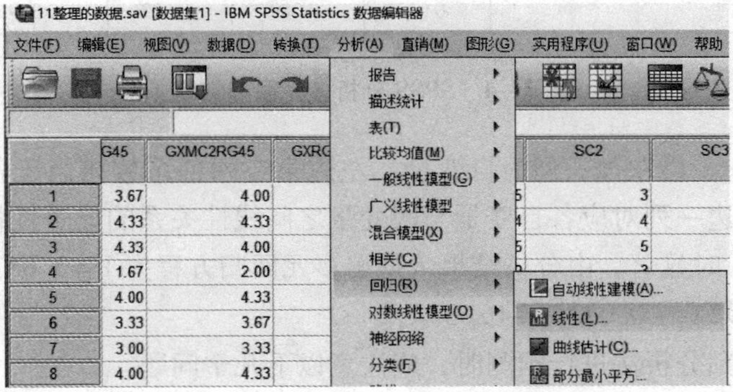

图 2－2　SPSS 分析多元回归过程 1

在已经建好的数据集里或者将 excel 中的数据直接导入 SPSS 软件中，然后依次点击分析—回归—线性（图 2－2 中灰色突出的地方），就会出现如图 2－3 所示的界面。

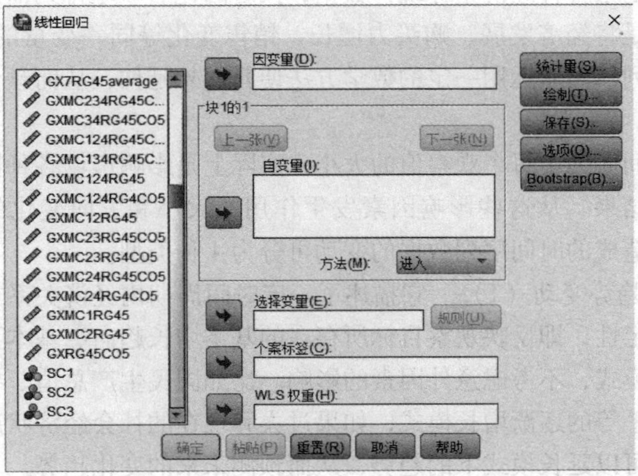

图 2－3　SPSS 分析多元回归过程 2

接着在图2－3中将多个自变量放到自变量框内，将因变量放入因变量框内，输入后点击确定按钮，此时就会出来回归分析的结果，如图2－4所示。

系数

模型		非标准化系数		标准系数		
		B	标准误差	试用版	t	Sig.
1	(常量)	3.051	0.178		17.116	0.000
	Q6关系开始时间	0.180	0.052	0.204	3.469	0.001
	GSXZ2	0.317	0.242	0.076	1.308	0.192
	GSXZ3	0.092	0.099	0.055	0.930	0.353
	HY2	-0.072	0.093	-0.048	-0.772	0.441
	HY3	-0.032	0.089	-0.022	-0.359	0.720

图2－4 SPSS分析多元回归结果

图2－4中，最左边一列为自变量，左边第二列各系数相当于各自变量对应的参数，最右边一列对应各自变量与因变量之间线性关系的显著性情况，一般认为值小于0.05时显著。由分析结果，得出多元回归方程为 $Y=3.051+0.180X_1+0.317X_2+0.092X_3-0.072X_4-0.032X_5$。

在运用回归分析法进行预测时，应注意以下几个问题。

（1）预测对象与影响因素之间必须存在相关关系，而且样本量不能过少，数据点最好在20个以上；

（2）自变量之间的相关关系不能太复杂；

（3）不能遗漏出现的新变量。

2. 时间序列分析法

时间序列是指各种经济指标统计数据，按时间先后顺序排列而成的数列。时间序列分析法是将经济发展、购买力增长、销售变化等同一变量的一组观察值，按时间顺序排列，然后运用一定的数学方法使其向外延伸，从而预测市场未来的发展变化趋势。

市场的时间序列中每个观察值的大小，实际上是影响市场各种因素在同一时刻作用的综合结果。从这些影响因素发生作用的大小和方向变化的时间特性来看，这些因素造成的时间序列数据的变动可分为4种类型。

（1）长期趋势变动（T） 它描述了一定时间周期内经济关系或市场活动中持续的潜在稳定性，即反映观察目标所存在的基本增长趋向、基本下降趋向或平稳发展趋向的模式，不考虑意外因素的影响。比如国民生产总值、社会商品零售总额、收入水平等的逐渐增长模式，如果过去和现在的社会经济状况在将来仍可适用，那么就可以延长模式下的趋势，从而预测未来的变化趋势。

（2）季节性变动（S） 季节性变动归因于一年内的特殊季节及节假日，反映一年之中，经济活动和市场活动或多或少的规律性变化。比如，我国每年春节所在的月份里，酒类（啤酒除外）的销售额会达到一年中的最大。

（3）周期性变动（C）　周期性变动表现为整个市场经济活动水平的不断的周期性但非定期的变动。由于市场的竞争，如建筑业、汽车业的发展，会出现一个经济扩张时期，紧接着是一个收缩期，再接下来又是一个扩张期。

（4）不规则变动（I）　不规则变动是指时间序列数据在短期内由于战争、自然灾害、社会的动乱等随机因素而引起的忽大忽小的变动。

时间序列分析法就是要运用统计方法和数学方法把时间序列数据作为随机变量 X_i（$i=1$，2，…，n）分解为 T、S、C、I 四种变动值，一般有两种表示方式：

乘法模型方式，即 $X=T\times S\times C\times I$

加法模型方式，即 $X=T+S+C+I$

由于迄今为止尚未找到一种可供使用的定量的分析方法来准确分析出周期性变动值和不规则变动值，而只能通过质的分析来推断其变动情况，并对季节变动和长期趋势变动做调整，因此在实际运用时常将乘法模型和加法模型分别简化为：

$$X=T\times S$$
$$X=T+S$$

运用时间序列分析法的步骤为：

（1）绘制历史数据曲线图，确定其趋势变动类型；

（2）根据历史资料的趋势变动类型以及预测的目的与期限，选定具体的预测方法，并进行模拟、运算；

（3）将量的分析和质的分析相结合，确定市场未来发展趋势的预测值。

3. 直线趋势法

直线趋势法是运用最小平方法进行预测，用直线斜率来表示增长趋势的一种外推预测方法。

其预测模型为：

$$y=a+bx$$

式中　a——直线在 y 轴上的截距；

b——直线斜率，表示年平均增长率；

y——销售预测的趋势值；

x——时间。

根据最小平方法原理，先计算 $y=a+bx$ 的总和，即 $\sum y = na + b\sum x$，其中 n 表示年份；然后计算 $\sum xy$ 的总和

即

$$\sum xy = a\sum x + b\sum x^2$$

上述两式中有共同因子 $\sum x$，可取 $\sum x = 0$

从而得到两式：

$$\sum y = na$$

$$\sum xy = b\sum x^2$$

由此可计算出 $a = \sum y/n$, $b = \sum xy/\sum x^2$

需要注意的是，若 n 为奇数，取 x 的间隔为 1，将 $x=0$ 置于资料期的中央一期；

若 n 为偶数，则取 x 的间隔为 2，将 $x=-1$ 与 $x=1$ 置于资料期的中央上下两期。

具体的计算过程如下面的案例所示：

假设某企业 2003—2007 年的销售额分别为 250 万元、280 万元、270 万元、260 万元、300 万元，现运用直线趋势法预测 2008 年的销售额。

由于 $n=5$ 是奇数，且 x 的间隔为 1，故可将 $x=0$ 置于资料期的中央一期，即 2005 年，x 的取值可依次为 -2、-1、0、1、2

xy 依次为 -500、-280、0、260、600

x^2 依次为 4、1、0、1、4

从而 $\sum y = 1360$, $\sum xy = 80$, $\sum x^2 = 10$

将数据代入计算公式，得 $a=272$，$b=8$，从而得到预测模型为：

$$y = 272 + 8x$$

由于预测 2008 年的销售额，因此取 $x=3$，代入模型中，得：

$$y = 272 + 8 \times 3 = 296 \text{（万元）}$$

4. 统计需求分析法

时间序列分析法把过去和未来的销售都看作是时间的函数，不受其他现实因素的影响。然而，任何产品的销售都会受到诸多现实因素的影响。统计需求分析法就是运用一整套统计学方法发现影响企业销售的重要因素，以及这些因素影响的相对大小。

统计需求分析将销售量 Q 看作一系列独立需求变量 X_1、X_2、…、X_n 的函数，即 $Q=f(X_1, X_2, \cdots, X_n)$，但这些变量和销售量之间一般不能用严格的数学公式表示，而只能用统计学分析来揭示和说明。

在运用统计需求分析法时，应充分注意影响其有效性的问题。

（1）观察值过少；

（2）各变量之间高度相关；

（3）变量和销售量之间的因果关系不清；

（4）未考虑到新变量的出现。

第三节 市场因素分析

市场因素也称市场环境因素，当代策略大师迈克·卡米曾经说过："由外朝内的策略，是唯一合理的选择"，而市场营销的本质也正是在于对消费者需求、竞争对手和市场环境的变动做出反应。企业只有密切关注市场营销环境的走势，准确地判断市场机会，充分对市场各环境因素进行综合分析，采取针对性的营销策略，营销才能获得成功。

一、黄酒市场因素与区域的特殊性

（一）市场因素内涵

市场经济条件下，营销环境客观存在，它不以营销者的意志为转移，有着独特的运行规律和发展趋势，对企业营销活动产生积极或消极的影响。对于不可控环境而言，企业只能主动去适应，不能违背，也不能改变。营销管理人员必须重视环境的客观存在，忽视市场营销环境因素必然导致营销决策的盲目与失误。一些黄酒生产企业产品在市场受挫的一个重要原因，就是没有对营销市场因素中的信息进行及时的了解和分析，产品质量或包装等环节不符合目标市场的要求，导致营销活动的失败。例如，浙江某黄酒企业在没有充分了解目标市场要求前提下，盲目生产了自以为很好看的大红喷涂包装的黄酒新品种，由于消费者对这一产品的内在质量与感官识别都很困难，导致产品上市后，无法打开销路。从而浪费了大量的人力与物力，也使新产品开发蒙受了不少的诟病。

（二）市场因素特征

1. 系统性

市场因素的构成和对企业的影响有其明显的系统性。实践表明，市场各因素都不是孤立的，而是相互联系、相互渗透、相互作用的。以上海的黄酒市场环境为例，上海是当今国内最发达的黄酒市场之一，其黄酒饮用因素的改善，将传统的黄酒提升到营养黄酒的概念，提高了居民的生活水平，引起居民消费水平的提高和消费习惯的改变，从而引起黄酒标准的增加及质量要求的改变。也就是说，经济和生活水平、消费者的需求与标准和技术法规制订者之间具有关联性。另一方面，在某一特定时期，市场因素之间又具有相对分离的特点，在不同发展阶段、市场环境，企业对各市场因素关注有所不同。例如，上海营养黄酒刚问世时，也是绍兴传统黄酒高速发展时期，各经销商要求多种包装与品质，以适应市场的需求。此时，对于黄酒企业来说，应重点考虑产品的系列化，从不同系列来生产不同品种，以此来满足经销商的要求。

2. 动态性

市场因素受客观条件和要素的变化而变化，从而对企业营销活动提出新的要求。市场环境的变化一方面是由于相关环境因素的影响，另一方面是因为内部因素发生变化导致环境因素的变化。环境变化的同时又具有相对稳定性，相对稳定才能为企业营销活动提供可以利用的机会。市场环境的这一特征要求营销人员必须关注环境的变化，如国内黄酒产业政策的调整、产品标准的修订和制订、国际市场新的技术法规以及标准要求的改变等，企业必须及时获取这些信息，以便对产品营销组合进行有针对性的改进和完善。这对于企业在市场营销活动中获取主动地位具有重要意义。

3. 复杂性

市场因素的复杂性是指影响企业营销市场因素的多少。一个营销中的市场因素是整个大营销环境的子系统，受营销的大环境影响较多，所以比较复杂。首先，市场因素当中有一部分因素是可控的，如企业设备、技术、产品政策等方面的要素；其次，对于大多数企业外部环境因素而言，企业是不能控制的，如消费者的要求、竞争者的市场策略、国家标准的制订、国际市场的技术法规等因素，企业只能适应。但这种适应是积极适应，即在基本的适应中对其施加影响。事实证明，企业通过发挥主观能动作用，如调整营销策略、科学预测、联合其他企业、借助政府力量等，可以冲破环境的制约或改变某些环境因素。例如，黄酒标准中“清爽型”标准的出台，不是靠某一企业的主观努力就可实现的，而是要联合部分企业，或借助行业协会、甚至政府的力量努力去协调，才能解决的。

（三）企业因素

1. 企业内部因素

企业内部因素包括总体战略规划、设备、技术、机构设置和职能以及人才情况等。产品战略不能违背企业战略、生产经营计划、营销战略规划与计划的目标要求；市场因素要与生产经营用设备、设施和工具，企业技术研发能力和体系，相关职能部门的工作以及企业员工的技能水平等因素结合起来。一般来说，营销部门的功能范围广泛，如从销售和广告扩展到调研、计划、产品设计、存货、渠道管理、服务等全部或部分职能，有利于营销管理工作的开展和降低营销风险。另外，由于具体目标不同，营销部门与其他职能部门在工作方面可能存在冲突。例如，生产部门希望能简化产品品种，单品量产，降低成本。营销部门要求产品品种和规格多样化，适应不同经销商、不同消费者的要求。因此，两者之间需要进行协调，如运用系列化、组合化和模块化等标准化形式，通过确定黄酒产品中最大量品种产品，开展变型产品设计，在批量、成本和产品品种、规格样式多样化之间寻求结合点，实现生产目标与营销目标的有机协调。

2. 企业外部因素

现代公司共同治理逻辑认为：企业在生产经营活动中，其一些资源的价值依赖于其他利益相关者的资源，依赖于利益相关者之间的持久合作，任何一方的随意退出或机会主义行为都可能使对方的利益遭受损失；同时，相互依赖的资源也是相互特异的，从而存在替代成本。为保护相互依赖的资源免于受损，企业必须与其利益相关者缔结长期契约，以确保一个可以预期的补偿。黄酒生产企业也同样，如何与供应商、经销商、消费者充分地进行资源共享，结成利益共同体应该是必须考虑的重要工作。

（1）供应商 供应商为企业提供原材料、辅助材料等，它们通过生产酿造形成产品实体。做好供应商的选择和分析，能有效保证原辅材料的品质，为产品的开发、设计、生产提供保证。反过来，通过黄酒产品的系列化生产，提高同一类原辅料的通用化程度，使供应商的生产成本下降。因此，供应商提供原辅材料的品质高，企业的系列化、通用化生产又使供应商的资源得到合理利用和提升，这实在是企业市场因素中的一个重要内容。

（2）经销商 随着社会分工的细化，原来经企业、供应商或经销商组织的运输，变成由独立的物流企业进行，这样经销商要与企业（即供货商）共同考虑不同产品，在储存、运输、周转、装卸等环节的管理，因此要求营销管理人员必须了解营销渠道因素。尤其是黄酒作为易碎品且具保质期的产品，营销人员特别要注意对流通渠道的调查和分析。只有保证箱箱完整、瓶瓶合格，才能让经销商放心推销。而只有得到经销商的放心大胆地推销，企业的生产才能保证正常。

（3）消费者 消费者的期望和要求是企业制订产品标准的主要影响因素。政府设置标准与质量的监督管理机构对企业营销工作提出期望和要求；一般公众是出于维护作为消费者的人身安全和健康的目的，对企业营销者提出要求。消费者协会、环保组织、报纸和电视台等，希望企业在生产经营过程中不损害消费者的利益，合理使用资源，保护环境，保护消费者的身心健康，促进社会和谐发展。2012 年 6 月，在香港发生的黄酒“EC”事件和 2012 年 11 月的白酒“塑化剂”事件表明，随着社会的进步和人民生活水平的提高，公众对企业生产经营产品是否有利于消费者的健康问题已经越来越关注，消费者购买酒类产品，不再仅仅满足刺激与交流感情需求，同时也开始关心产品使用和消费的安全性，是否有利于健康，希望企业能对消费者的安全健康负责。因此，消费者要素是企业进行市场因素调查与分析的一个重要内容。

保护消费者利益组织是市场经济条件下制约企业营销活动的一个重要利益相关者，如消费者权益保护协会、妇女和儿童保护组织等。这些组织的一个共同特点就是关注其保护对象的利益，如维护其应有的权利，保护他们的健康、安全以及免受伤害等。

（4）竞争者 竞争者的市场行为是企业制订营销战略规划和策略的重要参考依据。例如，同是生产符合国家标准的黄酒产品的企业，相互之间比较关心的一个问题就是竞争者的产品标准和服务标准，这是因为，提高产品标准水平和服务标准水平，可以提高顾客满意度，增强企业的竞争能力。尤其是同质竞争下的新产品上市，竞争者最关心的是外形、价格与售后服务。

（5）行业协会　行业协会是市场经济的产物，作为政府与企业、企业与企业之间的桥梁和纽带，在企业营销活动中发挥着重要作用。行业协会的职能是指导企业贯彻国家标准、行业标准和地方标准、法律、法规和方针政策，代表企业参与制订国家标准和行业标准，对企业标准化工作进行监督。例如，中国酒业协会属下的分支——黄酒分会，通过与标准起草单位的沟通与可行性论证，最后对“清爽型”黄酒产品的生产和最终质量要求制订了一个标准，列入黄酒的国家标准之中。因此，企业应该积极参加或参与行业协会的各项活动，并与之保持良好的信息沟通，掌握行业动态，为企业的顺利发展铺平道路。

（6）标准化委员会　国家标准化委员会中，酿酒有一个分标委，设在中国酒业协会酿酒分标委下，其下又有各酒种标准化工作组或标准化委员会，黄酒目前是标准化工作组。黄酒标准化工作组是黄酒国家标准的制订和推动实施主体，其标准化动向为企业提供了市场标准、技术法规和合格评定制度方面的信息，需要企业密切关注。

（四）区域市场的特殊性

黄酒与其他酒种有一个非常明显的区别，这就是黄酒的市场区域性突出，且集中在长三角地区。无论是生产酿造还是消费市场，都相对集中在这一地区。

黄酒消费的主要地区在江苏、浙江、福建、上海一带。黄酒与我国饮料酒总量相比，份额也比较小。据统计，我国黄酒行业企业有1000余家，但80%以上为规模在几百千升的小微企业，销售收入达到500万元以上的规模以上企业仅100余家，年产量上万吨的企业不足20家。2011年，国家统计局对规模以上企业的统计标准提高后，黄酒行业规模以上企业仅余70余家，占全部酒行业规模以上企业数量的5%以下；由于规模太小，国家统计局取消了专门对黄酒产品量的统计，仅对70余家规模以上企业的产销总值、出口交货值及部分效益指标进行统计发布。根据国家统计局公布数据，2011年黄酒行业规模以上企业完成工业总产值126.30亿元，完成工业销售产值118.14亿元，主营业务收入117.94亿元，实现利润13.50亿元，上缴税金9.20亿元；各项指标占行业比重的2%左右。

据2010年国家统计局最后一次统计，黄酒规模以上企业年产量为134.14万kL。2010年全行业127个规模以上企业，华东地区有93个，占行业的73.23%，接近3/4；完成销售收入68.98亿元，占行业的76.97%；实现利润6.70亿元，占行业的84.28%。其中，江、浙、沪地区又占有绝对优势。黄酒是从江浙一带发展起来的，地域文化浓厚，产销量在全国居首位，但恰恰是这种地域性局限了行业的发展，龙头企业在江苏、浙江、上海以外的消费市场很小，主要消费地仍集中在长三角地区。虽然近年来福建、湖南、山东等地的企业逐步发展起来，对引导当地及辐射周边地区的黄酒消费起到了积极的作用，但是黄酒走出地域束缚，得到全国各地消费者的喜爱，还有很长的路要走。

从最近两年黄酒发展放缓情况看，全国规模以上企业黄酒年产量在150万kL左右。主要生产量，仍然集中在传统的华东地区。

鉴于黄酒区域性显著的特殊市场因素，在分析时也主要以此成熟市场为主，以其他市场为辅进行具体的营销调查与策划。

二、黄酒消费群体分析

黄酒市场因素分析中，消费者是核心因素，如果缺乏消费者，市场便无从谈起。既然黄酒的消费市场主要集中在华东地区，尤其是江苏、浙江、上海、福建，那么，研究其消费群体也就成为企业对市场因素分析的首要工作。

有专家曾对江苏苏南黄酒市场进行了调查，调查结果显示，饮用最多的酒种是啤酒，其次才是黄酒。而苏南市场中，尤其是苏州、无锡、常州才是黄酒市场的主要区域，苏北虽有南通地区有饮用黄酒的习惯，其他区域大多饮用白酒。

在分析浙江黄酒市场时，据浙江某黄酒企业委托第三方对黄酒消费调查，从年龄、收入、性别三个主要参数分析，得出结论见表2－5。

表2－5　　黄酒消费者调查结果表

月收入/元 每周饮酒次数 男/女 年龄段	2000～3000	3000～4500	4500～6000	6000～8000	8000以上
25～35	2/1	2/0	1/0	1/0	1/0
35～50	2/1	3/1	2/1	1/0	2/0
50～60	1/1	1/0	1/0	2/1	2/1
60以上	2/0	2/1	2/1	1/0	1/0

注：1. 发出调查表共计2500份，回收1012份，有效样本198份。以上数据以198份有效样本为依据。
2. 每周饮用次数以整数计，四舍五入。

从表2－5可以看出，黄酒消费在中低收入男性人群中占主导，高收入男性人群中中老年人群占主导。饮用黄酒的女性相对较少。从另一项调查可知，高收入消费群体，选用中高端黄酒品种，中低收入者往往选用中低端品种，尤其是低收入老年人大多选用低端产品。作为一个成熟的黄酒消费区域，这种消费人群的分布值得研究，以利开发针对性较强的黄酒品种。

《中国酒业》曾通过读者反馈与官方网站投票调查发现，消费者在消费黄酒时具有明显的特点。

（一）消费人群的基本消费形态

黄酒消费者的年龄段分为两个层面，老年（50岁以上）消费人群和青壮年

（25～35岁）消费人群。老年消费者，这部分人群的主要消费渠道集中于商超消费，购买一些桶装黄酒、普通瓶装黄酒，其中购买桶装者占比略大。消费主要原因是饮酒习惯和关注身体健康。25～35岁的青壮年消费者，这部分人群大多生活在上海、浙江、杭州等地，或者是在这些地方工作，因为受当地人生活的影响，进而形成消费习惯，他们的消费场所主要集中在酒店，这类消费群体更在意黄酒档次，一般追求产品的品牌影响力和文化思想。

综合以上两种现象进行分析，黄酒的消费形态可以如此描述：既存在着固有的消费者群体，又拥有很大的潜在消费群体。对于固有的消费群体：如50岁以上消费群体，一般存在着本身特有的消费品牌或者说固有的黄酒派系的消费，或者固有价格范围内的消费。对于潜在的消费群体：如25～35岁消费群体，这类人群由于追求的是黄酒档次、品牌的影响力和文化，对于黄酒企业来说，将可以作为品牌黄酒的主打消费群体，通过对品牌的推广、造势、影响，以及对产品的促销等手段作为切入口，拉推新生品牌黄酒在市场上的销售。

（二）消费者地域分布

通过调查得出，目前黄酒的消费者仍然主要集中在“六省一市”，即浙江、江苏、福建、江西、安徽、山东和上海。比如浙江的杭州地区和绍兴地区，江苏的无锡、常州以及苏州，还有福建的福州和泉州等地。江沪浙这三个地区的消费者占全国消费者总数的70%以上。也就是说，黄酒的消费者主要集中在华东地区。

（三）消费者对黄酒的需求分析

通过对读者反馈信息的分析，我们得出这样的结论：随着生活水平的提高，消费者对于黄酒消费有了一定的变化。首先从功能上看，消费者对于黄酒的功能提出了一个新的要求，那就是“营养健康”；其次从口感上看，黄酒分为干型、半干型、甜型、半甜型，大部分消费者比较喜欢半干型黄酒和半甜型黄酒，其中半干型黄酒和半甜型黄酒的消费人群也是不一样的，一般情况下，50岁以上的消费者会把半干型黄酒作为自己的首选，而50岁以下的消费者则会选择半甜型黄酒。

在进行黄酒的选择时，品牌是决定消费者购买黄酒的首要考虑因素。但是根据一部分消费者的反馈，目前黄酒市场的品牌格局不是很稳定，一般的消费者对这方面的认识比较欠缺，广告以及促销活动对于消费者的影响会比较大。而对于产品的质量，一般的消费者表示自己没有能力去进行鉴别，他们通常只能根据产品的色泽以及口感进行一个大体的认识。

这样大致可以列出一些消费人群的特征。

1. 高消费人群

高消费人群主要消费特点：讲品位、追求档次，满足心理上的需求，有种优越感和成就感，这类的消费者多为政府官员、企事业领导、老板等高层领导者和高收入者。消费一般不买酒，多数是别人请客或他请别人，且多有馈赠送礼的消费酒品。

2. 中等消费人群

这一消费人群的特点主要是以中高档为主，较讲究品位，注重包装和知名度，同时对品牌有一定忠诚度。这类消费者多数不喝低档酒，他们是饮酒消费者的消费领袖，对酒水销售起着品牌的引导作用。这类层次的消费者多为中高层收入者，有一定的社会地位，注重自身的修养和形象，消费多以著名品牌为主，高档酒作为消费的补充或买以赠人。这一消费阶层一般是厂家的广告重点诉求对象，是骨干企业的消费群，对该人群推销的酒容易形成高档，但也易过流行期。

3. 低消费阶层

低消费人群的消费者多是普通工薪阶层、大学生及其他饮酒量大的低收入者，该阶层消费受经济条件的影响和制约，多饮低档酒，量较大，不十分注重质量、包装、品牌，只注重满足个人的生理需求、能调节气氛就可以了，要求价格低廉。这一消费人群是企业和营销人员要考虑的低档大宗产品的消费客户群。

4. 女性消费者

女性饮用黄酒者较少，一般不是黄酒市场因素中消费目标人群。这也是一些黄酒生产企业开发女性产品不成功的根本原因。因为黄酒女性消费者较少，开发的女性产品也就缺乏市场了。

三、黄酒市场细分与产品定位

从《市场营销学》中，可以了解市场细分的相关概念与要求，这里在简要介绍市场细分概念理论后，只针对黄酒市场进行具体的细分说明。黄酒市场从前面的了解可知有两个特征：一是具有很强的区域性，二是消费人群有一定的层次性。那么如何去细分黄酒市场与产品定位，就成为营销人员必须深入研究的课题。

（一）市场细分

市场细分的概念是美国市场学家温德尔·史密斯于20世纪50年代中期提出来的，是企业根据消费者需求的不同，把整个市场划分成不同消费者群的过程。

消费者需求的相似性是市场细分的理论基础。在同一地理条件、社会环境和文化背景下的人们形成有相对类似的人生观、价值观生活群体，他们的需求特点和消费习惯大致相同。正是因为消费需求在某些方面的相对同质，市场上消费者的群体差异才能按一定标准聚合成不同的群体。所以消费者需求的差异造成了市场细分的必要性，消费需求的相对同质性则使市场细分有了实现的可能性。

消费者需求的差异性是客观基础。消费者需求的差异性是指不同的消费者之间的需求是不一样的。在市场上，消费者总是希望根据自己的独特需求去购买产品，根据消费者需求的差异性可以把市场分为“同质性需求”和“异质性需求”

两大类。同质性需求是指由于消费者需求的差异性很小，甚至可以忽略不计，因此没有必要进行市场细分。而异质性需求是指由于消费群体所处的地理位置、社会环境不同，自身的心理和购买动机不同，造成他们对产品的价格、质量款式上需求的差异性。这种需求的差异性就是市场细分的基础。

（二）黄酒市场细分

酒类产品是消费者的嗜好品，又是快速消费品。针对不同的消费者进行市场细分十分必要。年轻人大多爱喝啤酒，北方人大多爱喝烈酒，广东人大多爱喝洋酒，江浙沪消费者大多爱喝黄酒。而爱喝黄酒的人群中，年轻人多爱喝半甜型、清爽型黄酒，中年人多爱喝中高档黄酒，老年人多爱喝传统黄酒。怎样根据消费市场制订一个黄酒细分的标准，则是至关重要的。

黄酒作为一种快速消费品，其消费品市场细分特征明显，市场的细分标准同样可以概括为地理因素、人口统计因素、心理因素和行为因素四个方面，每个方面又可包括一系列的细分变量。

1. 地理因素

按地理因素细分，就是按消费者所在的地理位置、地理环境等变量来细分市场。因为处在不同地理环境下的消费者，对于同一类产品往往会有不同的需要与偏好，例如，对用作烹调的料酒的选购，城市居民喜欢选择饮用的瓶装中、低档黄酒，而农村的居民注重廉价，往往选用袋装的低档黄酒，甚至不关注所购料酒是否是假酒，所以袋装料酒在农村销路较好。因此，对黄酒消费市场进行地理细分是非常必要的。

（1）地理位置　可以按照行政区划来进行细分，如在我国，可以划分为东北、华北、西北、西南、华东和华南几个地区；也可以按照地理区域来进行细分，如划分为省、自治区、市、县等或内地、沿海、城市、农村等。在不同地区，消费者的需求显然存在较大差异。如浙江舟山、象山等沿海地市，大宗黄酒饮用的重点是渔民出海带上船的，因此要求用大容量的壶装，轻且量大，而瓶装因重量太大，消费者便不是很喜欢。

（2）城镇大小　可划分为大城市、中等城市、小城市和乡镇。处在不同规模城镇的消费者，在消费结构方面存在较大差异。如上海、北京等特大城市，因黄酒的消费者众多，消费量大，品种必须齐全，让他们能有挑选的余地。

（3）地形和气候　按地形可划分为平原、丘陵、山区、沙漠地带等，按气候可分为热带、亚热带、温带、寒带等。防暑降温、御寒保暖之类的消费品就可按不同气候带来划分。如在我国北方，冬天气候寒冷，可引导加温后饮用，营销时配以温酒器，便很有必要。但在江南，由于气温相对较高，一般常温饮用就可以了，对加温饮用只有在冬天寒冷季节才有这个需求，所以温酒器便可有可无。

2. 人口统计因素

按人口统计因素细分，就是按年龄、性别、职业、民族、收入、教育状况、家庭人口等变量，将市场划分为不同的群体。由于人口变量比其他变量更容易测量，且适用范围比较广，因而人口变量一直是细分消费者市场的重要依据。

(1) 年龄 不同年龄段的消费者，由于生理、性格、爱好、经济状况的不同，对消费品的需求往往存在很大的差异。因此，可按年龄将黄酒市场划分为许多各具特色的消费者群，青年人市场、中年人市场、老年人市场等。根据年龄段的不同，可提供低度清爽型花色品种、中高档口碑品种与结合保健养生品种、传统中低端品种及适当注重保健功能的品种。大型黄酒生产企业经常采用年龄变量来细分市场。如浙江安吉乌毡帽酒业针对年轻消费群体的"米小迈"低度清爽型黄酒；上海金枫酒业针对中青年消费群体的"金色年华"黄酒；古越龙山更是以年代名命，如"70年代""80年代"黄酒。

(2) 性别 按性别可将市场划分为男性市场和女性市场。但是由于黄酒女性市场并不是很大，所以从性别考虑市场细分，优先考虑男性市场较好。

(3) 收入 收入的变化将直接影响消费者的需求欲望和支出模式。根据平均收入水平的高低，可将消费者划分为高收入、较高收入、中等收入、较低收入、低收入5个群体。收入高的消费者比收入低的消费者购买档次更高的产品，如在超市中购买黄酒，在选择年份酒时，往往高收入人群购买五年陈以上的产品，而低收入消费者往往购买三年陈以下的产品。因此，通过调查分析，也可让年龄变量来细分市场。

(4) 职业 不同职业的消费者，由于知识水平、工作条件和生活方式等不同，其消费需求存在很大的差异，如公职人员喜欢聚餐，餐饮消费是主要的黄酒消费渠道；从事文化艺术工作的群体喜欢庆祝欢聚，一个任务完成、一个项目完成、一场演出成功等都有欢聚庆祝的需求。

(5) 教育状况 受教育程度不同的消费者，在志趣、生活方式、文化素养、价值观念等方面都会有所不同，因而会影响他们的购买种类、购买行为、购买习惯。教育程度越高，选择黄酒的品牌意识越强。非知名品牌的黄酒，往往不会被受过高等教育的群体所接受。这也是非知名黄酒往往打不开外地市场的重要原因。

(6) 家庭人口 据此可分为单身家庭（1人）、单亲家庭（2人）、小家庭（2~3人）、大家庭（4~6人或6人以上）。家庭人口数量不同，往往在购买行为中体现出一次性购买量的差距，这在细分市场时，要注意通过调查，合理布局多瓶、易提的小包装，如两瓶、四瓶、六瓶等方面都会出现需求差异。美国爱迪生兄弟公司鞋店是值得借鉴的市场细分案例。

美国爱迪生兄弟公司经营了900家鞋店，分为4种不同的连锁店形式，每一种形式都是针对一个不同的细分市场，有的专售高价鞋，有的专售中价鞋，有的专售廉价鞋，有的出售时髦鞋。在芝加哥斯泰特大街短短距离的3个街区内就有该公司的3家鞋店。尽管这些商店彼此很近，但并不影响相互的生意，因为它们针对女鞋市场上的不同细分市场。

3. 心理因素

按心理因素细分，就是将消费者按其生活方式、性格、购买动机等变量细分成不同的群体。

（1）生活方式　越来越多的企业，如服装、化妆品、家具、娱乐等行业的企业，重视按人们的生活方式来细分市场。生活方式是人们对工作、消费、娱乐的特定习惯和模式，不同的生活方式会产生不同的需求偏好，如“传统型”“新潮型”“节俭型”“奢侈型”等。这种细分方法能显示出不同群体对同种商品在心理需求方面的差异性，如美国有的服装公司就把妇女划分为“朴素型妇女”“时髦型妇女”“男子气质型妇女”三种类型，分别为她们设计不同款式、颜色和质料的服装。黄酒企业现在也有根据生活方式细分的，如商务接待用酒、家庭回家吃饭用酒、夜场用酒等。

（2）性格　消费者的性格与其对某种产品的喜爱有很大的关系。性格可以用外向与内向、乐观与悲观、自信、顺从、保守、急进、热情、老成等词句来描述。性格外向、容易感情冲动的消费者往往喜好表现自己，因而他们喜欢购买能表现自己个性的产品，如不致马上出现醉态，以充分显示自己酒量的清爽型低度黄酒；性格内向的消费者则喜深深地品尝，往往购买具有黄酒风格特征的传统型产品；富于创造性和冒险心理的消费者，则对新奇、刺激性强的商品特别感兴趣，这类消费者是包装新奇、口感特别的新产品的消费主力。

（3）购买动机，即按消费者追求的目的来进行细分　消费者对所购黄酒产品，追求的目的主要有请客、会友、聚会、家用等，这些都可作为细分的变量。例如，有人购买高档礼品黄酒是为了求人办事或孝敬长辈领导，有人购买中档黄酒是为了能与多年好友畅叙友情，有人购买低档黄酒是为了能满足对黄酒的嗜好等。因此，企业可对市场按消费目的变量进行细分，确定目标市场。

4. 行为因素

按行为因素细分，就是按照消费者购买时间、购买数量、购买频率、购买习惯等变量来细分市场。

（1）购买时间　普通黄酒产品的消费相对具有时间性、季节性。由于黄酒性温，除对黄酒有偏好的消费者外，许多消费者喜欢在春秋冬季饮用。尤其是深秋大闸蟹上市季节，黄酒的消费群体最为广泛。因为蟹属寒性食品，而温性的黄酒恰好中和了蟹的寒性。且黄酒又具有去腥的功效，使美味的河蟹更具食用的享受性。因此，企业可以根据消费者需要或饮用产品的时间进行市场细分，如与河蟹养殖或经销商合作，策划黄酒+河蟹的套餐营销方式。也可与专事大闸蟹的餐饮企业合作，提供“花雕酒、大闸蟹，滋滋咪咪到半夜”的就餐境界。所以说，企业可根据黄酒的特殊消费时间进行细分，在适当的时候加大促销力度，提升产品的销量。而逢年过节的礼品包装，也是因时而动的市场细分的结果。

(2) 购买数量　据此将消费者分为大客户、一般客户和小客户。大客户人数不一定多，但消费量大，应重点关注。许多企业以此类客户为目标，一类是忠诚度和嗜好性较强的消费者，即常饮者，购买频率会较高。另一类是大家庭中作为主导意见的家长，每次购买数量都较大。此外，还有团体购买，如单位食堂、私人会所等。

(3) 购买频率　可分为经常购买、一般购买、不常购买（潜在购买者）。如把饮酒作为日常生活的一件享乐，则购买频率会较高。普通饮酒者是亲戚朋友小叙、休息天犒劳一下的消费者。潜在购买者是逢年过节祭祀祖先、孝敬长辈的消费者，他们不常购买。

(4) 购买习惯（对品牌忠诚度）　据此可将消费者划分为单品牌忠诚者、多品牌忠诚者、转移的忠诚者、无品牌忠诚者等。黄酒消费者有一个最大的特点，就是当地普通消费者，往往忠诚于地产酒，就连黄酒市场最为成熟的江、浙、沪也不例外。如江苏的黄酒消费者特别忠诚于江苏黄酒，如丹阳封缸酒、沙洲优黄、无锡特黄、惠泉老酒、白蒲黄酒等；浙江的黄酒消费者则忠诚于古越龙山、会稽山、塔牌、女儿红、阿拉老酒等；上海的黄酒消费者则大多忠诚于和酒、上海老酒、金枫特加饭、谷和等。但各地的黄酒消费者对绍兴黄酒均不排斥，说明是多品牌忠诚者。为此，企业必须辨别它的忠诚顾客及特征，以便更好地满足他们的需求，必要时给忠诚顾客以某种形式的回报或鼓励，如给予一定的折扣或买就送等。

美国快餐巨头麦当劳的细分市场需求，值得黄酒企业认真学习与参考。

【案例】

麦当劳作为一家国际餐饮巨头，创始于20世纪50年代中期的美国。由于当时创始人及时抓住高速发展的美国经济下工薪阶层需要方便快捷的饮食的良机，并且瞄准细分市场需求特征，对产品进行准确定位而一举成功。当今麦当劳已经成长为世界上最大的餐饮集团，在109个国家开设了2.5万家连锁店，年营业额超过34亿美元。

回顾麦当劳公司发展历程后发现，麦当劳一直非常重视市场细分的重要性，并分别实施了相应的战略，从而达到了企业的营销目标，使它取得令世人惊羡的巨大成功。

1. 麦当劳根据地理要素细分市场

麦当劳有美国国内市场和国际市场，而不管是在国内还是国外，都有各自不同的饮食习惯和文化背景。麦当劳进行地理细分，主要是分析各区域的差异，如美国东西部的人喝的咖啡口味是不一样的。通过把市场细分为不同的地理单位进行经营活动，从而做到因地制宜。

每年，麦当劳都要花费大量的资金进行认真、严格的市场调研，研究各地的人群组合、文化习俗等，再书写详细的细分报告，以使每个国家甚至每个地区都有一种适合当地生活方式的市场策略。

例如，麦当劳刚进入中国市场时大量传播美国文化和生活理念，并以美国式产品牛肉汉堡来征服中国人。但中国人爱吃鸡，与其他洋快餐相比，鸡肉产品也更符合中国人的口味，更加容易被中国人所接受。针对这一情况，麦当劳改变了原来的策略，推出了鸡肉产品。在全世界从来只卖牛肉产品的麦当劳也开始卖鸡肉产品了。这一改变正是针对地理要素所做的，也加快了麦当劳在中国市场的发展步伐。

2. 麦当劳根据人口要素细分市场

通常主要根据年龄、性别、家庭人口、生命周期、收入、职业、教育、宗教、种族、国籍等相关变量，把市场分割成若干整体。而麦当劳对人口要素细分主要是从年龄及生命周期阶段对人口市场进行细分，其中，将不到开车年龄的划定为少年市场，将20~40岁的年轻人界定为青年市场，还划定了老年市场。

人口市场划定以后，要分析不同市场的特征与定位。例如，麦当劳以孩子为中心，把孩子作为主要消费者，十分注重设计印有麦当劳标志的气球、折纸等小礼物。在中国，还有麦当劳叔叔俱乐部，参加者为3~12岁的小朋友，定期开展活动，让小朋友更加喜爱麦当劳。这便是相当成功的人口细分，抓住了该市场的特征与定位。

3. 麦当劳根据心理要素细分市场

根据人们生活方式划分，快餐业通常有两个潜在的细分市场：方便型和休闲型。在这两个方面，麦当劳都做得很好。

例如，针对方便型市场，麦当劳提出“59秒快速服务”，即从顾客开始点餐到拿着食品离开柜台标准时间为59秒，不得超过1分钟。

针对休闲型市场，麦当劳对餐厅店堂布置非常讲究，尽量做到让顾客觉得舒适自由。麦当劳努力使顾客把麦当劳作为一个具有独特文化的休闲好去处，以吸引休闲型市场的消费者群。

（三）黄酒产品市场定位

所谓市场定位，就是企业根据市场特性和自身特点，确立本企业与竞争对手不同的个性或形象，形成鲜明的特色，在目标市场顾客心目中留下深刻的印象，从而使顾客形成特殊的偏爱，最终在市场竞争中获得优势的过程。企业想要使自己或其品牌、产品在市场上形成鲜明的特色，就必须有效迎合目标市场顾客的特定需求或偏好。所以，企业市场定位的过程实际上是一个有效迎合目标市场顾客特定需求的过程。

企业的市场定位，可以以产品定位作为基础，即以自己的相关产品去迎合目标市场顾客的特定需求。并且，在产品定位的基础上，应结合企业的资源条件及营销目标，实现品牌定位以及企业定位。

1. 市场定位的基本原则

企业进行有效的市场定位，必须注意以下基本原则。

（1）企业的市场定位必须去迎合目标市场顾客客观存在的特定需求　如果企业对目标市场顾客需求的辨析、认知不准确，就有可能去迎合顾客根本不需要或不太在意的需求。这样，迎合就失去了意义，市场定位从开始也就注定了失败。例如，原上海冠生园和酒药业有限公司的“和酒”，在绍兴黄酒占据基本的消费市场的现实环境下，迎合上海人爱养生保健的个性，在黄酒中添加了枸杞、蜂蜜等成分，开发了“营养黄酒”新产品，一举获得成功，取得了极高的经济效益，从而也引起了其他黄酒企业的竞相模仿。但是，浙江绍兴有一黄酒生产企业为了迎合女性黄酒消费市场，充分利用世界妇女大会的难得机会，全方位推出女性饮用的黄酒，由于缺乏对女性这一目标消费群体的了解，最后没能成功。企业的这种会议契机迎合显然没有收到预期的效果。

（2）企业的产品市场定位　必须去迎合未被有效迎合的目标市场，即未被满足的顾客客观存在的特定需求。即使是存在着一种特定的顾客需求，但如果这种需求已经被别的竞争者有效迎合的话，企业的迎合也将是无意义的。换句话说，在这种情况下，企业也不太可能再去有效迎合这种特定的顾客需求。上面“和酒”的例子，仍然可以利用。加入了营养物质的和酒上市后产生了巨大的经济效益，使得许多黄酒企业竞相仿制，想成功进入上海这个全国最大的黄酒目标市场，但由于上海消费者对这一营养黄酒的特定需求，是在和酒的迎合下产生的，故其他黄酒企业虽然生产的也是同类产品，但终究达不到和酒的效果。

（3）市场定位以产品定位为基础　企业的市场定位需通过一些有效的载体去迎合目标市场顾客的特定需求。通常，最基本的载体就是企业的产品。所以，企业的市场定位可以从产品定位开始，而企业定位则是市场定位的更高层次。

（4）市场定位是手段而非目的　有效的市场定位，是为了帮助企业更好地发掘、发现市场机会，从而更好地实现营销目标。所以，企业不能为定位而定位，犯本末倒置的错误。

2. 市场产品定位的基本步骤

产品市场定位可以通过明确优势、选择适当的竞争优势以及准确地传播产品的定位概念三个基本步骤来进行。

（1）明确优势　这一方面的工作包括：首先明确企业自身资源所具备的可能优势；其次明确产品在满足目标市场需求方面的可能优势以及与竞争者相比的比较优势。因此，产品上市前，必须做好以下相应的分析工作。

①分析顾客对黄酒产品的评价：也就是要研究顾客究竟需要什么样的产品，最关心产品的什么特点，哪些产品要素是顾客购买决策的主要影响因素。分析顾客最重视的产品特色，对市场定位十分关键。

②分析自身的资源特点：一方面企业资源是有限的，只能重点集中于某些方面，使企业可以在明确顾客需求的前提下充分发挥资源的优势；另一方面，要注意企业资源与其他竞争者资源的比较优势。只有明确了企业资源的优劣，才能把产品定位得准确。

③分析竞争者的市场定位特点：企业必须了解竞争者的产品市场定位选择，了解其产品特点以及市场营销策略。即使企业市场定位与竞争者市场定位相似，也要明确自己的定位与竞争者的差别以及优势和劣势。例如，会稽山“纯正五年”绍兴黄酒，在上市前，明确主要的竞争对手是古越龙山金五年。为了应对绍兴酒普遍使用“五年陈”“金五年”等名称，选择“纯正五年”，既向广大消费者传播五年酒龄，又特别点明“纯正”。虽然与竞争对手的产品的市场定位也基本相同，且同为以餐饮为主、商超为辅的营销模式，但会稽山“纯正五年”一出现，不是平常大家普遍使用的扁形酒瓶的面貌，而是采用小方瓶，且瓶身略向内凹，给人极佳的手感。同时，配合上市广告语“始于1743年纯正的绍兴黄酒，绍兴人爱喝的绍兴黄酒”。产品在市场上迅速走红，取得了很好的经济效益。会稽山“纯正五年”是在分析竞争者的产品市场定位后，明确自己定位优势的最为成功的绍兴黄酒产品。

（2）选择适当的竞争优势　对企业来说，并非所有的竞争优势在市场定位时都有用，并非所有的差异化定位都是值得推广的。企业市场定位的成功与否，在于企业能否抓住其中最重要的优势，并加以有效传播。因此，企业在进行产品市场定位时，应鉴别并选择自己产品最重要的竞争优势。

那么，哪些竞争优势适宜用于产品的市场定位呢？一般来说，产品在进行市场定位时，应考虑下列因素。

①重要性：即对黄酒目标市场顾客来说最重要的因素。顾客倾向于记住和选择能满足自己迫切需要的，符合其口感、安全、保健功能等要求的产品。所以，凡是顾客在购买时最关心的因素均可用于企业的市场定位。如目前消费者并不十分关心黄酒的营养价值有多高，而是关心饮用的安全性、口感和养生保健功能等。

②独特性：即企业的产品能够与竞争产品区别开的重要特征。企业应认真分析竞争者的市场定位，并分析自己的产品有哪些独特性，找出哪些独特性是竞争者所没有的或是不足的，从中寻找自己产品与众不同的或优于竞争产品的特点。前面介绍的会稽山“纯正五年”是最好的例子。

③优越性：即自己的产品明显比现有产品优越的地方。市场上有许多产品都能满足顾客的某种需求，一个产品只有明显优于其他同类产品，才能有效地吸引顾客。古越龙山金五年，通过“中央库藏”的概念来展现其酒源正宗，进而表现其质量方面的优越性。如果此时强调价格的不同，显然是不得要领了。

④领先性：即不易模仿性。如果企业拥有技术、管理和成本控制等方面不易

被其他企业模仿或超越的竞争优势，那么这些优势较适宜用于市场定位。如果生产原发酵低度黄酒产品，则清爽型黄酒的技术优势便会相当明显地显现出来。

（3）准确地传播产品的定位概念　企业在做出产品市场定位决策后，还必须采取正确的方法与步骤向目标市场消费者大力开展广告宣传，把企业的定位概念准确地传播给目标购买者以及潜在的购买者，使目标市场的消费者对企业的定位选择有准确、清晰的把握。如会稽山的“纯正五年”，首先向目标消费者灌输企业历史的悠久，“始于1743年”，接着便是产品的“纯正”年份，避免了消费者选择市场年份酒的茫然无知。

3. 市场定位策略与方法

（1）市场定位策略　企业常用的市场定位策略主要有避强定位策略、迎头定位策略及重新定位策略。

①避强定位策略：这是指企业力图避免与实力最强或较强的其他企业直接发生竞争，而将自己的产品做不同的定位取向，使自己的产品在某些特征或属性方面与竞争者相比有比较显著的区别的策略。这对中小企业的产品定位，尤其适宜。避强定位策略的优点是能够使企业较快速地在市场上站稳脚跟，并能在消费者或用户心目中树立起一种形象，这种策略的市场风险较小，成功率较高。其缺点主要是，避强往往意味着企业必须放弃某个最佳的市场位置，从而有可能使企业处于较差的市场位置。曾记得，当年浙江台州的善好酒业，不惜用重金将上海作为自己产品的目标市场，并将产品定位于上海市第一黄酒品牌。在促销时甚至将上海金枫的产品作为购买“善好”产品的赠品。这极大地损害了上海地产黄酒的自信心，于是上海金枫酒业迎头痛击，经销商中凡做善好黄酒的不能做金枫黄酒，这对于占据绝对市场份额的上海地产产品来说，要经销商放弃，无异于退出黄酒行业。不久善好黄酒在上海市场便全线溃败。这是一个没有采用避强定位的典型个案。

②迎头定位策略：这是指企业根据自身的实力，为占据较佳的市场位置，不惜与市场上占支配地位的竞争对手发生正面竞争，而进行的与竞争者相似或相同的定位选择策略。迎头定位可能引发企业之间激烈的市场竞争，因此具有较大的风险性。迎头定位策略在实际中屡见不鲜。例如，百事可乐与可口可乐，富士与柯达，古越龙山“金五年”与会稽山“纯正五年”等。

③重新定位策略：这是指企业通过自己的定位努力，打破现有市场定位体系，建立新的市场定位体系，从而获得优势地位的策略。重新定位可能是由于市场的变化、顾客需求的变化、竞争的加剧以及企业的竞争优势改变等因素所导致的。企业重新定位的目的就在于能够使企业获得新的、更大的市场活力。如江苏张家港酿酒有限公司，在20世纪90年代中后期，一度出现由于产品的竞争力弱而无法生存的局面。后来企业重新定位，对低度的清爽型黄酒实施最为传统的包装命名，取名为“花开富贵”，虽然由于这一名字没有及时注册而造成一定麻

烦，但其中国红的通瓶瓶贴，赋以中国传统的国花牡丹，用花开富贵来定位自己的产品。这在工业发达的苏南市场，犹如黄酒界的一剂强心针，产生了目标市场消费认同的巨大反响，也使“沙洲优黄”一举走上“国家名酒”的宝座。

（2）市场定位方法　产品市场定位的具体方法有很多，常见的有以下几种。

①强调第一：产品通过强调自己在市场上明显的优势地位，来突出自己的特点，从而让目标市场顾客对企业有深刻的印象。通常，人们对“第一”会予以最多的重视，也就是说，“第一”的定位选择，最容易让顾客记住。当然作为传播，主张第一，并不是要把第一说出来，且广告法规定，在广告中不能出现“第一”“最好”等用词。所以，可口可乐公司通过“只有可口可乐，才是真正的可乐”的口号来有效地强调自己的可乐才是第一，并借此强调自己的市场领导地位。古越龙山“金五年”在产品定位上进行了调整，将1000余万坛的吉尼斯纪录库藏酒作为第一的资本，故“足年库藏”作为金五年重新定位后，向目标消费者进行传播的主要广告语。

②比附定位：比附定位是指企业以竞争者品牌为参照物，依附竞争者进行定位。企业进行比附定位的对象通常是行业的领先者，比附定位的目的是通过与强势竞争对手的有效对比，提升自身的价值与知名度。“因为我们第二，所以我们更努力”就是巧妙地利用了强势竞争者的市场位置来提升自己的市场地位。如湖南胜景山河生物科技有限公司，在企业成立之初与绍兴古越龙山合作，生产的黄酒品牌为“古越楼台”，将古越龙山与企业所在地的岳阳楼结合起来，既表明了湖南岳阳的产地，又向目标消费者传递了与古越龙山合作的信息。以古越龙山在黄酒中的领袖地位，提升湖南新生黄酒的市场地位。

③档次定位：企业及其产品的价值是产品质量、顾客心理感受及各种社会因素如价值观、文化传统等的综合反映。定位于高档次的产品，传达了产品（服务）高品质的信息，同时也体现了顾客对它的认同。因此，档次具备了实物之外的价值。事实上，“档次”可以给目标顾客带来尊重和优越感。高档次产品往往通过高价位来体现其价值。如茅台、五粮液是白酒中的至尊，也是饮酒消费者体现自我的物化，更是财富与地位的象征。可见高档产品有着被广泛认同的社会文化生活价值。此外，酒企业可以将自己的产品设为不同的品牌，并制订一系列不同的价格，从而客观上形成高中低档次。顾客购买时只用选择自己需要的档次就好了，以减少顾客购买时选择的困惑。

④USP定位：即根据企业向目标顾客提供的产品的独特利益来进行定位。所谓的USP（Unique Selling Proposition）即独特利益，是其他竞争对手无法提供或者没有诉求过的，因此是独一无二的。如上海“和酒”在黄酒产品中添加营养物质，定位“营养黄酒”，加上传统土黄色瓶标，满足了消费者“养生”这一独特诉求；绍兴会稽山传统五年陈黄酒，这一最为普遍使用的年份酒，定位于“纯正五年”，加上独特的小方瓶，满足了消费者对“安全、纯正”的诉求。这两个

例子，其市场定位上市前均是其他竞争对手都没有诉求过的，因此，在上市时便是独一无二的，可以成为 USP 定位的案例。

⑤使用者定位：即按照产品与某类顾客的生活形态和生活方式的相互关联进行定位。成功运用使用者定位，可以将企业的产品个性化，从而树立自己独特的产品形象和个性。上海金枫的“石库门”上海老酒，以上海清代、民国时期所建的外滩“石库门”为对象，设计商标与瓶贴，给上海人一个联想与回忆的空间，从而使“石库门”上海老酒，成为上海人饮用黄酒产品时必选的品种，给金枫酒业带来巨大的利润。

⑥类别定位：即用产品类别建立的品牌联想来进行定位。类别定位力图在顾客心目中造成该品牌等同于某类产品的印象，以成为某类产品的代名词或领导品牌，力求做到当顾客有了某类特定需求时就会联想到某品牌。类别定位也有点类似“第一定位”，只有在这个类别中是第一的，才会被消费者所认同。例如，传统黄酒消费者首先想到的是绍兴酒，特型黄酒首先想到的是上海和酒，清爽型黄酒首先想到的是江苏黄酒，红曲黄酒首先想到的是福建老酒等。但黄酒中的类别定位做得好的企业还不是很明显，类别定位给消费者的印象是地域产品。

⑦文化定位：即将某种文化内涵注入企业产品特色之中，使产品形成具有文化内涵的差异的定位。文化定位不仅可以大大提高企业产品的品位，而且可以使其形象独具特色。当年的孔府家酒就是采用了文化定位。吃团圆饭，酒是饭桌上不可或缺的东西，孔府家酒正是牢牢把握住这一点，将自己定位于“家酒”，引起消费者关于此方面的联想，使其作为“家酒”在消费者心目中具有不可动摇的地位。毋庸置疑，提起孔府家酒，人们就会不由自主地在脑海中勾画出合家团聚的喜庆场面，“孔府家酒，叫人想家”的温馨也自然萦绕左右。

⑧附加定位：企业通过加强服务等方式树立和强化企业产品形象的定位称为附加定位。中国酒业中，附加定位做得最好的莫过于湖北的劲牌劲酒。劲酒企业原是一个生产清香型白酒的企业，通过开发具有保健功能的露酒，将主要产品普通白酒定位更改为主要产品为保健酒的这个点上，因为酒中添加了具有保健功能的中药成分，就让热爱生命的消费者，认可了这种酒，当其形成一定的消费市场后，即诉以“劲酒虽好，可不要贪杯呵”的亲情提醒，这一附加定位，再次提高了产品的情感价值。这一广告语，成为劲酒在产品不变的前提下，附加定位提升价值的直接诉求点。

⑨市场空隙定位：即企业寻求市场上尚无人重视或未被竞争对手控制的位置，使自己推出的新产品能适应这一潜在目标市场的需要而进行的市场定位。企业进行这种定位时，要注意以下三个问题：一是新产品在技术上是可行的；二是新产品的价格水平对消费者的经济水平是可行的；三是新产品有足够的消费者。只有这样，企业才可以对这个市场空白进行填空补缺。当年，上海冠生园和酒，利用企业生产大补药酒的成熟技术与经验，填补了黄酒与药酒之间的空白，并成

为中国黄酒的一大产品类型。

宝洁公司的USP定位

作为"USP"定位策略追随者的宝洁公司，长期且有效地坚持贯彻着这个策略。以洗衣粉为例，宝洁相继推出了汰渍（Tide）、波乐德（Bold）、德莱夫特（Draft）、象牙雪（Ivory Snow）、伊拉（Era）等9种品牌，每个品牌都有它独特的USP。汰渍是"去污彻底"，波尔德是"使衣物柔软"，德莱夫特是"适于洗涤婴儿衣物"，象牙雪是"去污快"，伊拉则声称"去油漆等顽污"。

再以洗发水为例，宝洁公司在中国市场上推出的"海飞丝"，其海蓝色的包装，首先让人联想到蔚蓝色的大海，带来清新凉爽的视觉效果，"头屑去无踪，秀发更干净"的广告语，更进一步在消费者心目中树起"海飞丝"去头屑的信念；"飘柔"从品牌名字上就让人明白了该产品使头发柔顺的特性，草绿色的包装给人以青春美的感受，"含丝质润发素，洗发护发一次完成，令头发飘逸柔顺"的广告语，再配以少女甩动如丝般头发的画面，更深化了消费者对"飘柔"飘逸柔顺效果的印象；"潘婷"以瑞士生命研究院的维生素B_5为诉求点，用了杏黄色的包装，首先给人以营养丰富的视觉效果；"沙宣"则特别强调了专业护理。

企业一旦选定了目标市场，就要在目标市场上进行产品的市场定位。市场定位是企业全面营销战略规划的一个重要组成部分，它关系到企业及其产品如何与众不同，如何与竞争者相比有创新点，如何得到目标市场消费群体的认同与选择。因此，市场定位的实质就是差异化营销。

课后思考题

1. 市场选择的模式有哪些？结合黄酒营销和市场特点，你认为选择哪种模式最好呢，为什么？

2. 市场细分的方式有哪些？结合黄酒营销和市场特点，你认为哪些市场细分更适合呢，为什么？

3. 市场定位方法有哪些？结合黄酒营销和市场特点，你认为黄酒企业可以如何定位？这么定位你的目的是什么？

实践操作题

1. 根据已学到的知识判断"黄酒、汽车、房子、衣服、纸巾、饼干"这六类产品应该对应在下表中的哪个区域，并给出你的理由。

介入程度	品牌差异大	品牌差异小
高度介入	1	2
低度介入	3	4

2. 请用头脑风暴法围绕黄酒的 USP（独特卖点）进行讨论，并得出一套不考虑其他条件的观点或建议。

第三章 黄酒市场调查

市场调查是市场营销的最基本手段，目的是为制订营销决策提供依据。市场调查主要是营销市场调查，平时为制订企业发展战略而做的调查，一般称为调研。而依据调查数据制订营销决策需要，一般就直接称为调查。根据第二章所述，市场营销调查的类型根据标准的不同，划分的种类也不同。根据调查目的的不同，可分为探测性调查、描述性调查、因果关系调查及预测性调查。黄酒市场调查，重点是因果关系调查与预测性调查。

1. 因果关系调查

黄酒生产企业在市场出现失控或未达预期时，对市场进行调查，采用的方法一般就是因果关系调查。目的要找出各变量间的因果逻辑关系。

因果关系的调查往往是递进性的，首先是根据以往的经验在进行正常营销时，突然出现较大的异常变化，是什么原因导致这种变化？企业马上要组织调查，弄清其来龙去脉，修订相应的营销策略。其次，在这种因果关系的调查过程中，发现某些原来没有被考虑其中的因果关系，这需要进行企业营销战略的修正。这些变量既包括企业自身可以控制的产品质量、价格、产量、促销等，也包括企业无法完全控制的销售量、供求关系等。

2. 预测性调查

预测性调查是指专门为了预测在未来某一段时间内，某产品在预定目标市场的销售趋势所做的调查。可以通过直线估计法预测后几年的销售额，虽然由于影响市场变化的因素众多且错综复杂，预测的结论存在较高的不确定性，但能够为企业做出有效的预见。

预测性调查往往被企业用于开发新市场。对目标市场的调查，包括上市产品在目标市场中消费者接受程度调查及开发某一新产品上市前的市场预测调查。

市场调查，有利于制订科学的营销规划，有利于优化营销组合，有利于开拓新的市场，有利于提高新产品开发的成功率。黄酒企业新产品往往是开发的多，成功的少。其根本原因就是没有很好地进行市场调查。

有关市场调查的内容，有专门的课程。这里要结合已学的市场调查与分析的相关课程，对黄酒产品市场进行综合调查的具体案例进行分析与学习。

第一节 黄酒市场调查的相关内容

市场调查是通过收集、分类、筛选资料，为企业生产和经营提供正确依据的活动。这些知识在以前的市场调查与预测中有详细的介绍，这里简要回顾一下市场调查的目的、原则、程序、内容、要求与做法等几个关键步骤。

一、市场调查的目的与原则

（一）市场调查的目的

一个企业要着手进行市场调查，必须明确此次调查的目的。不要为调查而调查，因为调查是需要花费人力、财力与物力的。所以首先要明白，这次调查主要是为了促进新产品上市还是消除老产品滞销，抑或是扩大产品销量。只有明确了调查的目的，才能按目的要求进行调查设计。最后才能获得诸如消费者喜爱程度、消费者收入与饮用的关系、消费者年龄与饮用量的关系、竞争品牌与本企业品牌的市场份额占比、口感品质与销量的关系等方面的基础数据，以便企业做出正确、有效的决策。

调查目的主要有以下几方面。

1. 企业未来的发展方向

企业的进一步发展需要更深层次地了解市场规模和结构，如有关新产品的开发问题，这种产品的需求量、市场潜力和发展前景等情况决定了企业对新产品开发的投资规模，也同样影响企业未来的投资方向。

2. 生产、经营中出现的困难

在生产、经营过程中，会出现这样或那样的困难，如销售出现困难，导致产品积压、资金呆滞、市场占有率下降等，需要找出产生问题的原因和解决问题的方法。

3. 竞争

为了保住和扩大市场，就必须与对手进行竞争，也就必须了解竞争对手的各种情况。通过对市场上各种竞争力量的分析与对比，来寻找市场缝隙，找出竞争对手的弱点，抓住时机，从而在竞争中取胜。

为了达到调查的目的，不能盲目地进行简单的调查，而要有一系列的工作程序与工作原则。坚持和遵循市场调查的原则和程序，是做好市场调查工作的基础。

（二）市场调查的原则

市场调查既然是通过收集、分类、筛选资料，为企业生产和经营提供正确依据的活动，它就需要遵循以下原则。

1. 时效性原则

在现代市场经营中，时间就是机遇，也就意味着金钱。丧失机遇，会导致整个经营策略和活动的失败；抓住机遇，就能为成功铺平道路。市场调查的时效性就表现为应及时捕捉和抓住市场上任何有用的情报、信息，及时分析、及时反馈，为企业所有经营过程适时地制订、调整策略创造条件。在市场调查工作开始之后，要充分利用有限的时间，尽可能多地收集所需资料的情报。调查时间的拖延，不但会增加费用支出，浪费金钱，也会使生产或经营决策出现滞后，给生产或经营的顺利进行带来严重的影响。

2. 准确性原则

通过市场调查工作对收集到的资料、情报和信息进行筛选、整理，在经过调查人员的分析以后得出调查结论，供企业决策之用。因此，市场调查收集到的资料，必须体现准确性原则，对调查资料的分析必须实事求是，尊重客观事实，切忌以主观臆造来代替科学的分析。同样，以偏概全的做法也是不可取的。要使企业的经营活动在正确的轨道上运行，就必须要有准确的信息作为依据，这样才能瞄准市场，看清问题，抓住时机。

3. 系统性原则

市场调查的系统性表现为应全面收集有关企业生产和经营方面的信息资料。因为在社会大生产的条件下，企业的生产和经营活动既受内部因素也受外部因素的影响和制约，这些因素既可以起积极作用，也可以阻碍企业的正常发展。由于很多因素之间的变动是互为因果的，如果只是单纯地了解某一事物，而不去考察这一事物如何对企业发挥作用和为什么会产生如此作用，就不能把握这一事物的本质，也难以对影响经营的关键因素做出正确的结论。从这个意义上来说，市场调查既要了解该企业的生产和经营实际，又要了解竞争对手的有关情况；既要认识到企业内部机构设置、人员配备、管理素质和方式等对经营的影响，也要调查社会环境的各方面对企业和消费者的影响程度。

4. 经济性原则

市场调查是一项费时、费力、费财的活动。它不仅需要人的体力和脑力的支出，同时还要利用一定的物质手段，以确保调查工作的顺利进行和调查结果的准确。在调查内容不变的情况下，采用的调查方式不同，费用支出也会产生不同的效果。由于各企业的财力情况不同，因此需要根据自己的实力去确定调查费用的支出，并制订相应的调查方案。对中小企业来说，没有像大企业那样的财力去搞规模较大的市场调查，可以更多地采用参观访问、直接听取顾客意见、阅读大量新闻记者在各种宣传媒体上发布的有关信息、收集竞争者的产品等方式进行市场调查，只要工作做得认真细致而又有连续性，同样会收到很好的调查效果。因此，市场调查也要讲求经济效益，力争以较少的投入取得最好的效果。

5. 科学性原则

市场调查不是简单地收集情报、信息的活动，为了在时间和经费有限的情况下，获得更多更准确的资料和信息，就必须对调查的过程进行科学的安排。采用什么样的调查方式、选择谁作为调查对象、问卷如何拟订才能达到既明确调查意图，又能使被调查者易于答复的效果等，这些都需要进行认真的研究。同时，运用一些社会学和心理学方面的知识，以便与被调查者更好地交流。在汇集调查资料的过程中，要使用计算机这种高科技产品来替代手工操作，对大量信息进行准确严格的分类和统计。对资料所做的分析应由具有一定专业知识的人员进行，以便对汇总的资料和信息做出更深入的分析。分析人员还要掌握和运用相关数学模型和公式，从而将汇总的资料以理性化的数据表示出来，精确地反映调查结果。

二、市场调查的程序与内容

（一）市场调查的程序

市场调查过程大致分为如下几个阶段：调查前的准备阶段、调查活动策划阶段、调查计划制订阶段、调查计划实施阶段以及追踪调查阶段。每一阶段工作完成的好坏，关系到下一个过程的工作质量。如果调查主题确定准确，调查方式选择得当，就能够保证调查资料应有的重要价值。如果资料收集得完备、及时，就为分析的准确性创造了良好的条件。

1. 调查前的准备阶段

准备阶段的工作对进入实质性的调查具有重要意义，提出问题是这个阶段的开始。也就是要明确调查的目的，明确了目的，才能有的放矢。

2. 调查活动策划阶段

调查活动的策划，需要考虑的方面有调查项目、调查方式、信息来源、经费估算及调查进度表等。在实际调查活动中，调查人员依据调查计划的安排来组织调查活动，管理或负责人员可按照计划规定检查调查活动的情况。

（1）确定调查项目　调查项目是为了获得统计资料而设立的，它必须依据调查的目的进行设置。影响调查目的的因素很多，都可以成为调查项目之一，但调查项目的增加，使调查的工作量和统计量也会相应增加，所以要对所有相关因素进行取舍。

①对有关项目的重要程度进行比较，然后选择那些相关程度较高的项目。

②调查项目有些是调查人员假设的，这些项目必须与调查主题关系密切，而且要意义明确，便于回答。

③要根据经费的多少、统计能力和调查方式等情况，确定调查项目。

（2）确定信息来源　调查项目确定以后，调查人员需要考虑如下问题。

①哪些是所需的资料数据？

②什么地方可以获得这些数据？

③通过什么调查方式能够获得数据？

④应该调查的对象是哪些？

上述问题实际上就是根据调查目的确定信息来源时所应考虑的几个方面。信息来源有两大类：一类是文字资料；另一类是通过各种实地调查从调查对象那里获取的信息资料。

现有的文字资料可以通过几种渠道获取：企业的销售业绩，生产情况，资金财务状况，产品质量、性能、包装及材料、规格、价格和利润等可以从企业的各种报表、原始凭证及生产销售报告中获取，其他相关信息可以从公共机构中获得，如图书馆、统计部门、国际组织、政府机构、出版社、商业协会、情报机构、研究机构、银行、消费者组织和各种公司的出版物及参考书等。

现有文字资料一般不能满足调查活动的全部要求，所以在调查中还要采取其他方式获得所需要的资料，如采用实地调查的方式，通过访问、散发问卷、参观、展销等形式了解消费者的要求，也可以采用抽样调查的形式。

通过不同的调查方式获取信息资料，需要考虑如下几个问题：①调查地点；②调查对象；③调查时间。

（3）估算调查费用　调查费用因调查目标的不同而有很大的差异，消费者调查、产品调查、渠道调查或销售调查等的费用支出都不一样。此外，调查方式、规模、时间、项目的多少也直接影响费用的支出。但不论什么样的调查，调查费用都应包括下列内容：资料费、文件费、差旅费（交通费）、统计费、交际费、调查费、劳务费、杂费及其他费用。

3. 调查计划制订阶段

（1）调查计划制订的必要性　调查活动是一个完整的过程，也是一种集体配合的工作过程。由于牵涉大量资料的收集、整理、分析以及调查人员与各方面有关人士的接触，因此为了保证调查活动有条不紊地进行，需要制订调查计划，对调查的内容及时安排并做出明确而详尽的规定，以此来指导整个调查活动的进行。

（2）调查计划的制订　调查计划分为两项内容：对调查内容的说明和调查进度表。调查计划因调查所要达到的目标不同，计划的内容、繁简程度也不相同，时间安排上也有长有短。在计划的实施过程中，它并不是一成不变的，根据调查进度情况及某些问题的出现，可以就调查计划中的某些内容进行修改、增加或删减，以适应变化的形势，并及时调整计划中不符合实际的内容。

对调查内容的说明实际上是将各种调查的构想和操作明确化。它包括调查目的、调查的方法和技术、资料的收集和整理、调查对象的选择、经费估算以及人员安排等。调查计划表见表 3－1。

表 3－1　调查计划表

调查目的	为何要做此调查、需要了解些什么、调查结果有何用途
调查方法	问卷法（当面填写）、询问法、电话法、邮寄法、观察法
调查地区	被调查者居住地区、居住范围
调查对象、样本	对象的选定（资格、姓名、条件）、样本数量、样本选取
调查时间、地点	所需时间、开始日期、完成日期、在外调查时间、调查会开始时间及地址
调查项目	访问项目、问卷项目（附问卷表）、分类项目
分析方法	统计的项目、分析、预测方法
提交调查报告	报告书的形式、份数、内容、中间报告、最终报告
调查进度表	策划、实施、统计、分析、提交报告书
调查费用	各项开支数目、总开支额
调查人员	策划人员，调查人员，负责人姓名、资历

调查计划制订以后，调查过程须按照计划规定进行，计划表也作为监督和指导调查过程进展情况的依据。

4. 调查计划实施阶段

（1）文字资料整理调查阶段　这一阶段主要是对现有的文字资料进行调查和收集。最现成的文字资料就是企业的各种报表，通过这些资料了解企业的生产、经营、销售及库存方面的情况。此外，还可以查寻已经公开发表的统计资料和其他定性的资料，如公司资料室、公司卷宗、政府部门、公共图书馆等的外界资料。在查寻这两类资料的过程中，要考虑还欠缺哪些资料，还应去查寻和索取竞争者的业务资料进行对比，最后确定哪些资料需要进行实地调查。

这一阶段，除了确定哪些资料还需要进行实地调查以外，还要准备实地调查方案，设计抽样结构和抽样对象。在编列准备走访的名单时，要查寻行业目录或根据企业所推荐的调查对象来确定走访的对象。如果走访的对象是消费者，应先确定是一般消费者还是某一特定的消费者群。这一阶段的工作目的是为下一步的实地调查创造条件。

（2）实地调查阶段　实地调查可以直接获得调查对象对调查项目的反映，弥补文字资料的不足。实地调查既可以采用询问的方式，由调查人员与调查对象亲自交谈来获取信息，也可以采用散发问卷的形式，由调查对象进行填写。为便于回答，不论是询问式还是问卷式的调查方法，都需要对问题的内容和提问方式进行设计。同时也要考虑走访和答卷所需要的时间，以及调查人员一天能够走访的数量等。在调查过程中，调查员有必要将已走访的情况或已收回的问卷定期进行一次汇总和研究，以了解实地走访是否能顺利进行，是否能得到走访对象的良好配合。

（3）对资料数据的汇总、整理、分析阶段　对文字资料和实地采访所获得的资料数据要进行汇总，这种汇总既可以是一次性的汇总，也可以在调查中逐次汇集和统计。为便于汇总和更清楚地反映问题，需要在汇总前对资料进行分类，编制每一类别的统计表。进行分类整理以后，要核查一下是否还有需要补充的内容或有无疏漏的地方，以便进一步补充和修改。在所有资料整理工作完成后，就要根据调查的主题对资料进行分析，并着手写调查报告。

（4）对调查报告的初稿征询意见　黄酒生产企业的市场调查，如果需要一定的规模与范围，往往委托第三方进行调查的具体工作。因此拿出报告的初稿后要认真仔细地进行分析与判断。市场调查的分析报告初稿完成后，需要征求企业的经理或有关负责人的意见。采用的方式既可以是书面交委托单位审阅，然后听取意见，也可以采用召开企业相关人员参加的讨论会形式。总之，受委托方在初稿完成后，要向委托方详细说明调查结果及对结果的分析。调查人员通过与委托方互相交换意见，可检查调查结果与委托人的意图是否完全吻合，是否达到了委托人所要求的标准，还有哪些地方需要修改；委托方在听取调查结果的同时，也可以了解用户或消费者对企业产品或促销活动的反映。参加调查讨论会，是了解市场的一个极好机会。

（5）修改、定稿，呈交报告书　调查报告进一步的修改和补充后，就可以定稿。报告书既要有文字说明，也应有统计、图表说明。呈交报告书既可以采用报告会的形式，也可以直接交给有关负责人。由于阅读报告的人多是繁忙的业务负责人，所以报告的写作应力求语言简练、明确、易于理解，内容讲求适用性，并配以图表进行说明。如果是技术性的报告，因其读者大多数是专业人员或专家，因此要力求推理严密，并提供详细的技术资料及资料来源说明，注重报告的技术性，以增强说服力。

5. 追踪调查阶段

有的企业还采用报告后的数据追踪，以证明报告的可信度。例如，通过问卷时，被调查者留下的电话号码，进行一定比例的随机回访，以此证实调查数据的真实性。

（二）调查内容

以上是市场调查的基本程序，市场调查很重要的另外一块就是调查包括哪些内容。市场调查的内容一般指宏观与微观两方面，宏观调查内容主要指政治、经济、社会等因素。而微观调查则是企业实际操作的方面，这里主要介绍一下微观调查内容中涉及的消费者及竞争者。

1. 消费者调查

企业的一切活动都是围绕着消费者进行的。消费者是市场经营活动的量度员和裁判员，也只有消费者才能最终裁定企业的成败与得失。而消费者的这种最终“判决”权利又间接表现为他们的购买力构成与投向。因此，一切企业及其相关部门都必须认真调研消费者的购买力，企业的一切经济活动都必须围绕消费者并为消费者服务。

主要调查消费者购买力。黄酒消费与其他生产资料消费不同，主要包括城乡居民购买力和社会集团购买力两大类。

①城乡居民购买力：城乡居民购买力包括城市居民购买力和农村农民购买力。城市居民购买力主要取决于城市居民的工资收入及其他收入，即居民平均收入水平与城市人口数的乘积。农村农民购买力主要取决于农民农业生产收入及其他副业收入，即农民平均收入水平与农业人口数的乘积。

②社会集团购买力：社会集团购买力以前是指政府机关和企事业单位的集体购买力。其购买力的形成主要是通过财政拨款，因酒属于奢侈品，政府已经不再购买这类产品。所以社会集团购买目前只指企业及未列入财政拨款的社会团体购买。因而其取决于这些团体的盈利能力。

黄酒产品目前主要的购买力体现为城乡居民购买力。而城乡居民的黄酒消费，一是与消费者经济收入紧密相关。消费者经济收入是酒类等生活性消费的主要保证，决定了黄酒消费的规模与档次。另一个方面，黄酒是一种快速消费商品。当物美价廉、货源充足时，消费者往往平稳消费；相反，当商品短缺、有提价消息时，消费者会改变生活性消费规模，增加购买量。每位消费者由于种种原因，具有不同心理、理解能力和承受能力，可通过强化“利好”“利空”因素而影响酒类等生活性消费的规模和变化。

2. 竞争者调查

竞争是市场经济的必然产物，任何企业都不可能回避，更不可能视而不见，而必须正视竞争，合理竞争。为此，企业必须充分了解竞争者及其策略，做到知己知彼、胸有成竹，方能稳操胜券、百战不殆，从竞争中获得进步、发展和壮大。

（1）竞争者存在调查 参与竞争，首先必须明确谁是竞争对手，然后才有可能很好地开展竞争。对竞争者可进行适当的分类，以便分别采取不同的竞争策略。按照竞争者力量对比，可分为强力竞争者和弱力竞争者。按照竞争者出现的情况，可分为现实竞争者和潜在竞争者。按照竞争者的竞争范围，可划分为全面竞争者和局部竞争者。

从营销学的角度，企业存在四类竞争者，即愿望竞争者、普通竞争者、产品形式竞争者和品牌竞争者。

①愿望竞争者：是指提供不同的产品以满足消费者不同需求的竞争者。比如，消费者有5000元可以消费，那么就有多种选择：电视、自行车、陈年好酒等，一旦消费者选择了其中一种产品，那么这就意味着其他的产品失去了一次被购买的机会。

②普通竞争者：是指提供不同的产品来满足消费者相同需求的竞争者。比如，在满足喝酒需求的前提下，消费者可选择啤酒、白酒、黄酒、葡萄酒等，这些不同酒种之间就构成了普通竞争者。

③产品形式竞争者：是指生产同类，但规格、款式、型号不同的产品的竞争者。比如，黄酒中半甜型酒与甜型酒等。

④品牌竞争者：指生产相同规格、型号、款式的产品，但品牌不同的竞争者。比如，黄酒中的“金五年”“纯正五年”“手工冬酿五年”等产品之间就互为品牌竞争者。

这样竞争者存在调查，可从以下几个方面着手。

①现实竞争者有多少，力量强弱对比状况如何；哪些是主要竞争者，哪些是次要竞争者。

②潜在竞争者可能有多少，力量强弱对比状况如何；什么时候会出现，会以什么形式出现；对企业会有什么影响。

③竞争者的加入或退出情况，即哪些竞争者可能增强攻势，哪些竞争者可能退出竞争等。

（2）竞争者策略调查　企业为了取得新的市场份额和较丰富的战利品，总希望根据各种因素来确定最适宜的竞争策略。企业要百战不殆，必须知己知彼。知彼是指除了解竞争者的存在及变化状况外，还应准确及时地把握竞争者所采取的策略及变化状况。竞争者策略的调查，要着重以下几个方面。

企业自身实力如何，市场地位如何。

①竞争者会采用什么策略；采用某策略的条件是否充足，战斗力如何。

②竞争者的优势在哪里，不足在哪里，致命点又在哪里。

③竞争者意志坚决与否，是试探虚实，还是势在必得。

④竞争者在竞争过程中，其策略变化的影响因素是什么，会有多大变化。

⑤防守企业有无必要采取相应措施，哪些是相应措施。

⑥防守企业应何时、何地、如何还击，胜算多大，收效如何。

要达到上述的调查效果，需要持续地监测所有的数据来源，包括公司年报、年度法定收益报告、贸易新闻、财政报告以及公司目录和广告等，以获得下述的信息。

①谁是竞争对手，它们在哪里？

②其他竞争对手是谁？

③它们细分市场的份额和发展趋势。

④它们的产品线、绩效、产品质量和服务水平。

⑤它们的管理、技能、企业伦理。

⑥它们销售队伍的规模和发展状况以及如何组织销售。

⑦它们的促销战略是什么？

⑧它们的价格政策、条款和折扣是什么样的？

⑨它们的分销和服务战略。

⑩它们的技术能力、财政能力。

以上这些在调查中须十分注意的问题，不是竞争者调查的全部问题，还应根据不同时间、不同地点、不同消费者与不同产品进行综合考量。市场竞争者可采用的策略是多种多样的，一个竞争者不可能同时运用所有策略，但也很少只依靠一种策略取得成功，通常是要设计出一套组合策略，借此根据竞争者的市场地位变化而改变具体策略，以此达到最终目的。

此外，竞争者相关信息的获得，也有助于企业选择恰当的竞争战略。管理学家们经过几十年的研究，发现企业保持竞争优势的方式有两种，即成本优势和价值优势。一个行业中往往有低成本生产者，他们也往往是行业中销售业绩最好的，是行业中规模相对较大的企业，一般都认为企业规模大了好，这是因为规模大了意味着能够将固定成本分摊到更多的产品上，如图 3－1 的经验曲线所示。这就意味着企业会拥有成本优势，可以据此制订较低的价格，对竞争对手施加压力，也可制订和竞争对手一样的价格，从而获取更高的利润。

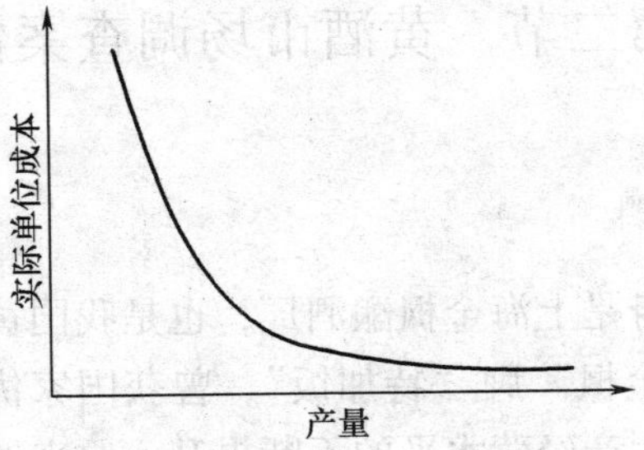

图 3-1　经验曲线

当然，价格是重要，但却不是消费者选择产品的唯一考虑因素，他们还对购买产品后获得的利益非常关注，也就是说企业交付给消费者的商品可能在某些功能上要优于竞争对手，否则将会沦为“普通商品”，只能低价处理。这种战略下，要求企业去提升产品或服务的附加价值，以区别于竞争对手，经常采用的方式是进行市场细分。

一个成功的企业会不断地寻求以成本优势和价值优势为基础的战略定位，图 3-2 所示为一个简单的矩阵，能帮助企业更好地认清竞争优势的来源以及竞争战略的选择。

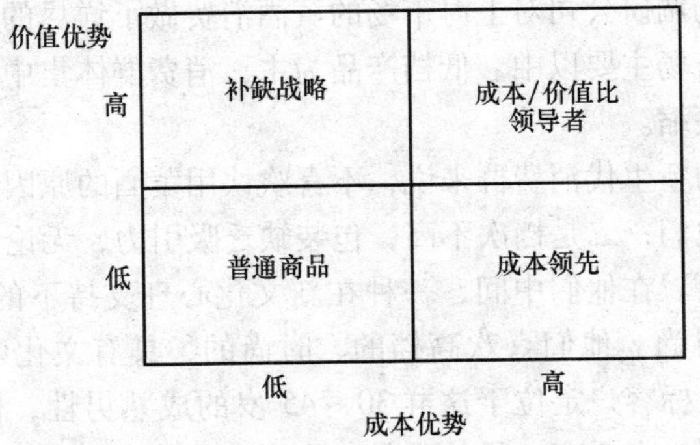

图 3-2　竞争优势来源

图 3-2 中右上角位置的企业，产品价值鲜明，同时拥有成本优势，占据着对手难以企及的“制高点”。而有些企业会处于左下角的不利位置，此时它们有两个选择，一个是在产品生命周期的早期着手，占领市场，也就是取得较高的市场份额，以获得相对的规模效应，取得成本优势，从而运用这个优势给竞争对手以打击，或者保持和竞争对手相同的价格以赚取高额利润；另一个选择是寻找“空白市场”，区别于竞争对手，通过附加价值来满足消费者的需求。

第二节 黄酒市场调查案例

一、上海金枫石库门上海老酒

上海金枫酒业的前身是上海金枫酿酒厂，也是我国黄酒产品中的优质产品生产企业，企业生产的“金枫”牌“特加饭”，曾获国家优质奖银奖。但随着黄酒行业技术的不断进步和生产经营水平的不断提升，原来的产品形象、品牌形象已不能满足消费者的要求。企业的发展陷入了瓶颈。为了改变现状，企业曾着力打造“上海老酒”的全新品牌，但遇到《商标法》中相关条款的制约，不能注册。于是一心要创黄酒第一品牌的金枫公司决心从头做起。他们在 20 世纪末起就开始筹划，为打造品牌及兑现品牌的承诺制订一个清晰的途径及战略，形成了一个品牌建设和管理的体系，进行了浩大又复杂的品牌打造工程的实施。

以下是上海金枫酒业作为上海市 2004 年企业创新成果的主要内容。

（一）开展市场调研，锁定目标客户群

可口可乐公司的前任市场营销官塞吉奥·吉曼写道：品牌战略就是承诺、兑现，有时甚至用过度兑现，最后是理念。品牌的定位就是对目标顾客的承诺，因此，树立一个品牌首先要对客户群体的喜爱、梦想、期望有充分的了解。因此，金枫酒业委托市场调研公司对上海市场的黄酒消费做了详尽的调研。调研结果表明，传统的黄酒市场主要以中、低档产品为主，消费群体集中在中老年，年龄偏大，且市场日益萎缩。

对于中青年的新生代消费群来说，不喜欢饮用黄酒的原因为：一是传统黄酒的口味无法吸引他们；二是档次不高，包装缺乏吸引力，无论自己饮用或招待亲朋都觉得不上台面。在他们中间，一种在新文化心理支持下的新古典主义抬头，怀旧正成为一种时尚。他们喜欢高档的、时尚的、具有文化内涵的上海特色产品。金枫公司把目标客户定位于这群 30～45 岁的成熟男性，他们收入较高，标榜高品位与高格调。主要有：科技人员，金融、证券等领域的中高级管理人员，中介机构的专业人员，外贸企业的中国中高级管理层人员，企业经营者，艺术、设计行业的从业人员六类人。

（二）品牌的定位及设计

1. 新概念的品牌定位

“上海老酒”是商务酒（社交、商务应酬）、文化酒、礼仪酒。“上海老酒”是上海的市酒，是上海的名片。

2. 情感化的商标设计

品牌的内涵大大超出一个产品所能给予消费者的感受，它是从品质、技术、性能、情感等各方面给予消费者的承诺，与消费者形成一种情感上的联系，最后使品牌存留在目标消费者的心中。为此，商标及其标志的设计显得十分重要。在这过程中，金枫公司抓住上海特色——作为标志性建筑的“石库门”，采用了“石库门上海老酒”作为商标。石库门曾经风光显赫地矗立在20世纪20~30年代的上海，居住者多为当年上海的中层人士（中国白领），它的建筑模式是罕见的，它只属于上海。石库门的生活方式形成了上海特有的弄堂文化，也影响了上海人的群体性格。“石库门上海老酒”激发起上海人的怀旧感、亲切感。此外，上海人习惯把所有的喝酒称为“吃老酒”，“上海老酒”的命名熟稔上口，具有特别的亲和力。采用“石库门”形象为基本图形，透出浓浓的上海气息、上海风情，让熟悉的上海人兴奋，让新鲜的外来客人好奇。

3. 个性化的包装策划

产品包装设计是体现品牌个性和形象的系统策划。“上海老酒”采用统一的石库门形象，在外箱、包袋、礼盒、说明书、内盒上进行了整体设计，达成风格的一体化，集中反映出“石库门上海老酒”的丰富内涵，给以消费者以视觉的冲击力。

在瓶形设计上一改市场上多见的方形瓶，改用椭圆形瓶，更适合石库门图形的演绎，体面而不张扬的大瓶贴，在货架上占据更大的面积，更容易捕捉消费者猎奇的眼睛。

瓶面标贴的设计打破传统上“五年陈、十年陈”的叫法，分1939和2001两种“上海老酒”。1939和2001不同的年份是区分不同风格配制的老酒，1939采用黑标，幽香醇厚，典雅尊贵，更具时代感；2001采用红标，红色峥嵘、亲切随和，更年轻时尚。红黑标贴的互动，给消费者更多的想象和选择的空间，如图3-3所示。

图3-3　上海金枫酒业红标、黑标上海老酒外形

4. 引人入胜的广告演绎

商标、包装的精心设计只有进入陈列“石库门上海老酒”的商厦、宾馆的消费者才能感受到，而广告则能进入千家万户，让更多的消费者知情。广告是品牌推广，拨动消费者心灵的重要手段，而广告设计是能否取得推广效应的关键。

“石库门上海老酒”的广告是这样演绎的：满天晚霞的黄昏，一个劳累一天的主角在回家的路上，不知不觉地拐进了一条熟悉而久违的石库门弄堂。在这里，他感受到了城市在平静中的美丽，这种美丽渐渐扩散开来，洗涤着心灵。他深深地感动了，原来身边并不缺少美丽，是自己没有发现，就像“上海老酒”，缓缓醇香，不期而至，那份平实和从容，正是上海人所向往的。这样的广告不张扬，不花哨，与“上海老酒”温和醇厚的品质保持着一致，给人以温馨的享受。

此外公司精心策划了蔡琴演唱会为“石库门上海老酒”做宣传；还在《餐饮流通》《易购365》等刊物上推广品牌形象。

5. 强化知识产权管理保护

对“石库门”商标进行了注册，对瓶子、瓶盖、标签等进行外观专利申请，对自主知识产权以法律形式加强自我保护。

（三）品牌创建中驱动因素的投入

品牌作为无形资产，是需要通过产品、服务来体现的，质量、服务是品牌的基础。品牌给予消费者的承诺通过产品、质量、服务及销售渠道与方式的创新管理等品牌驱动因素来兑现。

1. 突破传统黄酒酿造工艺、配方，创造“新型黄酒”

5000多年的酿造历史，黄酒的口味似乎已定型了，如何酿制出幽香醇厚、典雅尊贵，既具怀旧感，更具时代感的新口味黄酒，是品牌兑现的关键。

根据调研结果，公司确定了新产品的开发思路，内部成立了新产品研制小组，以敢于突破传统的革新精神，进行了产品的创新，主要是酿造工艺的创新、过滤工艺和方法的创新与配方的创新。

2. 完善质量保证体系，实现质量取胜

公司在通过ISO 9001：2000质量管理体系认证的前提下，为保证体系运行的有效性，确保生产过程得到有效控制，公司组织内审员对体系进行了内部抽样检查，对存在的问题及时进行整改，使公司的质量方针和目标进一步得到深入和贯彻；顾客满意度达到了97.58%，投诉处理率达到100%，顺利通过了中国方圆标志认证上海审核中心的监督审核。由于建立了比较完善的质量管理体系，员工质量意识增强，产品质量有明显提高，“石库门”上海老酒上市后没有发生一起质量投诉。

3. 创新营销思路，占领市场高地

以具有一定消费能力的中青年白领阶层与社会成功人士为主要消费群体，使“石库门上海老酒”在营销思路、策略上必须要有大的调整和创新。为此，上海金枫酿酒有限公司积极探索有效的“石库门上海老酒”营销模式。通过反复论证，“石库门上海老酒”在2001年9月成功上市后，采取了全新的市场营销策略。

（1）渠道定位　改变了以烟酒店、食品店、超市为主的销售渠道定位，建立以中高档餐饮场会所及星级宾馆饭店为主，相关超市、卖场和零售场所为辅的双重渠道。重点开拓知名度高、规模大、经营状况好的餐饮终端，目前总数已达到1500多户。同时积极开发联华、华联、家得利、农工商、易初、麦德隆等超市卖场及便利店，目前已达到6000多户门店。要把“石库门”品牌做成全国性著名品牌，必须走出上海。为此，上海金枫酿酒有限公司对北京、浙江杭州等市场进行了调研，制订了相应的操作方案。目前除江苏的太仓、昆山成功启动外，已与浙江嘉善的星级饭店宾馆签订了经销协议，现在正形成以上海为中心，通过太仓、昆山、苏州、嘉善等通道，逐步向北上北京、南下广东辐射的局势。

（2）价格定位　不被现有的同类竞争产品定价所局限，而以业内同类产品中的最高价出现，突显新品的高档特征，以市场领导者而非市场追随者的身份出现。

（3）进入方式　建立代理制和直销制相结合的营销网络，最大可能覆盖目标区域市场。产品上市以来，逐步开发一级代理商、一级直销商和二级经销商，平均铺网率达到83%以上。同时加强对经销商和餐饮网点的检查力度，强调可控性和有效性，确保市场的规范运作。目前“石库门上海老酒”在市场上声誉较好，呈逐步上升的态势，不少海外代理商频频发出合作信号。

（四）产品与品牌重新定位后的效果

1. 已获得客户对品牌的认同

品牌只存在于目标人群的心中，品牌的创建成功与否，不仅取决于生产厂商在产品、质量及宣传方面所做的努力，还依赖于目标人群的认同或个人化的体验。2001年7月，公司委托上海大正市场研究有限公司在上海进行了“石库门上海老酒”新产品上市研究后，消费者认同程度的调研。结果如下。

（1）对于“上海老酒”这个名称，被访者在没有任何提示的情况下，首先想到的是：这可能是黄酒。

（2）“上海老酒”的文化背景得到了被访者的认可，将上海的近代发展史作为一个大背景既能够引发消费者的城市自豪感，又能增加产品自身的文化底蕴，使“上海老酒”和普通的黄酒有了明显的差异，成为一款有强势文化支持的、文雅精致、具有时尚品位的、特殊的、不同于一般黄酒的“新型黄酒”。

（3）在对酒样口味的测试中，与市场上的其他品种一起进行盲测，上海老酒的酒样得到了被访者的认同——“这个口味以前没有喝过，很独特，很爽口，我喜欢”。

（4）被访者认可的“上海老酒”的卖点是：包装设计（石库门）、产品配方（营养与保健）、口味口感（酒度适中）、酒瓶造型（古典洋气）、怀旧情结（海派文化）。

2. 市场份额不断扩大

产品上市三年来，在只有少量广告宣传投入的情况下，以其良好的口碑传播，销量迅速走高，强势品牌的地位基本确立，消费者借助“上海老酒”对黄酒的认知度不断提高，黄酒的地位、身份得到了提升，在高档酒的市场份额迅速扩大。目前正逐步形成以上海为中心，在太仓、昆山、苏州、嘉善等周边地区逐步扩张，向北京、广东等地辐射。

3. 企业各项经济指标连年刷新历史纪录，在行业内名列前茅

销售量、销售收入快速增长，销售收入利润率跃居全国同行第一。上缴国家税金连年上升，人均创利遥遥领先。

二、浙江古越龙山绍兴酒股份有限公司“江南才子”纯生黄酒市场调查

浙江古越龙山绍兴酒股份有限公司在 2002 年成功试制了一款工艺技术创新的黄酒新产品纯生黄酒。纯生黄酒在工艺上采用先糖化后发酵的单边复合发酵工艺，在产品上定位于低度原发酵酒，在酒体特征上定位于纯生，即在生产发酵后，通过物理方法无菌过滤技术，将原发酵低度酒，原汁原味奉献给消费者。这款产品属于高技术创新工艺生产的高技术附加值的黄酒新产品。虽然后来由于生产过程中缺少无菌管理人才，而导致停产，但此产品在上市前的市场调查做得十分到位。

（一）初步调查

新产品调查时，古越龙山委托上海助邦公司进行全方位的消费者调查。以下是调查人员所做的调查。

2002 年 7 月，经过对 17 组人群对纯生黄酒（试验产品）的品尝，将其意见和建议进行记录统计见表 3－2。

（1）总的意见　12%（2 组）表示很好，6%（1 组）表示很不好，其余赞毁不一。

（2）酒色方面　82%（14 组）认同现在纯生黄酒的酒色，12%（2 组）建议颜色再淡些，6%（1 组）持否定态度。

（3）酒香方面　64%（11 组）认同现在纯生黄酒的酒香，12%（2 组）建议添加陈年黄酒的醇香，12%（2 组）认为和新酒气味接近，6%（1 组）认为香气特别好（以为添加了香味添加剂），6%（1 组）持否定态度。

（4）酒味方面

①29%（5 组）认为和新酒接近；

②24%（4 组）建议糖度再高些，6%（1 组）建议糖度再低些；

③24%（4 组）建议酒精度再低些，6%（1 组）建议酒精度再高些；

④18%（3 组）建议减轻涩味；

⑤18%（3 组）认为不够鲜，6%（1 组）认为比较鲜洁，清爽；

⑥6%（1 组）认为麦曲味太重。

表 3-2　感官品评统计表

序号	色	香	味
1	好	像新酒	像新酒，不够鲜，糖度再高些
2	好	好	像新酒，糖度再高些，酒精度再低些
3	好	好	好
4	好	好	酒精度再高些
5	好	添加醇香	像新酒，糖度再低些
6	好	好	酒精度再低些
7	好	添加醇香	涩味重，不够鲜
8	好	好	像新酒，糖度再高些，酒精度再低些
9	差	差	差
10	好	特别好（是否添加香料?）	好
11	好	好	较鲜洁、清爽，麦曲味太重
12	欠淡	好	涩味重
13	好	像新酒	像新酒，不够鲜
14	好	好	好
15	欠淡	好	涩味重，另外都好
16	好	好	酒精度再低些
17	好	好	糖度再高些

注：评价分为好、较好、一般、较差、差五档。

通过调查，从表 3-2 中课题组发现两个主要问题。一是总体对新产品的反映不够理想，二是爽口的感觉不够明显。针对这两大问题，进行了配方的调整和工艺操作上的改进。

（二）酒类产品共性调查

在初步调查的基础上，企业很快在一个月后提供了修改调整后的纯生黄酒新产品。为使社会调查具有科学性与实效性，上海助邦管理咨询有限公司在全国最大的黄酒消费市场——上海，进行了“纯生化黄酒新产品市场定量测试分析研究”，分析按以下四个目标进行。

（1）了解目标消费群消费啤酒/黄酒等产品的习惯、态度以及消费心理特征，以发现新产品的市场契机。

（2）了解受访者对新产品品类定位的看法、意见及消费的可能性。

（3）分析目标消费群对新产品的口味等产品要素的评价以及今后消费的预期。

（4）了解目标消费群对新产品的品名、包装、价格的评价与期望。

因为品名、包装、价格等不属于本课题研究的范围，所以本课题主要围绕前三个调查展开研究与分析。

1. 市场调查研究的对象

（1）年龄在 25 ~45 岁且个人平均月总收入在人民币 1000 元以上；年龄段分组和样本数如表 3 -3 所示，样本总数 $N=250$。

表 3 -3　调查年龄样本分组

年龄	25 ~30 岁	31 ~35 岁	36 ~40 岁	41 ~45 岁
人数	67 人	63 人	60 人	60 人

（2）过去一年内饮用过啤酒且频率在平均每月 2 ~3 次以上。

（3）上海市居民或在上海市区居住 2 年以上。

2. 市场调查研究方法

（1）定量研究　量化地了解目标消费群对新产品各要素的接受度。

（2）定性研究　了解目标消费群对新产品的定位、口味、品名、包装、价格等方面的深层次看法以及消费同类产品（黄酒和啤酒）的态度。

（3）调查样本在过去一年中的习惯与需求。

①过去一年中，春夏秋三季最常喝的酒类产品；

②春夏秋三季选择最常喝的酒类产品的原因；

③过去一年中（冬季除外），商务应酬和亲友聚会两个场合对酒类产品的选择。

3. 调查结果与讨论

所有的调查都是由前面的样本进行的。样本总数 $N=250$。

（1）过去一年，消费者常饮酒类的摸底调查　因为纯生黄酒是清爽、淡雅型的，主要的设计方向也是向春夏秋倾斜的，尤其是夏季。因此针对这一酒类消费现状，进行了过去一年春夏秋季的酒类消费调查摸底。结果如图 3 -4 所示。

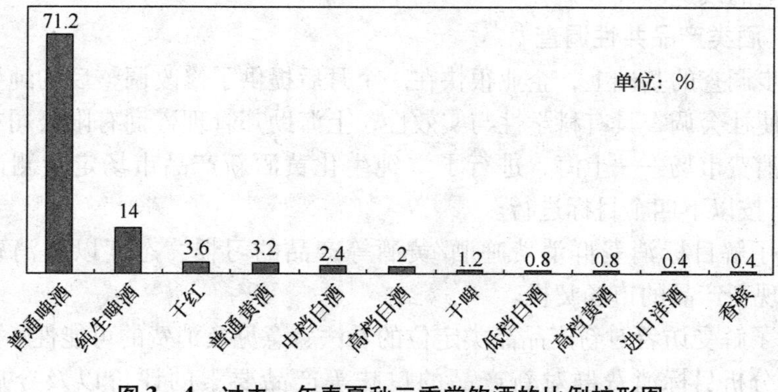

图 3 -4　过去一年春夏秋三季常饮酒的比例柱形图

调查研究表明：受访者最常喝的酒类产品为普通啤酒，其比例高达 71.2%，高出第二位的纯生啤酒 55.2%，而黄酒的最常喝比例仅为 4.0%。

（2）春夏秋三季选择最常喝的酒类产品的原因　由于消费者最常饮用的是

啤酒，为此专门针对饮用啤酒进行了调查，调查为什么要喝啤酒。调查研究表明，受访者选择最常喝啤酒的主要原因有：“口味清淡”“度数不高”及“清爽解渴解乏”，比例分别46.1%、26.4%和20.2%。这三点也是消费者在非冬季节，选择酒类产品的重点考虑因素。考虑到纯生黄酒这一产品，主要是针对黄酒在春夏秋季消费少这一突出的原因而设计的，所以饮用啤酒的原因，对纯生化黄酒产品的口感设计、甚至工艺的调整是相当具有参考价值的。

(3) 过去一年中（冬季除外），商务应酬和亲友聚会两个场合对酒类产品的选择 为了弄清楚消费者在商务应酬和亲友聚会两种场合下对酒类产品的选择，针对这一问题进行了有目的的调查与分析，具体结果如图3－5所示。

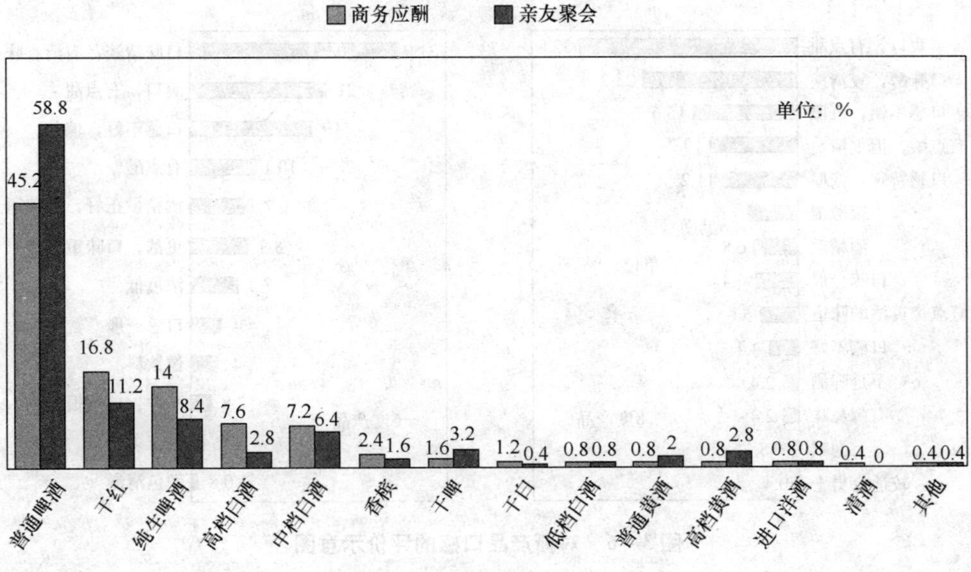

图3－5 商务应酬和亲友聚会选择酒种的对比

调查研究表明，受访者在商务应酬和亲友聚会时选择酒类产品具有明显的差异，亲友聚会主要选择普通啤酒，比例接近60%，高出第二位的干红47.6%；商务应酬方面受访者的选择虽然仍以啤酒为主，但相对而言在品种选择上稍趋均衡。亲友相聚选择黄酒的比例要比商务应酬高。这对纯生化黄酒来说，是一大考验，商务应酬与亲友相聚最好能两者兼顾，幸运的是两者的差距不是很大，这为黄酒的纯生化发展的方向提供了一个参考。

在春、夏、秋三个季节中，普通啤酒是受访者最常喝的酒类产品，其比例远远高出其他酒类；最常喝的主要原因是：“口味清淡”“度数不高”及“清爽解渴解乏”。

无论是商务应酬还是亲友聚会场合，大多数受访者会选择饮用普通啤酒。相比较而言，商务应酬场合受访者选择其他酒类的机会要比亲友聚会更多一些，因而新产品从商务应酬切入市场相对亲友聚会要容易些。

（三）纯生黄酒感官品评调查

对受访者的共性调查，只是了解了消费者对酒类消费的一个总趋势，并不能分析或判断消费者对黄酒纯生化以后的真切感受。为此课题组专门对纯生黄酒中试产品酒精度为6度和8度的两个产品，进行针对性的调查分析。调查通过以下几个方面进行。

1. 对8度、6度新产品相关评价的对比

（1）对8度、6度新产品口感评价　如图3－6所示，8度产品的首要口感评价为“爽口、有点甜”，而6度产品的口感评价首先为“口味清淡、有点清香味”。相比较而言，受访者对8度产品口感评价好于6度产品。

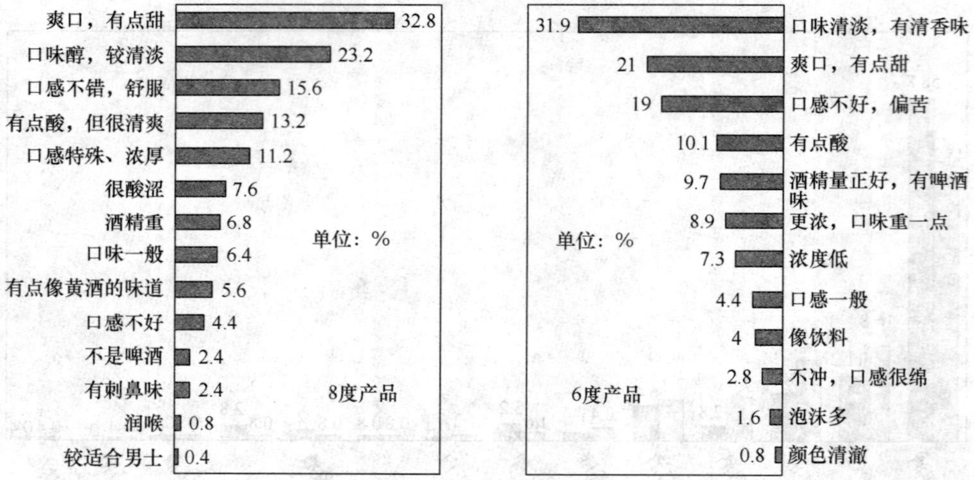

图3－6　对新产品口感的评价示意图

（2）对8度、6度新产品酒精度评价　如图3－7所示，受访者在酒精度上更喜欢8度产品，认为6度产品的酒精度偏低，认为8度产品酒精度是适中的比例要比6度产品高出10个百分点。

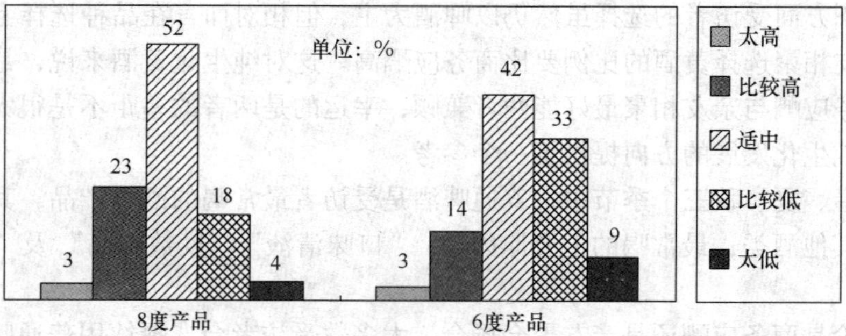

图3－7　对8度与6度纯生黄酒酒精度的认可程度

（3）对8度、6度新产品喜欢度 如图3－8所示，总体而言，受访者更喜欢8度产品，喜欢8度产品的受访者比例比喜欢6度产品的受访者比例高16.8%。

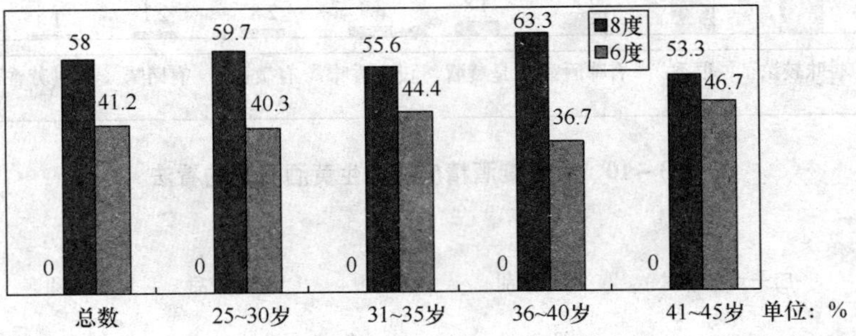

图3－8 对8度与6度两种产品的喜欢度比较

2. 8度产品

（1）对新品色泽的看法 如图3－9所示，超过半数的受访者（53.5%）认为8度产品"清透无杂质/透明度好"，其次有21.5%的受访者认为"颜色看上去清爽"。

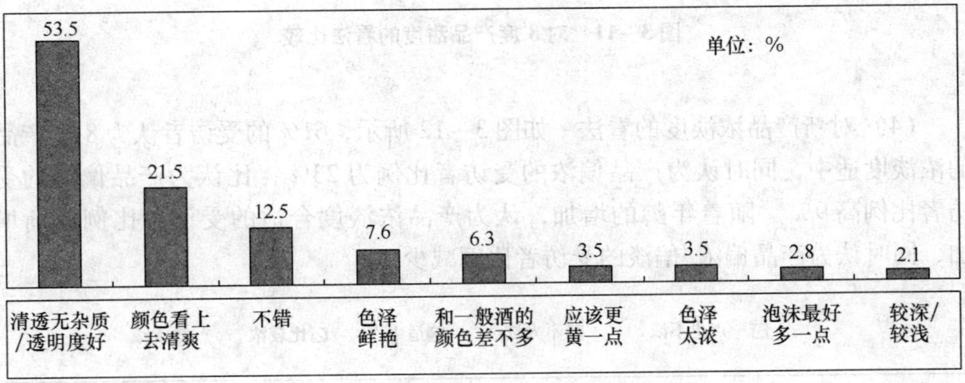

图3－9 对新产品色泽度的看法

（2）对新产品香味的看法 如图3－10所示，近半数的受访者（47.6%）认为8度产品"淡香"，其次有24.8%的受访者认为"香味纯正"。与此同时，只有6.2%的受访者认为8度产品香味有点问题（没有香味、有轻微的刺鼻味）。

（3）对新产品甜度的看法 如图3－11所示，62%的受访者认为8度产品的甜度适中，同时认为产品偏甜的受访者比例为24%，比认为产品偏不甜的受访者比例高10%。随着年龄的增加，认为产品偏甜的受访者比例增加，相反年龄小的受访者认为产品偏不甜。

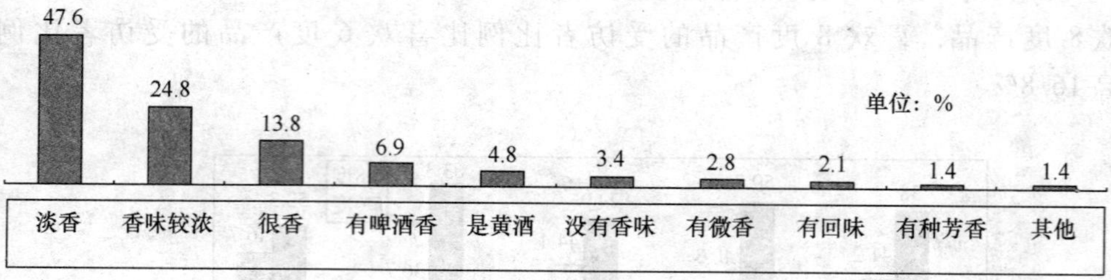

图 3－10　对 8 度酒精度的纯生黄酒香味的看法

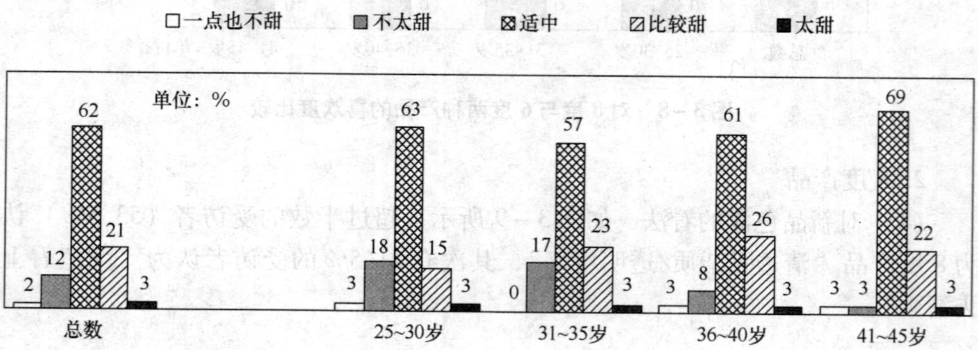

图 3－11　对 8 度产品甜度的看法比较

（4）对新产品浓淡度的看法　如图 3－12 所示，61% 的受访者认为 8 度产品的浓淡度适中，同时认为产品偏浓的受访者比例为 23%，比认为产品偏淡的受访者比例高 9%。随着年龄的增加，认为产品浓淡度合适的受访者比例逐渐增加，同时认为产品偏浓/偏淡的受访者比例减少。

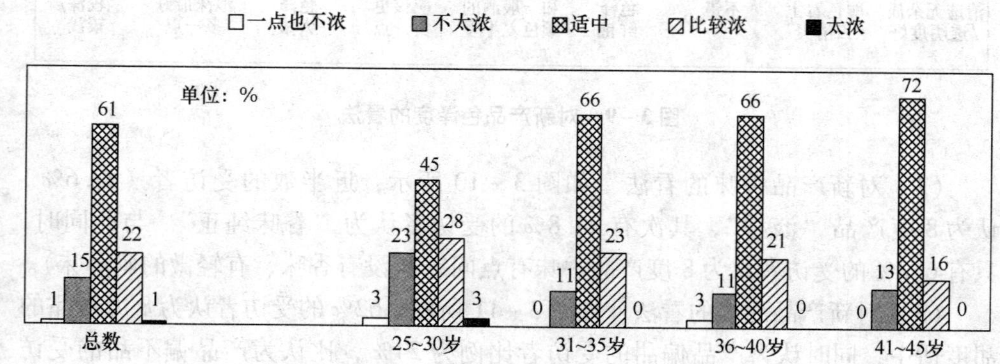

图 3－12　对 8 度产品酒体浓淡的看法比较

（5）对新产品鲜美度的看法　如图3－13所示，62%的受访者认为8度产品的比较鲜，认为产品不太鲜/一点也不鲜的受访者比例仅为3%，这说明8度产品在鲜美度方面偏向于比较好，但认为非常鲜美的人数比例也只有6%，这说明产品在鲜美度方面还可以进一步提高。

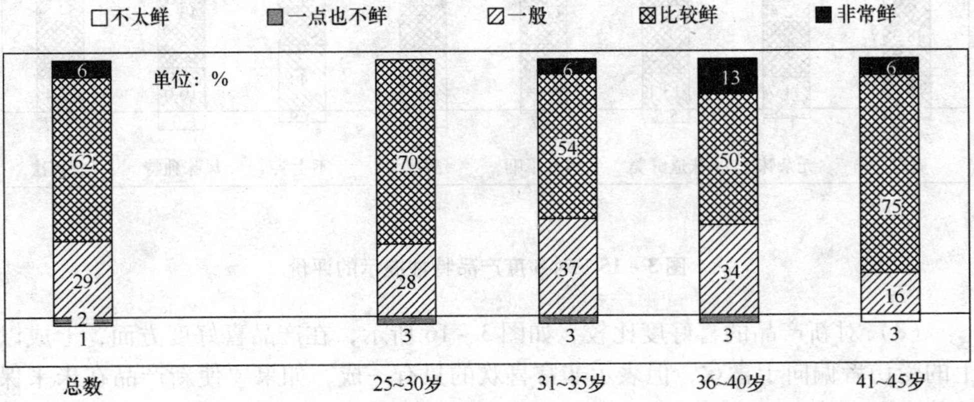

图3－13　对8度产品鲜美度的看法比较

（6）对新产品酸度的看法比较　如图3－14所示，在酸度方面，半数的受访者认为适中，认为产品不够酸的比认为产品偏酸的多6%，因此可以微微提高产品的酸度。而从不同年龄结构来看，年龄段越高，认为酒体酸度大的比例在下降，也就是说，对酸度的感知随年龄增加而下降。

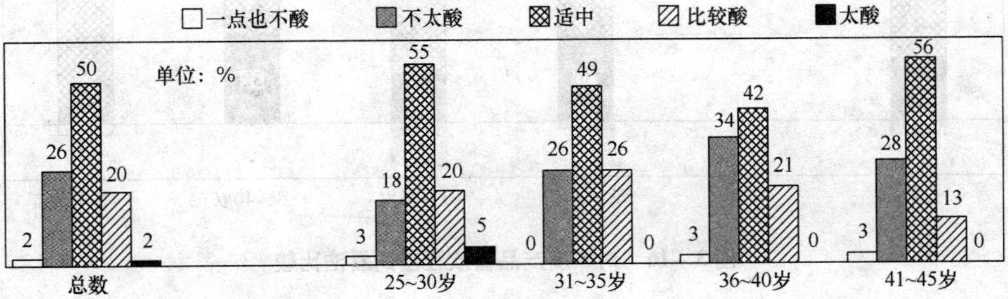

图3－14　对8度产品酸度的看法比较

（7）对新产品的特性比较　如图3－15所示，在新产品特性方面，受访者“十分同意”爽口的比例最高（42.1%），对于无杂味、味道鲜美、容易下咽、风味独特、有档次、不上头表示“十分同意”的都在30%左右，这说明新产品在爽口口味上的优势已很明显。

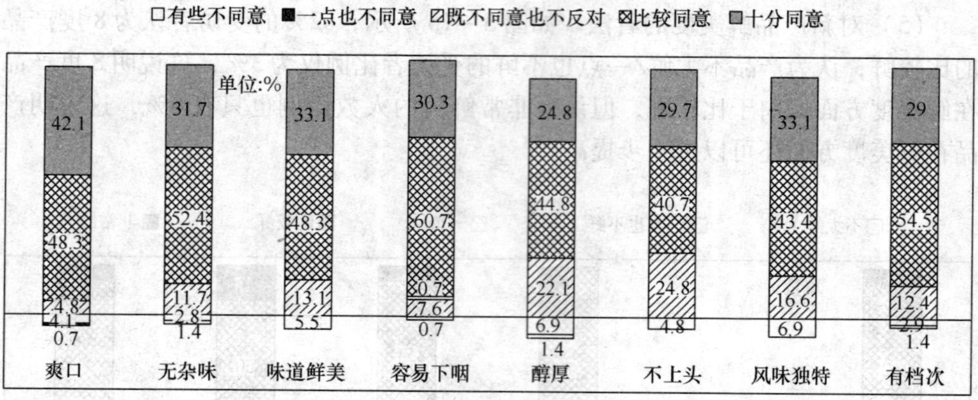

图 3-15 对 8 度产品特性提示的评价

（8）对新产品的喜好度比较 如图 3-16 所示，在产品喜好度方面，七成以上的受访者偏向于喜欢，但表示非常喜欢的只有一成，如果要使新产品在未来保持较高的忠诚度，还需要进一步提高产品的宣传力度，提高消费者的认知度。

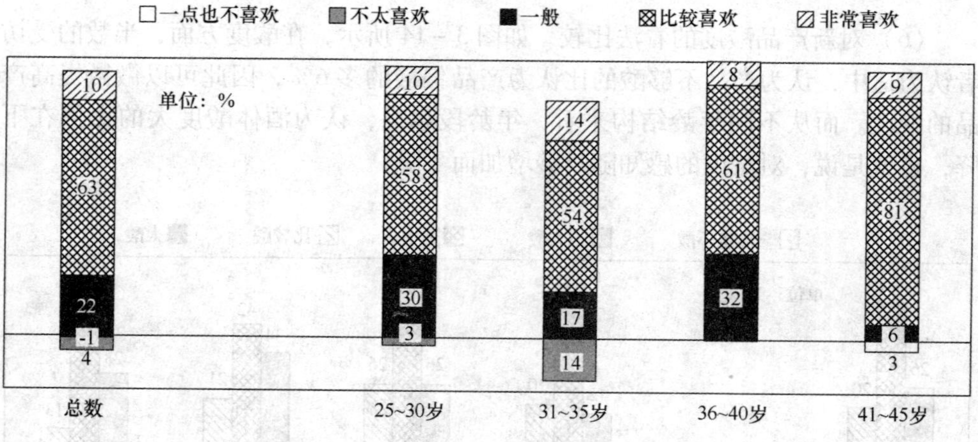

图 3-16 对 8 度产品喜欢程度的看法比较

（9）新产品的购买意向 如图 3-17 所示，在购买意向方面，七成以上的受访者偏向于会考虑购买，但表示"肯定会买"的受访者比例只有 24%，说明产品需要通过消费引导和品质的进一步提高而坚定消费者的购买决心。

总之，在产品口感方面，受访者对 8 度产品的总体评价好于 6 度产品。8 度产品主要因为"爽口、有点甜"和"口味醇，较清淡"的特点受到受访者喜爱。

在产品酒精度方面，受访者更喜欢 8 度产品，认为 6 度产品的酒精度偏低。在色泽方面，新产品受到受访者的好评，主要是因为它"清透无杂质/透明度好""颜色看上去清爽"。

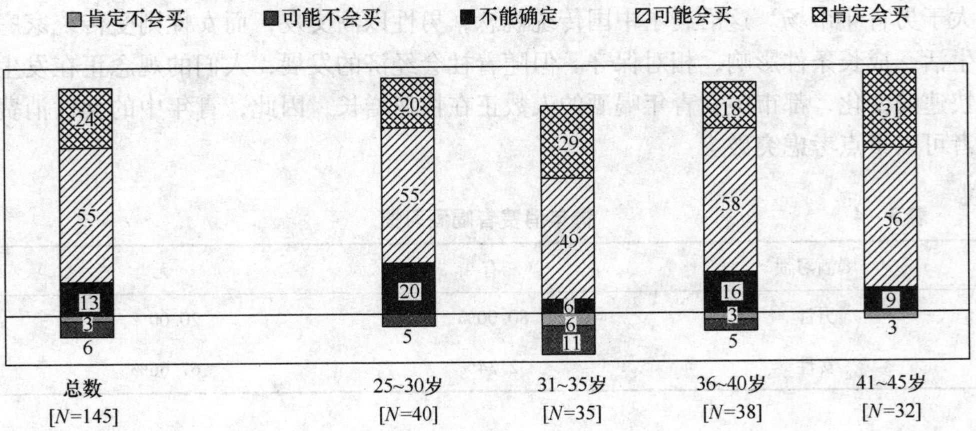

图 3－17　对 8 度产品购买可能性的预测

在香味方面，新产品也得到受访者的认可，主要是认为产品有“淡香”和“香味纯正”。

3. 感官测试研究结论与建议

从整个测试调查总结，新产品是受消费者所欢迎与喜爱的，产品有较大的市场前景。而调查测试的 2 个产品中，整体上 8 度产品更为受访者喜欢，同时受访者对 8 度产品各项指标的评价比 6 度产品要好，因而 8 度产品在新产品发展和改良上应该作为首选。从新产品的各个要素来看，要保持产品“清透无杂质”的色泽、纯正的“淡香”和“爽口”的特点，稍稍调低产品的甜度和浓度，适当提高产品的酸度，另外还需要在突出产品“容易下咽”“无杂味”“味道鲜美”“风味独特”“有档次”“不上头”“醇厚”等特点上下点功夫，以提高消费者的偏好度和“肯定会买”的概率。

以上 2 个实际操作的案例中，上海金枫对产品品牌与包装的重新定位，收到了比较好的效果。古越龙山是新产品上市前，对消费者对该产品的认同度与接受度的调查，避免盲目上市后市场不走量。二者都是黄酒行业实施市场调查的典型做法，通过调查，使企业能准确做出产品的营销决策。

三、黄酒绍兴青年市场调查

购买黄酒者多数为中老年人，作为未来世界主人的青年人却很少购买，即使购买了也是作为礼品送长辈，即便是在黄酒发祥地的绍兴情况也如此。试想如果这种情况持续下去，未来黄酒卖给谁呢？未来的市场又在哪里呢？因此，有人对黄酒发祥地——绍兴的青年对黄酒的消费情况进行了调查。调查结果如下。

（一）调查结果

1. 男女青年喝酒习惯

如表 3－4 所示，男青年市场明显大于女青年市场，而女青年市场的潜力要大于男青年市场。这沿袭了中国传统观念，男性以酒交友，而女性则受传统家庭生活、成长条件影响，相对保守。但随着社会经济的发展，人们的观念正在发生快速的变化，都市中女青年喝酒的人数正在快速增长，因此，青年中的女性消费者可以重点考虑突破。

表3-4 青年消费者喝酒习惯

喝酒习惯	有	无
男性	80.00%	20.00%
女性	32.34%	67.66%

2. 男女青年喝酒种类

如表3-5所示，啤酒消费在男女青年中均占最大比例，这与啤酒酒精度低且含有饱和溶解的二氧化碳，有利于啤酒的起泡性有关，饮用后有一种舒适的刺激感觉，更符合年轻人所追求的口感。而其他酒种的消费在男女青年中差距较大，黄酒和白酒消费在男青年中分别占第二位和第三位，其他（如低度果酒）和红酒消费在女青年中分别占第二位和第三位，这可能与男性和女性喝酒的目的不同有一定关系，男性喝酒大多是维护或发展友谊，女性喝酒多数是自我的精神享受和味觉的新奇感。

表3-5 各酒类在青年中的消费比例

酒种类	男性	女性
啤酒	55.66%	46.67%
黄酒	20.75%	4.76%
白酒	10.38%	0.95%
红酒	8.49%	16.19%
其他	4.72%	31.43%

3. 男女青年对黄酒的印象

如表3-6所示，男青年对黄酒的认识明显要比女青年清晰，令人惊讶的是，女青年有一半认为黄酒就是料酒，显示出对黄酒的认识明显不够。原因一方面可能是黄酒的宣传策略、方式、渠道以及广告的表达与女青年消费者的信息接收方式对接不上，另一方面可能是黄酒企业长期重视男性顾客而忽视女性顾客。男女青年对黄酒的文化底蕴普遍缺乏认识，这点黄酒企业在宣传时需要加强，因为卖酒从某种意义上讲就是卖文化！

表 3-6　青年消费者对黄酒的印象

青年消费者	料酒	礼品酒	药物补品	大众消费品	文化产物	其他
男性	1%	20%	15%	50%	4%	10%
女性	50%	10%	3%	30%	2%	5%

4. 男女青年知晓黄酒的渠道

如表 3-7 所示，广告对男女青年的影响几乎相当，虽然在所有被知晓的渠道中占有较大比例，但并不显著，我们可以看到男女青年均约有 25% 通过产品陈列自己了解的，这说明黄酒整个行业的广告宣传力度不够。作为快消品之一的酒类，如果条件允许的话，广告应该是第一选择，尤其对于目前普遍缺乏知名度的黄酒整个行业来说更是如此。青年人中约有 20% 通过周围的人介绍而知晓黄酒，说明产品本身有一定的吸引力，随着广告力度的提高，通过二级传播，会有更多的青年受到意见领袖的影响而知晓黄酒，对于黄酒突破地域限制会有很大的帮助。男青年比女青年更易受到推销的影响，说明现场的人员促销以及试喝对于男青年消费者效果更为显著。

表 3-7　黄酒被知晓的渠道

渠道	广告	推销员推销	产品陈列	周围人传播	其他
男性	34.72%	20.14%	25.00%	18.75%	1.39%
女性	35.67%	5.26%	24.56%	21.64%	12.86%

5. 男女青年购买黄酒的渠道

如表 3-8 所示，超市是男女青年购买黄酒的主要途径，女青年比男青年在这一渠道更为集中，因此超市渠道需要引起黄酒企业的格外注意，企业需要有更强的针对性。在电子商务发展迅猛的今天，男女青年网购黄酒的比例非常低，这与所调查的男女青年 100% 网民的身份相差很大，这一方面与整个行业不注意门户网站的建设、电子商务经销商的培育有关，另一方面与如网幅广告、电子邮件、弹出式广告等形式的网络广告力度不够有关。

表 3-8　青年消费者购买黄酒的渠道

购买渠道	专卖店	酒类连锁店	超市	饭店	小卖部	网购
男性	12.80%	12.00%	34.40%	21.60%	17.60%	1.60%
女性	7.59%	13.92%	51.90%	10.13%	16.46%	0%

6. 青年人眼中黄酒的价值

如表 3-9 所示，在男青年眼中，目前黄酒的价值区间主要集中在 10～20 元，其次是 20～30 元，30～100 元也有一定的分布，而 100 元以上则很少分布。

在女青年眼中，黄酒的价值均匀分布在10～100元内，同样100元以上区间很少分布。行业内，100元以上的酒才属于中高档酒，100元以下的为中低档酒。由此可见，无论在男青年还是在女青年眼中，黄酒普遍属于中低档酒，这说明黄酒的形象亟待提高。

表3－9　青年人眼中黄酒的价格区间

价格区间/元	10～20	20～30	30～50	50～100	100～500	500以上
男性	43.01%	27.96%	11.83%	11.83%	1.08%	4.30%
女性	24.51%	24.51%	23.53%	22.55%	3.92%	0.98%

7. 青年消费者认为黄酒需要改进的地方

如表3－10所示，对于青年消费者来说，无论男性还是女性，黄酒的口感是最大比例人数所考虑的因素，黄酒的中药味还是让现在的青年消费者有点接受不了。紧接着是包装问题，女性比男性更显著关心包装问题，比例比男性多了近一倍的女性认为包装需要改进。黄酒瓶子都是暗色为主，标签也显得老态龙钟，再加之有些黄酒企业采用塑料袋、塑料壶包装，更凸显了黄酒包装的老化形象。除了包装，男性认为黄酒的其他方面，如文化、卖点、形象等方面也需要做出改善。

表3－10　青年消费者认为黄酒需要改进的地方

需改进地方	口感	包装	价格	其他
男性	39%	18%	9%	34%
女性	46.5%	31.5%	4%	18%

（二）调查结论

在青年人身上我们看到了更大的市场，尤其是女性有更大的市场开发潜力。这是因为约有67%的女性青年尚没有喝酒的习惯，约有50%将黄酒认为是料酒。广告对男女青年知晓黄酒起着第一重要的作用，广告量的增加和形式的多样化会带动意见领袖向周围人传播。目前，超市是男女青年购买黄酒的主要渠道，其他渠道则比较分散，黄酒企业制订渠道策略时，需要加强针对性，向超市渠道多倾斜。虽然网购渐成青年人购买日常用品的主要渠道，但却很少被利用去购买黄酒，是未来很有成长力的渠道，企业需要多加留意。对比其他酒种的消费比例，发现啤酒深受男女青年的喜欢。虽然黄酒作为男性的第二选择，但比例仅有20%左右，不喜欢低度果酒类。女性将红酒和其他低度果酒等作为啤酒的替代性饮酒，饮用比例比啤酒还大一些，因此我们有理由相信，女性更喜欢低度、含有一些糖分的果酒。可能黄酒整个行业长期缺乏品牌建设意识，文化故事方面不注意挖掘，再加之宣传不够，导致男女青年普遍认为黄酒是中低档产品，价值区间在 10～100 元较为合理。口感是男女青年选择黄酒的第一障碍，女性比男性更加注重黄酒的包装问题，而男性则比女性更加注重黄酒的文化价值、档次等问题。

复习思考题

1. 对竞争者调查的内容有哪些？
2. 为什么企业喜欢抢占市场份额？
3. 调查时为什么要注意时效的原则？

实践操作题

1. 根据黄酒绍兴青年市场的调研结果，你认为黄酒企业要吸引青年人购买，可以从哪几个方面入手呢？

2. 请利用互联网搜索关于各地黄酒企业的分布情况，并选定一家黄酒企业分析它的竞争对手主要有哪些？

第四章 市场营销策略

黄酒生产企业与所有生产企业一样，主要是要把生产的产品提供给消费者，并得到消费者的认可与购买，企业的生产目的才能达成。然而，光靠将产品推销出去是远远不够的，其他生产商也会生产与你一样的产品，并且超越你的产品，成为市场的新宠。所以企业要在生产经营中有自己的市场营销策略，通过及时有效地提供消费者需要的产品并完善售前、售中、售后服务，来实现企业的经营目标。所有生产的产品、市场、消费者、容量、服务等都需要有一个系统来完成，而这个系统便是营销策略。

第一节　黄酒产品策略

黄酒是一个传统产业，主要生产传统产品。在这一思维定式下，传统观念对黄酒产品概念的理解是提供给人享受或烹饪用的，以能满足消费者需求的酒类产品。随着生产力的发展，产品日益丰富，传统的产品概念已不能适应市场营销的需要，现代的产品概念具有极其宽泛的外延和深刻的内涵，黄酒产品应包括黄酒实体的品质、瓶形、特色、品牌和包装等；无形服务包括使顾客的心理产生满足感、信任感以及各种售后支持和服务保证等。所以说现代的产品可用“产品 = 产品实体 + 产品服务”公式表示。也可简写为“实体 + 服务 = 1”，也就是说只有保证产品的所有消费要求与对该产品的所有服务，才能 100% 地完成产品的使命。黄酒产品也一样。

一、黄酒整体概念

黄酒作为一种产品，也有其整体概念。产品的整体概念是由美国菲利普·科特勒为代表提出来的，他们认为产品的整体概念就包括核心产品、形式产品、期望产品、延伸产品和潜在产品 5 个层次的内容。他们认为这样能够更深刻而有逻辑地表达产品整体概念的含义。

（1）核心产品　核心产品是指顾客购买产品时所追求的基本效用或利益，即产品的使用价值。它是顾客真正要购买的东西，是产品整体概念中最基本、最主要的部分。如黄酒的核心产品是具有特殊醇香的发酵酒酒品，酒文化历史悠久。

（2）形式产品　形式产品是指产品的本体，是核心产品借以实现的各种具体产品形式，向市场提供的产品实体的外观。如黄酒的产品形象，玻璃瓶、陶瓷瓶等包装下的具有商品形象的酒。

（3）期望产品　期望产品是指购买者购买产品时，通常期望或默认的产品应该具有的一整套属性和条件。如黄酒的期望产品应该是具有促进交流与提升就餐气氛的媒介；具有对人体生理的营养与保健功能。

（4）延伸产品（或附加产品）　延伸产品是提供超过顾客期望的服务或利

益的部分（或称为为顾客提供的各种附加利益的总和），营销者利用附加产品把公司的提供物与竞争对手的提供物区别开来。如黄酒在销售时，有时会附带说明或黄酒饮用知识的小册子或酒杯、酒壶等赠品，以此来介绍本产品的特色与特别的营养成分，让消费者得到除商品酒以外的知识或配套使用的酒具。

（5）潜在产品　潜在产品是指现有产品最终可能实现的全部附加部分和新转换部分，或指与现有产品相关的未来可发展的潜在性产品。它通常指为了满足个别客人的特殊需求而提供的特殊的和临时的服务。它通常是超越了顾客的期望和预期而额外提供的服务，一般说来，公司即使不提供潜在产品，客人也没有理由抱怨或投诉。如附赠的黄酒饮用知识中，有介绍以黄酒为酒基的保健酒的浸泡制作方法，如用黄酒浸泡黑枣的枣子酒、用黄酒浸泡红枣的红枣酒、用黄酒浸泡大补药的大补药酒等。

黄酒的整体产品按菲利普·科特勒的产品整体概念的含义介绍听起来比较复杂，其实可简单地对黄酒整体概念做一个概括性的定义，即黄酒的整体概念可以这样表述：黄酒酒品是发酵酒，是具特别的风味且具深厚文化底蕴的，用一定材料进行包装的具有商品形象的，适量饮用具有营养保健功能的酒类产品。至于延伸与潜在产品功能则属于黄酒产品的服务。

二、新产品开发及产品组合

黄酒企业为了市场细分，为了产品及品牌有正确的定位，往往会适时地开发一些新产品，来满足市场需求及消费者不同的喜好。但有很多企业往往为开发新产品而开发新产品，甚至根本就没有做过市场预测与消费者调查，一个个新产品就凭决策者的想当然而开发出来了。几次下来，因开发的新产品上市后情况不理想，有的甚至连开发成本都收不回来，于是一些企业总是抱怨现在的消费者难以侍候，要求太多太高。其实，一些黄酒生产企业在营销管理中，缺乏的是对营销的真正理解。任何需求都是由市场决定的，都是由消费者的需要决定的，而不是凭想象产生的。黄酒企业新产品开发得多，成功得少的主要原因，不是消费者而是企业本身。为此，生产营销人员有必要对黄酒的新产品开发有一个完整的了解。

（一）新产品开发

新产品可以从不同角度进行不同的分类。

1. 以研究开发过程分类

按照产品研究开发过程，新产品可区分为创新型、模仿型、改进型、系列型、降低成本型和重新定位型几大类。

（1）创新型新产品　主要指此种新产品所应用的技术有所突破，有所创新，通常是应用新原理、新技术、新材料，具有新结构、新功能的产品。创新型新产品往往与专利联系在一起，可以是国内研究成果专利，也可以是引进国外专利。

这类产品的开发特点是：需要大量资金和技术，市场风险较大。据调查，创新型新产品只占所有新产品的10%左右。

（2）模仿型新产品　是指仿制国内外已经上市产品的特点，按市场的需要进行必要的改进，去掉原产品的一些不合理部分，但这种改进并没有什么技术上的突破。开发模仿型新产品，一般投入的时间、人力、资金要少些，风险也相对小一些，但对本企业是一种突破。模仿型新产品占全部新产品的20%左右。

（3）改进型新产品　是指在原来老产品的基础上进行改进，使得产品在结构上、功能上具有了新的特点、新的突破，产品的用途范围有所扩大，能更大地满足消费者（用户）的需要。这种新产品与老产品十分接近，有利于消费者（用户）迅速接受，开发也不需大量资金。改进型新产品在全部新产品中占26%左右。

（4）系列型新产品　是指在原有的产品大类中，开发出新的品种、花色、规格等，从而形成系列，扩大产品的目标市场。此种新产品与原有大类的产品差别不大，所需的开发投资和技术也比较少。系列型新产品在全部新产品中也占26%左右。

（5）降低成本型新产品　是指利用新科技，改进生产工艺或提高生产效率，削减原产品的成本，降低销售价格，但保持原有功能的新产品。此种新产品约占全部新产品的11%左右。

（6）重新定位型新产品　是指企业的老产品进入新的市场，而被称为该新市场的新产品。一般重新定位型的新产品在全部新产品中占7%左右。

2. 以潜在市场范围分类

按照产品的潜在市场范围，新产品可区分为世界性、全国性、地区性、企业性四类。

（1）世界性新产品　是指目前世界上还不曾出现过的产品。一般此类产品是独立研究开发出来的创新型新产品，甚至有划时代的意义。这类新产品在诞生时，往往有许多不完善之处，但应予以支持。这类产品一经开发出来，就能获得国际专利，具有巨大的潜在市场。

（2）全国性新产品　是指那些国外已有生产，甚至已很成熟，但在国内还是首次设计试制成功的产品。这种新产品可以是独立地进行研究开发出来的，也可以通过技术引进，进行消化吸收研制生产出来。一般来说，这类产品有国际上成功的经验，可能赢得巨大的国内市场，会带来较高的经济效益。

（3）地区性新产品　是指那些国内已有生产，而某地区尚无生产的新产品。这类新产品的试制应充分利用国内的技术合作、技术转让来进行，不必从头做起。这类产品的市场以地区为目标。

（4）企业性新产品　是指那些市场上热门紧俏，已在多家企业生产，但仍供不应求，同时本企业具有某种优势，可以试制生产的新产品。这类新产品的市场有限，决策时应谨慎从事。

3. 以应用范围分类

按照产品的应用范围，新产品可区分为配套型和系列型两类。

（1）配套型新产品　是为满足较大使用范围而研制的多种新产品配套而成的，可能有数套，以便于消费者（用户）选用。

（2）系列型新产品　是为满足不同特点用户而研制的参数不同、规格不同的系列，以便于消费者（用户）选用。

（二）黄酒新产品的分类

根据上述要求，可以把黄酒企业开发的新产品进行简单梳理。黄酒企业要开发新产品，要与企业的产品发展战略相适应，是对企业产品战略实施的落实。因此，要有共性的开发计划，即要求有详尽的新产品开发计划，做到按步实施。

可以说计划是简单的又是复杂的，所谓简单，它是一个条框性的文件，所谓复杂，它必须有产品策划方案与之相配套。这里具体论述的是与新产品开发计划相配套的产品策划方案的制订及如何进行新产品的策划。

黄酒新产品开发可以概括为以下三个方面，一是引导市场的产品，此类产品具高风险性，前期的市场调查必须十分细致，但收益也高；二是模仿产品，也就是跟风产品或跟随产品，此类产品对小企业尤其适用，风险较小，收益较大；三是补缺产品，此类产品是根据企业自己的产品线，进行完善，关键是满足不同需求，收益不是第一重要的。

1. 引导市场类产品

最具生命力的、最富技术含量的新产品是能引导市场的新产品。有人说当今时代只有适应市场的产品而没有引导市场的产品。这句话有其一定合理性，也有其致命的缺陷。所谓合理，就是产品以市场为导向，开发市场急需的产品，能很快收到成效，许多企业趋之若鹜。但适应市场的产品大多只是跟进类产品，已有先例在先。因为没有先例的产品，市场就很少有反应。引导类新产品的开发是在自主的技术支撑下生产新产品，包括内在品质与外在包装。

引导市场类产品的策划，需要企业有高素质的人才，他能为企业提供黄酒界尚未应用的科学技术成果，具有一定的将新技术应用于新产品的能力。这类产品的开发多属于独创、发明的范围。实践证明引导市场类新产品的策划与上市，往往会占据市场竞争中的主导地位，获得先行者的无限优势。但必须以详尽的调查研究为基础，否则不被消费者接受，将造成重大的开发损失。

引导市场类黄酒产品成功的开发案例就是“古越龙山”的年份酒、方瓶五年陈、和酒的营养黄酒及“石库门”黄酒的扁瓶包装。这些产品曾经独领风骚好几年，为企业创造了可观的经济效益。

2. 模仿类产品

黄酒企业在产品开发中比重最大的新产品，往往是跟在一些名企后面的所谓新产品，包括内在口感与外在包装。模仿型策略往往是根据市场上热销的产品或高利润产品，进行外观模仿为重点的产品跟随策略。目的是以较少的投入获取较大的收益。然后利用企业固有市场与价格方面的优势，在竞争中对先期开发的产品市场进行侵蚀。但模仿产品必须保证产品质量，方能被消费者所接受，否则只会是昙花一现，不可能对企业的成长与声誉做出太多的贡献。

模仿类产品因为没有前期的研发费用，成本相对较低，所以在有关产品的内在品质与外包装上不要太过模仿，还是要有自己的突出标识与亮点，使模仿产品也具有一定的生命力。当跟进产品具有一定优势与实力后，企业还是需要打造属于自己知识产权的新产品。

模仿类产品因开发者的成功，往往也会获得不错的业绩。如上面介绍的成功产品的开发案例，均有许多模仿产品跟进。

3. 补缺类产品

黄酒虽是一个古老的酒种，但产品的拾遗补缺永远是产品开发的一个任务。企业因为市场需要、产品链需要、企业展示需要等，需要开发一些新产品。这些新产品主要是在原产品的基础上做适当改动，或改进后生产出不同价位的产品。补缺产品是企业完善产品链的必要手段，有时补缺产品也会带来意想不到的收获。补缺产品较为简单，因为有例在先，不用再花人力与技术进行大的策划。

由于黄酒原产品的开发过于迟缓，以至于其他酒类产品均百花争艳时，黄酒才大张旗鼓地多品种发展，这样造成产品更新来得晚，且又要以其他酒种为借鉴，故黄酒的产品往往多品种、小批量。这样对产品进行补缺也成为黄酒企业的生产与营销一个重要的课题。

（三）黄酒新产品的开发设计

要设计一款成功的新产品不是一蹴而就的事，必须先进行调查，在调查的基础上，确定研发的方向和目标。黄酒新产品的开发与其他新产品的开发道理相通，不能凭想当然开发，那会事倍功半，得不偿失的。一定要有的放矢，做出被市场接受的预期。

一个消费者对某种商品购买源于两个方面。一方面是，真实的需要，即客观刺激物通过人体感官作用于人脑所引起的某种缺乏状态。例如，习惯饮用黄酒的人，首先不会去挑选其他的酒种，正像喝惯了传统黄酒产品的人，很难适应低度的新型改良黄酒产品一样。另一方面，与动机有着密切的关系。所谓动机就是消费者从事购买或消费的原因和动力。消费者往往存在三种状态的自己，即真实的自己、理想中的自己以及别人眼中的自己，一般情况是，消费者的这三种状态的自己处于平衡状态，不会产生购买行为，只有平衡状态被打破，此时消费者会产生某种缺乏状态，从而产生购买行为。在众多因素中，动机是打破平衡状态的关键因素。消费者的消费行为是受动机支配的，指引购买活动去满足某种需要的内部驱动力。消费者的动机是确定可能的购买过程并最终决定是否购买新产品的想法、先决条件和行动的主要动因。因此，当一种产品不被消费者必需时，其新产品要做出被市场接受的预期，首先要了解消费者的购买动机。一些敢为人先、对事业具雄心的人，不仅仅把眼睛盯在已经形成规模的市场上，而且注意研究消费者消费动机，以不断创造需求来开拓市场、开发产品。通过市场调查挖掘深层次动机，开发全新的黄酒产品，是技术人员素质的体现，是企业家眼光、勇气、胆识与智慧的体现。对消费者动机进行准确的分析、把握和预测，是洞悉行业产品走向的一种特殊技能。目前，比较流行的做法是使用方法目的链模型挖掘消费者动机，该模型如图 4 –1 所示。

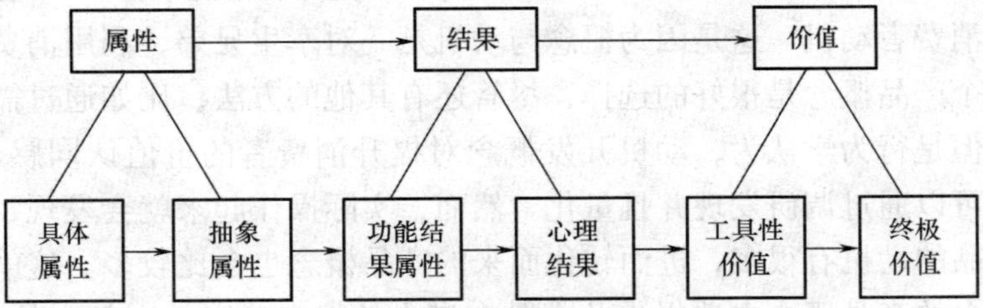

图 4 –1　方法目的链模型

方法目的链可以帮助人们探求消费者心中真正的需求是什么，那就是从一个具体的功能属性入手，经过一系列的推理，最后得出消费者的终极价值。以消费者喝黄酒的深层次动机挖掘为例，以具体演示如何使用方法目的链模型。

让消费者选择：

1. 任何场合，如果喝酒首选黄酒

对于这种情况，可以接下来问，什么原因使你愿意首选黄酒呢？这些原因中，哪一个更重要呢？为什么这个原因更重要呢？为什么？为什么？直到被访问者回答不上来或者出现自尊、受尊重、满足自我、归属感、刺激冒险、趣味人生、温暖的人际关系、成就感、安全感或与之相似的词语时，调研终止。

2. 一定环境条件下选择喝黄酒（比如朋友聚会、家庭聚餐、商业联系、独饮、庆祝）

对于这种情况，让被访问者先选择喝黄酒的环境，然后问他在这个环境下选择喝黄酒的原因是什么？哪一个原因更重要呢？为什么这个原因更重要呢？为什么？为什么？直到被访问者回答不上来或者出现自尊、受尊重、满足自我、归属感、刺激冒险、趣味人生、温暖的人际关系、成就感、安全感或与之相似的词语时。

最后问他在别的环境下不选择喝黄酒的原因是什么？哪一个原因影响最大呢？为什么这个原因更重要呢？为什么？为什么？直到被访问者回答不上来或者出现自尊、受尊重、满足自我、归属感、刺激冒险、趣味人生、温暖的人际关系、成就感、安全感或与之相似的词语时，对于这个被访问者的调研终止。

3. 从来不喝黄酒

对于这种情况，问被访问者他从来不喝黄酒的原因是什么？哪一个原因影响最大呢？为什么这个原因更重要呢？为什么？为什么？直到被访问者回答不上来或者出现自尊、受尊重、满足自我、归属感、刺激冒险、趣味人生、温暖的人际关系、成就感、安全感或与之相似的词语时。

最后再问他，影响最大的方面如果改变了，他愿意尝试吗？调研终止。

新产品在开发过程中还应有必要的构思，也就是确立一个概念。构思有许多种方法，除市场调查中的消费者提问分析法外，还有企业生产、技术、营销等部门人员集中进行头脑风暴法及关联思考法等。确定产品概念其中一个重要的方法就是寻找消费者动机。这是因为概念与动机是一对孪生兄弟，利用消费者的动机去开发一个产品概念是很好的选择，尽管还有其他的方法，比如通过需求开发产品概念，但是行为学认为，动机开发概念对提升消费者的价值认同感最有帮助，而且动机可以通过调研发现并且量化。然而，实际操作起来就会发现，消费者购买某种产品的动机有很多，进而转化而来的产品概念也会比较多。这就需要企业能够从众多的产品概念中选择出几个具有潜力的。在确定一个新产品的概念时，一般从以下五个方面进行测试。

（1）它是什么 = 产品支撑点 = 产品特点，即它是什么。

（2）它能做什么 = 产品利益点，即能给消费者什么利益。

（3）它为谁服务 = 产品的目标顾客，产品卖给谁。

（4）它对于消费者意味着什么 = 产品是否具备差异化，即产品个性、形象等。

（5）它是否具备吸引力，消费者能否理解产品概念和产品特征，例如包装、颜色等。

新产品开发有两个方面，一是全新的创造，包括生产工艺创新与产品包装创新；另一类是通过变动产品质量指标，略做外观变动的常规开发。这里是指第一方面，即全新的产品开发设计。

目前黄酒新产品的设计在工艺上有四大设计路线。

（1）不改变原酒生产工艺的末端开发法，在最终产品中添加有关物质或将最终产品进行互相调配、勾兑而成为一种全新的产品。

（2）改变原来的生产工艺，独创一种全新工艺的新发酵工艺法，生产的黄酒产品。

（3）纯生液态法。

（4）在产品质量指标略做改动的前提下，设计全新的包装，以刺激消费者的购买欲望。

作为营销人员对新产品开发的相关概念，有必要进行仔细的了解。

新产品的传统概念是从技术角度给出的，即新产品是由于科技进步和工程技术的突破而产生，在产品本身实体上有了显著变化，具有了新性能。黄酒新产品传统概念是视觉形象中的产品包装新颖、技术控制下的理化指标变化、感官感受中的口感改善等。新产品的现代概念是从市场营销角度给出的，即新产品是一种具有新意的产品，是指能进入市场给消费者提供新的需求或者满足了未被满足的动机，而被消费者认可的产品。所谓“能进入市场”，就是指新产品得到社会公众的承认，也意味着新产品在给消费者提供新的需求或者满足了未被满足的动机的同时，也给企业带来经济利益，还必须符合社会整体利益。因此，在现代社会中，形成新产品的重要标志，是一种具有新意的、兼顾消费者、企业、社会三方利益并得到三方认可的产品。应当指出，从理论上讨论，对产品整体的任何一个层次、某一层次的任何一个要素赋予的“新意”，都可能开发出新产品。

综上所述，新产品是以市场需求为导向，以满足消费者需要或未被满足的动机为目标，利用技术进步为驱动而开发出赋予新意的产品。

在实际工作中，黄酒新产品既有不少仍然属于传统概念那样的“技术型”新产品，比如为适应现代消费者快节奏的生活方式，黄酒行业推出了清爽型黄酒，此新产品是在发酵过程中加大酿造水的用量，生产出含非糖固形物较低、氨态氮较低的爽口型黄酒品种。现在一些企业采用稀释的方法，实际上是一种变相非酿造的行为。也有不少属于产品实体不发生本质变化，仅于附加物发生变化使消费者得到新的尝试，而使消费者认可的“市场型”新产品，如更换包装、改变理化指标等。更大量的是以一定技术进步为基础，又使用添加物而开发出来的新产品。如特型黄酒的开发，在酒基中添加国家允许的药食两用物质的浸提液，或在发酵过程中添加药食两用物质共同进行发酵等。

在实际工作中，黄酒企业的很多新产品是由营销人员根据市场了解的具体情况，而向企业提出来的。黄酒新产品开发，一般有两大原因，一是丰富原来的产品线，为消费者提供更多的选择；二是在产品差异化策略的指导下进行新产品开发。二者的目的都是为了能进行产品组合，实施有效的营销战略。

（四）黄酒产品组合

在具体学习黄酒产品组合之前，先回顾一下有关产品组合、产品线和产品品种的相关概念。

1. 产品组合、产品线和产品品种

（1）产品组合　是指企业生产经营的全部产品的总和，是企业提供给目标市场的全部产品线和产品项目的组合或搭配，即企业的经营范围和产品结构。

（2）产品线　又称产品大类，是指在技术和结构上密切相关，具有相同的使用功能、规格不同而满足同类需求的一组产品。

（3）产品品种　是指产品线中各种不同的规格、质量、价格、技术结构和其他特征的具体产品，企业产品目录上列出的每一个产品都是一个产品品种。

2. 产品组合的类型

产品组合类型的确定是制订其他各项决策的基础，产品组合确定之后，企业的投资组合、定价、分销渠道、促销以及各项资源的配置都基本确定了。黄酒行业常见的产品组合类型有以下4种。

（1）全线全面型组合　即企业生产经营多条产品线，每一条产品线中又有多个产品品种，各条产品线之间的关联度可松可紧。该策略的特点是力争向尽可能多的顾客提供他们所需要的多种产品，满足他们尽可能多的需求，以占领较为广阔的市场。只有规模巨大、实力雄厚、资源丰富的企业才能做到。如上海光明集团就有乳制品、酒业、超市、糖业等多条产品线，并且都与食品相关，各条产品线之间的关联度较强。而中国绍兴黄酒集团现在不仅生产黄酒、玻璃瓶，还涉及电子产品、房地产、热电等，各条产品线之间的关联度就较弱。

（2）市场专业型组合　即企业以某一特定市场为目标市场，为该市场的消费者群体提供多条产品线和多个产品项目，以满足他们多方面的需求。这种组合策略的特点是以全面牢固地占领本企业目标市场为目的。这种组合策略仍对规模较大的企业才适合。如中国绍兴黄酒集团主要是专门为黄酒消费者生产的黄酒、玻璃瓶、酒用塑料壶等专业产品线。

（3）产品系列专业型组合　即企业生产相互之间关联度较强的少数几条产品线中的几个产品项目，以满足不同消费者对这几类产品的差异需求。这种组合策略的特点是产品的技术要求接近，生产专业化程度高，有利于延伸技术优势，提高生产效率。这一组合是大多数黄酒生产企业的产品组合，一般只有黄酒系列与其副产品糟烧白酒系列。

（4）单一产品组合　即企业只生产一种或为数有限的几个产品品种，以适应和满足单一的市场需求。这一组合策略的特点是产品线简化，生产过程单纯，能大批量生产，有利于提高劳动效率，降低成本；技术上也易于精益求精，有利于提高产品质量和档次。如原上海冠生园和酒，其占绝对产量的品种就是500mL的三年陈和酒品种，在上海超市达到垄断地位。但是由于生产经营的产品单一，企业对产品的依赖性太强，因而对市场需求的适应性差，风险较大。

上述4种产品组合类型都是企业常用的产品组合，实际上黄酒生产企业大多考虑的是产品线上的产品组合，如玻璃瓶系列、陶瓷瓶系列、礼盒系列；半干黄酒（花雕、加饭）系列、半甜黄酒系列、甜黄酒系列等。从严格意义上说，产品线上的品种组合不能称为产品组合，只能称为产品线的延伸，或者说产品线上产品品种的增加。

为了与黄酒企业现行的所谓产品组合相适应，这里也以产品品种组合为对象介绍。

3. 产品组合策略

为了更切合黄酒行业的实际，以下以黄酒产品线上的品种组合作为黄酒企业产品组合的主要内容，予以阐述。

企业在制订产品组合策略时，应根据市场需求、企业资源、技术条件、竞争态度等因素，经过科学分析和综合权衡，确定合理的产品结构。同时，随着市场因素的变化，适时地调整产品组合，尽可能使其达到最佳化，为企业带来更多的利润。黄酒行业可供选择的产品组合策略一般有以下几种。

（1）扩大产品组合策略　这种策略有两种，一种是指在原产品组合中增加一个或几个相关产品系列，扩大生产经营范围。另一种方法是指在原有的产品线内增加新的产品品种。产品品种的数量，可通过市场调查分析，发掘尚未被满足的那部分需求或动机来确定。黄酒产品往往实施扩大产品组合的策略，提供更多的产品为不同消费群体进行选择。

（2）缩小产品组合策略　缩小产品组合，即缩短产品线，减少产品系列或产品品种，实现产品少品种、大批量。市场繁荣时，扩大产品组合可能为企业带来更多的赢利机会。但当市场不景气或原料、能源供应紧张时，缩小产品组合反而会使总利润上升。这是因为从产品组合中剔除了那些获利很少甚至亏损的产品系列与产品品种，使企业可以集中力量发展那些获利多、竞争力强的产品。会稽山绍兴酒“纯正五年”产品的组合策略，就是缩小产品组合。将原来数十个“五年陈”品种，统一定位、以一个形象、两个包装，使企业获得较好的收益。

（3）产品线延伸策略　产品线延伸策略可以分为以下三种。

①向下延伸：即生产经营高档产品的系列，在原有产品系列中增加低档产品品种系列，以比原高档产品低的价格吸引消费者。这种策略通常适用于高档产品的销售增长幅度下降，市场范围有限的情况。企业最初定位高档产品市场的目的是建立品牌信誉，树立企业形象，然后再进入中低档产品市场，以扩大销售增长率和市场占有率。还可以补充企业的产品品种空白，防止新的竞争者进入。如黄酒行业原来以“古越龙山”为代表的600mL十年陈国宴用酒，后来普遍将这一瓶形用于中低档黄酒。实行这种由高向低延伸的策略也会给企业带来一定风险，很可能影响企业原有产品的市场形象及名牌产品的信誉。原来趋之若鹜的高档国宴酒，后来变得无人问津，这与原瓶形没有选择好有一定的关系。

②向上延伸：即生产低档产品的企业，在原有产品线中增加高档产品品种。这种策略通常适用于高档产品市场具有较高的销售增长率和毛利率；企业的技术设备和营销能力已具备进入高档市场的条件；为了追求高、中、低档完备的生产线；以较先进的产品品种来提高原有产品线的地位。采用这种策略的企业也要承担一定的风险，因为要改变产品在消费者心目中的地位是相当困难的，如果决策不当，不仅难以收回开发新产品项目的成本，还会影响老产品的市场声誉。如浙江善好酒业，原来是一个地产黄酒的企业，产量在1～2kL。后来进行技术改造，由于企业投入了大量的人、财、物，企业便向高端产品急进，但其品牌影响力尚不足以满足全面进入高档黄酒市场，产品定位与组合以不成功告终。

③双向延伸：即原定位于中档产品市场的企业，在掌握了市场优势以后，将产品项目逐渐向高档和低档两个方向延伸。这种策略在一定条件下有助于扩大市场占有率，加强企业的市场地位。如绍兴女儿红酿酒有限公司，其黄酒产品原来一直处在中档产品的地位，后来通过电影《女儿红》的形象宣传，尤其是营销团队的重组和产品组合的调整，向上延伸生产高档产品、高附加值的高端礼盒，代表着企业产品的形象。向下延伸生产满足低收入消费者的桶装黄酒，取得了极大的成功。

4. 产品组合分析

如何才能有效地进行黄酒产品组合呢？这是许多企业最为关心的问题。产品组合状况直接关系到企业销售额和利润水平，企业必须在产品组合形成以后，对产品组合及其对未来销售额、利润水平的发展和影响进行系统客观的分析和评估，并对是否增加或剔除某些产品做出决策，以实现产品组合的优化。这里介绍两种产品组合分析方法。

（1）产品处境分析法　产品处境分析法由美国市场营销学者杜拉克首先提出，他将企业现有产品分为6个层次，然后分析研究各个层次产品在未来销售成长中的潜力，以此来决定现行产品组合的调整。

杜拉克划分的6个层次的产品和相关的策略如下。

①目前的主要产品：其策略是稳定市场地位，以增加企业利润和收入。

②未来的主要产品：其策略是作为企业投资和保护的重点，促使发展和壮大。

③过去的主要产品：由于目前市场需求下降，销售萎缩，其策略是或者对产品进行改进，如多功能开发以求东山再起，或者予以淘汰。

④需改进的产品：应根据市场需求和竞争对手产品的变化，加紧改进提高，力促使其成为今天或明天的主要产品。

⑤需维持的产品：则继续经营，保持市场，争取创造更多利润。

⑥失去销路的产品：应立即转产或淘汰，以便集中企业资源生产经营盈利丰厚的产品或者有发展前途的产品。

（2）产品线销售额和利润分析法　产品线销售额和利润分析法是对现行产品线上不同产品项目所提供的销售额和利润水平进行分析和评价，以此为依据制订产品线的调整决策。

比如某公司拥有一条5个产品品种的产品线，如图4－2所示，按各项目的销售额和利润的比例排列。可以看出，产品A的销售额和利润分别占整条产品线销售额和利润的50%、30%，产品项目B的销售额和利润分别占整条产品线销售额和利润的30%，这两个产品品种占了整条产品线销售额的80%和利润的60%，显然是这条产品线中的主要产品。如果这两个产品项目突然受到竞争者的打击或遇市场疲软，产品线的销售额和利润就会迅速下降。因此，该条产品线销售额和盈利集中在A、B两个产品项目上，则意味着该产品线比较脆弱。根据市场调研和预测显示，由于这两个产品进入成熟期，同行竞争极为激烈，未来的销售额和利润呈下降趋势。为此，企业必须制订强有力的竞争对策，以巩固A、B两个产品项目的市场份额和获利水平。同时，还应根据市场需求的发展态势，加强产品项目C、D的营销力度。产品项目E只占整条产品线销售额和利润的5%，如无大的市场潜力，可考虑停产。

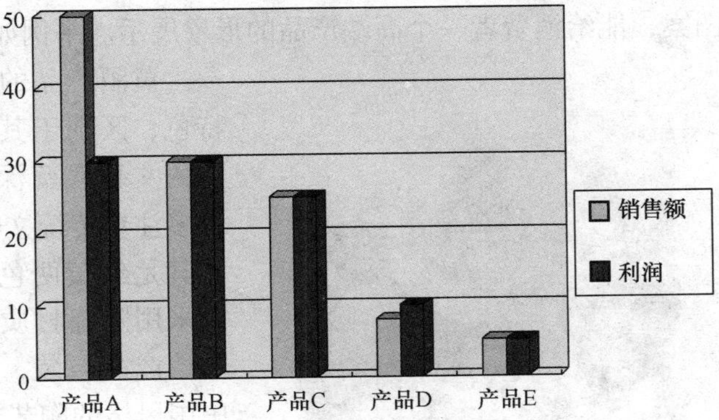

图4－2　某公司产品销售额及利润比例示意图

产品组合分析，是企业在营销战略、营销策略、营销战术中要认真对待的问题，如果处置恰当会收到非常好的效果，如果不加分析、不加调查，随意组合，那么也就失去了产品组合的意义。如构成黄酒产品线中的品种，往往会考虑高、中、低档酒品种的组合，以便在不同渠道、不同消费需要中不至于找不到合适的品种。有时在某个系列中也是这样考虑的，以利于系列产品丰满。

三、黄酒产品的包装

产品包装是指在流通过程中为保护产品、方便储运、促进销售，依据不同情况而采用的容器、材料、辅助物及所进行的工作的总称。产品包装的最初目的或基本功能是保护商品从生产领域到消费领域安全无损地转移。但现代市场营销观念给包装赋予了新的内容，使其已经成为一种非常有效的促销手段。在美国有人做过一项调查，发现进入商店买东西的消费者，60%左右会改变初衷，即本来想买A品牌，但最终却买了B品牌，或者本来想着买低档一点的产品，结果却买了高档产品；再或者是本来想买点饼干，出来时却买了一些新品化妆品。这种改变，很大程度上与产品的包装有关系。

产品的包装与产品组合及产品线有很高的相关性，一个好的包装往往会激发消费者的购买欲望，从而使产品的销量增加。而一个好的包装，往往还是一个利润点，会给企业带来更高的收益。所以，黄酒产品中，尤其是中高端产品要重视包装的设计与应用。

产品包装首先以保护产品，能完整无损地送给消费者为目的。但其包装物所用的材料与包装物上反映的文化，既可反映一个企业的管理水平，又是企业管理人员的文化水平、艺术修养、科学文明的一个重要标志。包装是产品营销的重要组成部分，追求不同产品之间的差异化是市场竞争的客观要求，而包装是实现产品差异化的重要手段，富有个性、新颖别致的包装更易于满足消费者的心理要求。通过外形和色彩表现黄酒各品种的特点，如普通的简易包装，给消费者一个低档酒的提示，而用具有特色的瓶子，配以企业文化、产品文化为个性特征的外盒，甚至外箱图案，能给消费者一个高端产品的形象展示。举例如图 4－3 所示。

图 4－3　张家港酿酒的低档与高档产品的包装对比

黄酒产品的包装有一定的特色，区别于其他酒种。一是它的文化底蕴深厚，在设计中大多注重传统文化与传统色彩，尤其是红黄两色；二是往往喜欢采用陶瓷材质的容器来为中高档产品包装，以此显示代表中国风格的陶艺文化。

黄酒的包装策略与其他食品有相同点，也有不同点。相同的是包装策略中的“类似包装”“等级包装”“附赠包装”等，不同的是黄酒包装中可突出“文化包装”“礼品包装”和“民族习俗包装”等。

详细内容请参阅《产品包装与设计》。

产品包装创新是获得差异化竞争优势的途径之一。每年中国大小酒企都要开发新的产品，而新包装的开发是其中一项重要内容，同时也是令企业困惑的工作。为此，本文引用包装开发“要素－属性”创新图，借此给酒企业提供一个可以操作的开发工具，见表 4－1。

表 4－1　　包装“要素－属性”创新表

包装属性 开发要素	颜色	材质	形状	其他（构图）
瓶/盒口盖				
瓶/盒体				
瓶/图标				
正/图标				
其他/（饰物）				

四、黄酒产品生命周期及营销策略

黄酒属于快速消费品，与其他快销品一样，也存在着产品生命周期的问题。即一个产品上市往往要经过培育、热销、成熟和滞销的过程。研究产品生命周期的发展变化，可以使企业掌握各个产品的市场地位和竞争动态，为制订有效的产品策略提供依据。

（一）产品生命周期的概念

产品生命周期是指产品从研制成功投入市场开始，经过成长和成熟阶段，最终到滞销被淘汰退出市场为止的整个市场营销时期。产品生命周期一般分为4个阶段，即培育期、热销期、成熟期和滞销期。图4－4所示为典型的黄酒产品生命周期曲线。

从曲线中可以看出，黄酒从新产品开发上市，有一个培育过程，在培育过程中需要大量的人力、财力的投入，进行营销宣传推广。此时销售收益是负数，经过短时间的培育期后，即开始进入热销期，此时销售收益急速上升。上升到一定程度，销售收益的增加与减少不是很明显，此时便进入产品的成熟期，此时的黄酒产品，铺货面广，市场占有率高。由于市场上其他同类产品的出现，或竞争产品的大量入市，产品开始持续出现滞销，销售下滑且很难逆转，此时要考虑产品的更新，因为原来的产品生命即将结束。在原产品生命周期的末点前，必须要有新产品入市，以占据市场份额，而不致被竞争对手夺走。

产品生命周期的长短有众多的影响因素，包括产品本身的性质和特点、竞争激烈程度、科学技术的发展速度、企业营销的努力程度等。不同产品有着完全不同的生命周期。

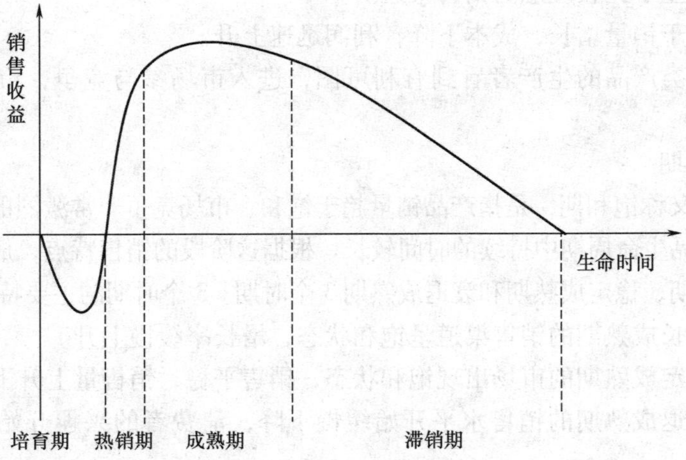

图4－4　典型的黄酒产品生命周期曲线

（二）典型产品生命周期各阶段特点

产品市场生命由于受到市场诸多因素的影响，生命周期内其销售量和利润额，并非是一条直线，不同的时期或阶段有着不同的销量和利润。因此，产品市场生命周期的各个时期或阶段一般是以销售收益，也称销售利润的变化来衡量和区分的。

典型的产品市场生命周期销售收益曲线表现为一条S形的曲线，如图4－4所示，各个阶段体现出不同的特点。

1. 培育期

培育期又称引入期、试销期，是指黄酒新产品刚刚投入市场的最初销售阶段。其主要特点如下：

（1）产品设计尚未最后定型，生产批量小，单位生产成本高，广告促销费用高。

（2）消费者对产品不熟悉，有少数追求新奇的顾客可能购买，销售量少。

（3）销售网络还没有全面、有效地建立起来，销售渠道不畅，销售增长缓慢。

（4）由于销量少、成本高，企业通常在培育期发生亏损。

（5）同类产品的生产者少，竞争者少。

2. 热销期

热销期又称畅销期，是指产品在市场上已经被顾客所接受，销售量和利润迅速增长的时期。其主要特点如下：

（1）产品已定型，生产批量增大。

（2）消费者对新产品已经熟悉，销售量迅速增长。

（3）建立了比较理想的销售渠道。

（4）由于销量增长，成本下降，利润迅速上升。

（5）同类产品的生产者看到有利可图，进入市场参与竞争，市场竞争开始加剧。

3. 成熟期

成熟期又称饱和期，是指产品销量趋于饱和、市场竞争非常激烈的时期。通常成熟期在产品生命周期中持续的时间较长。根据这阶段的销售特点，成熟期可以分为成长成熟期、稳定成熟期和衰退成熟期3个时期。3个时期的主要特点如下：

（1）成长成熟期的销售渠道呈饱和状态，增长率缓慢上升。

（2）稳定成熟期的市场出现饱和状态，销售平稳，销售量上升下降不明显。

（3）衰退成熟期的销售水平开始缓慢下降，消费者的兴趣开始转向其他产品和替代品。

4. 滞销期

滞销期又称衰退期，是指产品销量急剧下降，产品开始逐渐被市场、渠道淘汰的阶段。其主要特点如下：

(1) 产品需求量、销量和利润迅速下降，价格下降到最低水平。

(2) 市场上出现了新产品或替代品，消费者的兴趣已转移。

(3) 由于该产品的较长时间段内，销售不见起色，企业便减少服务，大幅度削减促销费用，以维持最低水平的经营，最后在新产品入市后，逐步停产该产品。

(三) 产品生命周期各阶段的营销策略

产品处于不同的生命周期阶段，企业要制订不同的营销策略。

1. 培育期营销策略

根据这一时期的特点，企业营销策略的重点，应是使产品尽快地为消费者所接受，缩短产品的市场投入时间，突出“快”字。

(1) 产品策略　进行产品定型，完善产品各项指标，稳定产品质量，突显与竞争产品的差异点，为产品进入成长期大批量生产做准备。

(2) 价格和促销策略　在培育期，产品的价格和促销费用，对能否尽快打开产品销路有很大关系。价格和促销费用依不同渠道而不同，可以采取以下几种策略。

①高价高促销策略：该策略以高价配合大规模促销活动，先声夺人，占领市场，希望在竞争者尚未反应过来之前，就收回投资。采取这种策略，往往是该产品需求弹性小，市场规模大，并且潜在竞争者较多。如上海金枫的“石库门上海老酒”及江苏张家港酿酒的“花开富贵”黄酒，都采用黄酒产品中的高价策略，收到极佳的产品收益。

②高价低促销策略：为早日收回投资，仍以高价问世，但为减少促销成本，只进行有限的促销活动。采取这种策略，往往是该产品需求弹性小，市场规模不大，竞争小，如黄酒市场中的高档次的新产品。

③低价高促销策略：它常可使产品以最快的速度深入市场，并为企业带来最大的市场占有率。实施这种策略，往往是该产品的市场容量相当大，消费者对该产品不了解，且对价格的反应十分敏感，潜在竞争比较激烈，必须抢在竞争发生前使产品批量上市。如宁波阿拉酿酒的“阿拉花雕”“阿拉加饭”桶装酒，一经上市采用大力度的促销与较低的价格，迅速被宁波市场所接受，并成为宁波低端黄酒产品中的代表品种，别的同类产品很难与其竞争。

④低价低促销策略：低价格的目的在于促使市场尽快接受该产品，低促销费用的作用在于降低销售费用，增强竞争力。采取这一策略，往往是该产品的市场容量较大，顾客对该产品的价格十分敏感，有相当多的潜在竞争者准备进入。如黄酒行业的一些中小企业在跟进策略的驱使下，往往利用较低的生产成本，采用低价低促销策略。采用这一策略虽然也能收到一定的成效，但往往受制于别人，是下策。

（3）渠道策略　对于大多数新产品，企业一般采取比较短的分销渠道。即在新产品上市之初往往是企业自己做渠道，以此来提高培育效率。当产品销量开始在目标市场出现快速提升时，再改变渠道策略，以提振渠道商对该产品的信心。

2. 热销期营销策略

针对这一时期的特点，企业的营销重点就是怎样比竞争者提供更好的产品，怎样更好地满足消费者需要，突出“好”字。

（1）产品策略　努力提高产品的质量，增加花色、改进包装，实行产品差异化策略。增强企业创名牌意识，树立产品独特形象。如上海金枫的石库门上海老酒，从开始的以“上海老酒”瓶贴的主文字，到热销时由于跟进者众多，便根据市场变化迅速改变瓶贴的主文字为“石库门”，利用知识产权保护了产品的热销度。

（2）价格策略　使产品价格保持在适当水平。这时若采用高价策略会失去很多顾客；若采用低价策略，产品原来已被广大消费者接受时，企业将失去该得的利润。如古越龙山的库藏“金五年”，在金五年热销期内，稍稍降低一点价格，促使消费者持续增加。

（3）分销策略　完善分销渠道，扩大商业网点。热销产品由于声誉高，会有较多的分销商加入，此时要注意甄别，选择分销能力强、渠道多的经销商，加入到分销队伍中来，提升销量。

（4）促销策略　改变广告宣传重点，把广告的重点从介绍产品转到使广大购买者深信本企业的产品上。

3. 成熟期营销策略

成熟期是企业获取利润的“黄金时节”。企业面临着供给能力增长与消费需求相对饱和的矛盾，且竞争到了白热化地步。在这一时期，企业应当采取进攻与防御并进的策略，营销重点突出一个“改”字，尽量延长成熟期时间，稳定市场占有率。

（1）改进市场策略　即尽量在饮用者的人数和用量上采用不同的策略。可以：①增加饮用。可用各种促销手段，使从未饮用过这种产品的消费者也加入购买饮用的行列；还可吸引竞争者的顾客试饮本企业产品。②使消费者增加用量。适当降低酒精度，增加每次的饮用量；增加新的更广泛的用途，如针对此酒的特性，虽然黄酒都有这种特性，但可以特意点出来，用来泡药、泡枣等。

（2）改进产品策略　它与改进市场策略相辅相成。改进产品将更有效地改进市场。企业可从三个方面改进产品：一是提高质量，使本企业品牌的产品更可靠、更经济、更耐用、更安全等；二是增加微量元素的保健功能，使本企业的产品具有其他同类产品所没有介绍过的新特性；三是更新款式，包括采用新的造型、花色、外观设计等，增加产品的美感。

（3）改进营销组合，以适应激烈的市场竞争形势　这里指的是营销组合，而独指非产品组合。营销组合的四要素是产品、价格、渠道和促销。产品进入成熟期后，必须重新设计营销因素组合方案，对产品因素及非产品因素（价格、渠道、促销）加以整合。总体而言，这一时期应采用竞争性价格策略，或适当扩大分销渠道，增加促销费用等。

4. 滞销期营销策略

在滞销期，由于技术的进步，消费者需求偏好发生改变，或者由于替代产品的出现，导致生产的产品在市场上过剩，使得销售额、利润下降。这时企业的营销重点是怎样有计划地转产或撤出市场。通常可选择以下几种营销策略。

（1）继续维持策略　仍用过去的策略，争取后期消费者购买，维持市场的销售，直到这种产品完全退出市场为止。

（2）集中策略　把企业能力和资源集中在还能榨取仅仅有有限销售额和利润的子市场和分销渠道上。哪怕是获取较少贡献毛利额，这样还可延长产品在市场上的时间，同时又能为企业创造更多的利润。

（3）收缩策略　大幅度降低促销水平，尽量降低促销费用，以维持目前的利润。这样可能会加速产品在市场上的衰退，但还可从忠实顾客中得到一定的利润。

（4）放弃策略　对于滞销严重的产品，应当机立断，放弃经营。可以采取完全放弃的形式，如把产品完全转移至其他市场或立即停止生产，转向供应其他热销产品。

表4－2从成本、需求、竞争、顾客忠诚度等方面概括了生命周期各个阶段的特征和对策。

表4－2　生命周期各阶段的特征和对策

项目	培育期	热销期	成熟期	滞销期
成本	较高，因为刚开始供应	销售额增加，出现竞争，需要为市场高增长提供资金	趋于稳定或减少，经验增加，竞争性措施减少	高，非规模经济
需求	不可预期，预测范围宽泛	可以预测需求上限，出现价格敏感和竞争敏感	相对容易界定	知晓，被限定
竞争	不知晓	许多新进入者进行大力宣传，竞争激烈	边缘竞争者撤离，其余的企业从事特定细分市场的专门化经营	不可能有新进入者，竞争减弱

续表

项目	培育期	热销期	成熟期	滞销期
顾客忠诚度	试用期，新关系建立，忠诚度很低	有一定忠诚度，但是为了保证供应，很多顾客不止拥有一个供应商	以高顾客忠诚度建立的购买形式	极端稳定，顾客不会去寻求新的供应商
进入难易程度	相对容易，因为市场领导者尚未出现，顾客凭感觉购买	比较困难，一些供应商开始赢得较大的市场份额并受益，规模经济	困难，购买模式基本固定，新业务已赢得未来市场	缺乏进入吸引力
价格	依据产品/服务新颖度定高价或利用低价实现市场渗透	竞争性价格	防御性价格	根据产品的感知价值定价
促销	积极，富有开拓性	积极，富有开拓性	选择性的、专门化的	很少
产品/服务范围	有限且专门化的，满足早期顾客的需求	迅速扩张，利用新机会	范围延伸减慢或停止	范围变小，无效率的产品撤出

第二节　黄酒定价策略

前面详细介绍了黄酒的产品策略，这一节重点讲述黄酒产品的定价策略。

产品价格是企业营销组合的基本组成部分，为营销组合中最活跃的因素，消费者通常用价格来判断商品和服务的质量。并且，在营销组合中，只有价格能产生收入，其他因素都表现为成本。因此，价格策略是企业营销组合的重要因素之一，直接决定企业市场份额的大小和收益率的高低。如何充分发挥价格的杠杆作用，取得竞争优势，是每个企业不容忽视的问题。

成本、需求和竞争是影响企业定价行为的三个最主要的因素。在营销实践中，由于市场环境和产品特性的差异，不同类的产品往往对某一因素特别敏感，因而促使企业在决定产品价格时更多地侧重于这一因素，这样也就形成了成本导向、需求导向和竞争导向三大类基本定价方法。

一、成本导向定价法

成本导向定价法是企业主要以产品成本为基础，侧重于成本因素而相对不注重需求和竞争因素的定价方法。由于企业采用的成本项目和所追求的利润指标不同，成本导向定价法又可分为成本加成定价法、盈亏平衡定价法和边际贡献定价法三种。

（一）成本加成定价法

成本加成定价法是一种较常用的以成本为中心的定价方法，其特点是在产品的单位成本上加上一个标准的加成。加成是指一定比例的利润。其公式为：

$$P = C\ (1 + R)$$

式中　P——单位产品价格；

C——单位产品成本；

R——成本加成率（加成率也有人称为毛利率）。

例如，某酿酒公司的某一产品每瓶的成本是20元，公司将加成率定为50%，则该公司的这款产品定价为多少？

根据上面的公式 $P = C\ (1 + R)$ 代入相关数据得：

$$20 \times (1 + 50\%) = 30\ (元)$$

所以，该公司的这款产品应定价为30元。

根据现行会计制度，产品的成本包括以下几个组成部分。

（1）直接材料费　是指直接用于产品生产，构成产品的原材料、主要材料、外购半成品等其他直接材料的费用。

（2）直接人工费　是指直接从事产品生产的工人工资和按规定提取的职工福利费等。

（3）制造费用　是指企业生产车间为组织和管理生产而发生的各项费用，如生产设备运转所发生的水费、电费、能源费等，管理人员的工资、职工福利费、差旅费、保险费等。制造费用在多品种生产的情况下，按一定标准分配后，计入产品生产成本。至于分配的标准和比例，各企业、各产品可能会有所不同。

上述成本组成内容，根据现行会计制度，称为制造成本法，用公式表示就是：

$$制造成本 = 直接材料费 + 直接人工费 + 制造费用$$

但是企业在销售产品时还会发生销售费用，有些销售费用直接计入当期损益，月终全部转入“本年利润”账户，以确定当期经营成果，而运杂费、包装费、广告费等却要算作销售的直接费用，理应构成产品完全成本的组成部分。为了方便起见，将制造费用、销售费用合并为间接费用，因此公式为：

$$完全成本 = 直接材料费 + 直接人工费 + 间接费用$$

例如，某公司1月份共生产了8000箱“花雕酒”产品，消耗原材料基酒共400000元，支付生产工人工资50000元，生产设备运转成本为100000元，1月份管理费用100000元，广告费为100000元，公司规定的制造成本加成率为50%，完全成本加成率为35%，试分别确定制造成本加成法的“花雕酒”每箱单价和完全成本加成法的每箱单价。

根据成本加成法公式 $P=C(1+R)$ 得：

$$C=直接材料基酒费+直接人工工资+制造费用$$

则成本加成法的每箱价格为：

$$P=(400000+50000+100000)(1+50\%)/8000\approx103.13（元）$$

根据完全成本法公式：

$$完全成本=直接材料费+直接人工费+间接费用$$

这里的间接费用＝制造费用＋管理费＋广告费＝300000元，这样

$$\begin{aligned}P&=完全成本(1+35\%)/8000\\&=(400000+50000+100000+100000+100000)(1+35\%)/8000\\&\approx126.56（元）\end{aligned}$$

从上述计算可知，成本加成法的单价有其不合理性，即没有考虑间接成本中的管理费用与销售费用，但往往加成率定得较高。完全成本法则将所有成本均考虑其中，故加成率往往定得比较低。虽然成本加成定价法存在着不合理的因素，但它仍然是目前企业界流行的定价方法之一，其原因主要有三点：①简单易行；②如果同行业的加成比例接近，制订出来的价格就会相差不多，企业相互间的竞争和摩擦就不会太激烈；③卖方用成本与毛利定价的行为更易使买方接受。

（二）盈亏平衡定价法

盈亏平衡定价法是企业按照生产某种产品的总成本和销售收入维持平衡的原则，制订产品保本价格的一种方法。其计算公式为：

$$产品单价=单位变动成本+\frac{固定成本}{销售量}$$

例如，某酿酒公司的某一低档产品的年销量为100万箱，产品单位变动成本为25元，年固定成本为4000万元，则利用盈亏平衡法定价为：

$$25+4000/100=65（元/箱）$$

利用盈亏平衡定价法，我们也可以制订出一种能获得一定利润的产品价格。如果这一企业年需要获取500万利润，则每箱价格应该是多少？

（三）边际贡献定价法

边际贡献定价法又称边际成本定价法，即仅计算变动成本，不计算固定成本，而以预期的边际贡献补偿固定成本，获得收益的定价方法。所谓边际贡献是指价格中超过变动成本的部分。当企业生产多品种产品而开工率不足时，企业按原价格已无法出售它的产品，只能采取降价的策略，但这时的价格必须包含一部分边际贡献，以使企业在全部补偿了变动成本后，还剩下一定的余额，用来补偿一部分固定成本，减少企业亏损。

例如，某酿酒企业生产的2.5L桶装产品年产量为100万桶，全部变动成本600万元，固定成本400万元，每件产品的平均变动成本为6元，平均固定成本为4元，在正常情况下，企业的定价必须高于10元，才会有利润。但现在的情况是即使产品保本价格为10元也难以实现企业的销售目标，考虑到停产并不能

减少企业的固定成本支出，企业可以采用边际贡献定价方法定价。也就是说，如果企业将产品的价格定为大于6元，企业就会获得一定的边际贡献，以补偿一部分固定成本支出，从而减少亏损。

二、需求导向定价法

需求导向定价法是指企业主要以市场上对产品的需求程度和购买者对产品价值的理解程度为基础，来确定价格的定价方法，它注重需求因素而相对不注重成本和竞争因素对定价的影响。

（一）理解价值定价法

理解价值定价法是一种根据购买者对产品价值的认识程度来确定产品价格的定价方法。现在已有越来越多的企业开始把它们的价格建立在购买者对产品的认知价值基础上，因为从营销的角度来看，许多产品定价的关键，不是卖方的成本，而是买方对所购产品的价值认知。比如，若企业根据成本，定了比较高的价格，而在顾客看来该产品不值这个价格，会减少购买，此时企业产品有可能会滞销；若成本较低，因而也定了较低的价格，但在顾客看来该产品应该更值钱的，其实再高一点的价格他们也愿意购买，此时企业就错过了攫取高额利润的机会。因而，理解价值定价法的要点就是企业利用营销组合中的非价格因素在购买者心目中建立起认知价值，从而为定价奠定基础。

例如，假设有A、B、C三家企业生产同一种产品——加饭酒，A企业在市场上随机抽样选取一组顾客，了解他们对三家产品的理解价值。以下仅举两种方法确定理解价值：

（1）直接价格评比法　请顾客按自己的看法，分别对三家产品给予定价。经计算，这组顾客对三家产品的定价平均值分别为A：16元/瓶，B：12元/瓶，C：8元/瓶。

（2）评分法　给顾客100分，请他将100分分配给三瓶黄酒，分数分配的原则按顾客对三瓶黄酒口感的理解价值进行。假设顾客分别给三家企业的黄酒产品的打分平均结果是A：80分，B：70分，C：60分，平均分是70分。市场上三种产品的平均售价是12元，经过对分值的计算，三家产品依据顾客理解价值所定价格分别为：

A企业产品价格 $=12\times80/70=13.71$（元/瓶）

B企业产品价格 $=12\times70/70=12.00$（元/瓶）

C企业产品价格 $=12\times60/70=10.29$（元/瓶）

理解价值定价法的关键是准确地确定目标市场对企业所提供产品的价值认知，企业对自己所提供产品的价值估计过高或过低都不利于产品的销售。因此，为了建立起市场对产品的认知价值以作为有效定价的一种指南，企业进行市场调研是必不可少的。

（二）区分需求定价法

区分需求定价法是在同一产品面对不同的顾客需求时制订不同价格的一种定价方法。在这里，同一产品的价格差异并不是因为成本的不同，而主要是由顾客需求的差异所决定的。因此，区分需求定价法的真正基础是不同市场对同一产品的需求价格弹性的差异。显然，区分需求定价法是一种差异定价的方法，也就是指企业的同一产品在不同情形下对不同的购买者要求不同的价格。另外，区分需求定价法也可以表现为企业的各种产品价格之间的差额大于其生产成本之间的差额。

这种定价方法一般有以下几种表现形式。

（1）对不同的顾客给予不同的价格　对不同顾客可以采用不同价格的主要理由，是因为消费群体事实上存在着购买能力、购买目的及购买数量等方面的差异，他们对同一产品的价格敏感程度是不同的。因此，对于对价格敏感的顾客或对企业贡献度大的顾客，企业就给予较低的价格，反之，价格则相应高些。如饮料企业往往在做这样的促销“购第二瓶时，价格减半”；会员制下的会员与非会员的价格差别等。

（2）对包装不同的产品给予不同的价格　这里特指瓶内的酒质是相同的，但包装、样式有一定差异的同种产品。虽然外观不同会引起成本的小小变化，但这里定价所考虑的真正因素是不同外观的产品对购买者的吸引程度不同，因此价格并不是与成本成比例，而是与购买者的购买目的和喜欢程度直接相关。例如，纸盒花雕酒、罗口瓶精装花雕酒与普通皇冠盖简装花雕酒三种不同的包装，虽然产品内涵和质量一样，但价格差异较大，购买者之所以能够接受这些价格，主要是因为其产品外观适应了不同购买者的购买目的和消费目的。

（3）对不同地点销售的产品给予不同的价格　企业对同一产品在不同地点销售制订不同价格的策略也与成本不相关，而与顾客对产品的需求及需求的满足程度相关。如同样的五年陈黄酒，在绍兴销售价为 15 元，在北京为 25 元，在国外可能要折合人民币为 100 元。

（4）对不同场合销售的产品给予不同的价格　一些产品在不同的场合其效用的满足程度是不同的，如超市 5 年陈的黄酒为 15 元，餐馆要 30 元，夜场可能要 50 元。因为各种场合其消费者的饮用兴趣不同。兴趣高时价格敏感度会降低，定价可适当提高；而大众购物的超市价格敏感度则较高，定价则应偏低。

区分需求定价法定价黄酒产品并不适用所有场合、所有黄酒产品。如果在条件不成熟时强行实施会弄巧成拙，因此，企业必须谨慎采用。

（三）逆向定价法

逆向定价法是指企业依据消费者能够接受的最终销售价格，考虑中间商的成本和利润后，逆向推算出中间商的批发价和生产企业的出厂价格。这种定价方法不以实际成本为主要依据，而是以市场需求作为定价的出发点，在考虑中间商利益的基础上力求使价格为消费者所接受。采用逆向定价法时，企业可以通过以下公式计算价格：

批发价 = 零售价格 ÷（1 + 零售商毛利率）

出厂价 = 批发价格 ÷（1 + 批发商毛利率）

也就是批发价是零售价格减去零售商的利润，出厂价是批发价减去批发商的利润。

例如，规格为500mL×6的精品黄酒市场价格为300元/箱，零售商毛利率为30%，批发商毛利率为10%，计算批发价与出厂价。

则经过逆向计算，可以得出

批发价 = 300 ÷（1 + 30%）= 230.77（元）

出厂价 = 230.77 ÷（1 + 10%）= 209.79（元）

利用逆向定价法制订的价格能够反映市场需求状况，有利于企业建立与中间商的良好合作关系，在保证中间商正常利益的基础上，使产品迅速向市场渗透，并可根据市场供应情况及时调整，定价方式比较简单、灵活，逆向定价法比较适合于经销商定制酒。

三、竞争导向定价法

竞争导向定价法是一种主要以竞争者的价格为定价依据，而相对不注重成本和需求因素的定价方法。

（一）随行就市定价法

这是最常见的一种竞争导向定价法，它以本行业的平均价格水平作为企业的定价标准。这种方法适合那些类似于在完全竞争市场中销售的商品。另外，对于那些很难估计其价格与需求量之间关系的产品，“随行就市”集中了行业现有的经验，可以在很大程度上规避定价风险。同时，采用这一定价方法还可以避免行业内的互相竞争、排挤，这对竞争能力弱的中小企业十分有利。在现实经济环境里，黄酒低档产品如玻璃瓶皇冠盖简易包装、塑料桶装酒与袋装酒大多采用这种按市场差不多规格与包装的产品进行随行就市定价。

（二）竞争价格定价法

竞争价格定价法，即根据本企业产品的实际情况及与竞争对手的产品的差异状况来确定价格。这是一种主动竞争的定价方法，一般为实力雄厚或产品独具特色的企业所采用。定价时，首先，企业将市场上竞争产品价格与企业估算价格进行比较，分为高于、等于、低于三种价格层次；其次，将本企业产品的性能、质量、成本、产量等与竞争产品进行比较，分析造成价格差异的原因；最后，根据以上综合指标确定本企业产品的特色、优势及市场地位，在此基础上，按定价所要达到的目标，确定产品价格，跟踪竞争产品的价格变化，及时分析原因，相应调整本企业产品的价格。

四、其他价格定价法

1. 折扣和折让定价

折扣和折让定价是指在定价过程中，企业可先定出一个基础价格，然后再用各种折扣和折让来刺激购买者，以促进销售。常用的折扣和折让定价主要有以下几种形式：现金折扣、数量折扣、季节折扣、折让等。现金折扣最简单，即付款时减价；数量折扣一般针对经销商，如“十送一”“百送十五”等，当然也有直接数量折扣的；季节折扣是根据季节针对性较强的产品进行季节处理，如逢年过节专用包装酒，在外包装中有专用文字的，往往在过了这一特殊日期后，采用处理折扣处理；折让则是一种变相降价的方法，如空瓶换酒、空箱换酒等都是折让的一种。

2. 心理定价

心理定价是指企业在定价时，不但要考虑价格的经济作用，还要考虑顾客的心理作用，即利用顾客心理有意识地将产品价格定得高些或低些，以扩大销售。常见的心理定价策略包括炫耀定价、数字定价、心理暗示定价、价格阵线定价等。炫耀定价一般应用在礼品酒上，以高价来显示礼品的厚重；数字定价是根据中国人喜好吉利数字而定的价格，如 18、28、58、68、88 元等，也有利用心理作用定价为 6. 89、6. 99、9. 99 元等不让其出现下一整数，貌似便宜；心理暗示定价是根据消费者平时熟悉的价格，反其意而用之，如平时一瓶三年陈黄酒是 10 元，你的产品出来后，竟然是 20 元，肯定有特别过人之处，会有消费者来仔细瞧瞧，达到推广产品的目的。当然也可以定比消费者心理价位更低的价格，以吸引日常饮酒人群，但易引起消费者产生产品不一定好的心理遐想。

3. 促销定价

为了达到不同的促销目的，企业可以使用促销定价方法，暂时为产品制订低于标准价格、有时甚至低于成本的价格。促销定价一般有两种情况，一是新品上市，为让消费者有机会了解本产品而定出的超低价格，吸引消费者去尝试；二是节日期间采用低于平时的销售价格进行促销，以扩大销量。促销结束后，回归原价。单一产品多次促销会影响正常销售，企业促销一定要在不同时期用不同产品进行促销，以保证平时的正常销售。

4. 政策定价

国家和地方一些法律、法规、标准的出台，企业的产品价格要立即响应跟进。如国家刚开始实行质量安全 QS 认证时，第一批获认证的企业，需要马上提价，以示自己的酒的卫生质量安全比别人的要好，且多数时候能立竿见影收到效果。如行业“烹饪酒”标准出台，一些企业立即响应，生产不同香料的料酒，以不同的价格进行销售，很好地迎合了消费者的不同消费需求，同时，大大减弱了不同阶层消费者选择时的困惑，此时不同阶层的消费者只需要依照价格对应选择符合自己阶层的产品就好，大大改善了原来料酒是低档酒的价值与形象。

五、价格变动与价格战

黄酒企业不可能跳出社会这个变幻莫测的大环境，为了生存和发展，企业有时候需要主动降价或提价，有时候又需要对竞争者的价格变动做出适当的反应，甚至激烈的反应，以保持自己企业产品在市场上的份额。于是在你来我往的价格变动中，出现了“价格战”也是常有的事。

在现代市场经济条件下，激烈的市场竞争会促使企业不断做出降价与提价的价格策略。成本优势明显、生产能力过剩、产品竞争激烈、宏观经济衰退、促销需要等原因，都可能让企业做出降价决策，来保证市场的占有率。而因为某产品供不应求、通货膨胀物价上涨、降低价格折扣、产品指标变化等原因，会让企业做出提价的决策。

但事物都不是绝对的，企业在实施降价策略时，必须注意降价有可能给企业营销带来的负面影响：降价有可能被顾客误解为由于企业产品质量低所致；降价有可能提升企业的市场占有率，但肯定不能带来企业顾客忠诚度的提高，企业不能因此陷入“脆弱的市场占有率误区”；降价容易导致竞争者的激烈对抗，使企业陷入不能回头的“价格战”。

而企业如果使用提价策略时，必须注意突出本产品与同类产品的差异性，以提高消费者的关注度；提价能给企业带来收益，提高产品利润率，但肯定不能让顾客的满意度提高，企业不能因提价而陷入“利润最大化的陷阱”；提价容易导致竞争对手钻空子，挤占市场份额。所以说，无论是降价还是提价都要以市场为基础，以消费需求为目标，采用不同的营销策略，达到企业扩大市场、提升利润的目的。

在降价与提价的价格变动过程中，要注意消费者对产品价格变动的反应；注意竞争对手对产品价格变动的反应，估计和了解竞争对手会做出的反制对策；本企业也应对竞争对手的价格变动进行应对。而应对的主要情况是竞争对手降价后如何应对。面对竞争者的价格变动，企业最好的反应应该是适时、适地以及适度地进行反击。

面对竞争者的价格变动，企业不可能花很长时间来分析自己应采取什么对策。事实上，竞争者很可能花了大量的时间来准备价格变动，而企业又必须在数小时或几天内明确果断地做出明智反应。对企业来说，缩短价格反应时间的唯一途径是，由企业的营销部门或专门的机构来研判和预测竞争者可能的价格变动，并预先准备适当的对策。

面对竞争者的降价行为，企业可以利用图 4-5 所示的价格反应程序来应对。

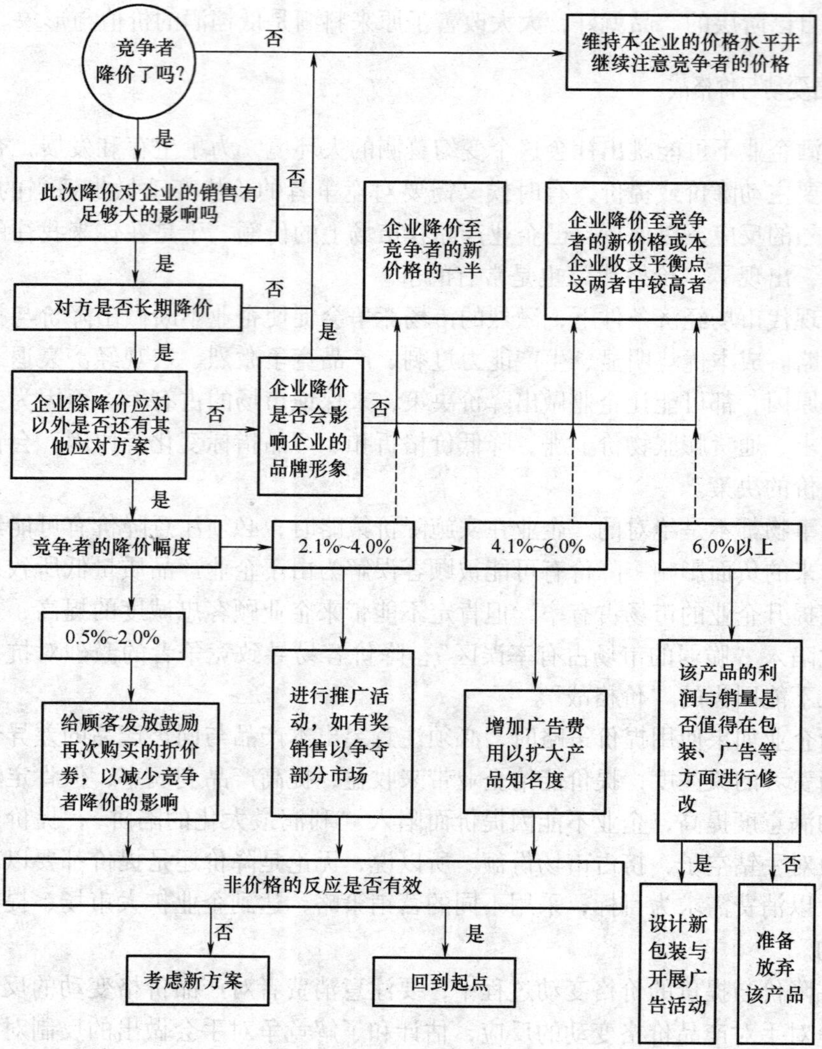

图4-5 价格反应程序示意图

第三节 黄酒渠道策略

前面学的是如何为市场提供消费者喜欢的黄酒产品及这些黄酒产品的定价策略。那么，企业生产的这些黄酒应该在什么地方销售呢？现在用“渠道”一词，来对黄酒的销售进行实施与管理。

渠道是引水工程，关系到千家万户的生活和庄稼的收成。用渠道一词来作为黄酒产品从生产车间到消费者手中的流通过程，是最贴切不过的了。由于生产者同消费者之间存在着时间、地点、数量和所有权等方面的差异和矛盾，只有克服这些差异和矛盾，才能在适当时间、适当地点，按适当数量和价格，把产品从生产者转移到消费者手中。因此，在市场营销过程中，黄酒产品营销一般有以下6种渠道：直销渠道、分销渠道、储运渠道、结算付款渠道、信息沟通渠道和广告促销渠道，这些统称为市场营销渠道。本节探讨的只是直销渠道与分销渠道。

一、黄酒的直销渠道

在一般的营销专业教材中，渠道销售特指分销渠道，但黄酒的营销与其他商品的营销有所不同，其根本不同点是黄酒企业中小企业多，尤其是小企业多是其行业的一大特点。而这些小企业生产量小，企业员工少，产品往往销在本地，一般称为地产酒。这些小企业大多老板亲自跑终端小店，甚至直接送货到消费者的家门。直销是其主要的营销方式之一。当然，直销形式许多大企业也在用，且更现代，如网络销售、电话推销等。

（一）直销方式的特点

直销区别于其他营销方式的主要特点如下。

（1）目标顾客选择更精确　直销的人员可以从了解的消费者名录及掌握的有关信息中，选出有可能成为自己顾客的人作为目标客户，然后与单个目标客户或特定的终端零售客户进行直接交流，从而使销售目标更准确，沟通时更具有针对性。

（2）强调与顾客的关系　直销活动中，直销人员可根据每一个顾客的小需求和消费习惯进行有针对性的营销活动。如自己知道这位顾客喜欢饮用低糖分的元红酒，那位顾客喜欢有甜味的封缸酒；这位顾客喜欢酒精度高一点的，慢慢饮用，那位顾客好酒，但量不大，喜欢酒精度低一点的清爽型黄酒等，这将形成销售人员与顾客间一对一的双向沟通，将与顾客形成并保持良好的关系。直销人员的职责是使这些消费者的家中，永远不缺黄酒。

（3）激励顾客立即反应　采用直销方式的企业，没有足够的资金进入媒体做广告，但他们也知道广告的作用，往往通过张贴价格低廉的小广告，告知顾客能为他们提供尽可能的方便，使人性化的直接沟通即刻实现。

（4）营销战略的隐蔽性　直销战略不是大张旗鼓地进行的，因此不易被竞争对手察觉，因为直销广告和销售是同时进行的。

（二）直销的种类

现在，随着信息技术的快速发展，直销形式得到了空前的发展，其形式不再局限于邮购活动。随着电话、电视以及互联网等许多媒体的出现，直销形式变得越来越丰富，常见的直销形式主要有以下几种。

（1）直接邮寄营销　营销人员把信函、样品或者广告直接寄给目标顾客的营销活动。目标顾客的名单可以租用、购买或者与无竞争关系的其他企业相互交换。

（2）目录营销　营销人员给目标顾客邮寄黄酒品种目录，或者备有目录随时供顾客索取。

（3）电话营销　营销人员通过电话向目标顾客进行营销活动。电话的普及使消费者更愿意接受这一形式。现在许多消费者通过电话询问有关产品或服务的信息，并进行购买活动，更多的是直销人员通过自己掌握的目标客户，直接进行产品介绍，以便于客户快速订货。

（4）电视营销　营销人员通过在电视上介绍产品，或赞助某个推销商品的专题节目，开展营销活动。在我国，电视是最普及的媒体，电视频道也较多，许多企业已开始在电视上进行营销活动。

（5）网络营销　营销人员通过互联网、传真等电子通信手段开展营销活动。只要有专人负责网络营销，网上销售是受制约最少的直销模式。

上述几种直销方式可以单一运用，也可以结合运用。

在我国，黄酒直销是一个传统，以前的“前店后坊”，是最为典型的直销渠道模式，现在的地产地销也大多借用并提升了这一模式。目前，黄酒直销的主要形式为直接送货上门、物流快递营销和网上营销等。一些企业通过现代直销渠道，将本来外地无人知晓的产品，推广到了整个黄酒市场。

（1）随着我国消费者收入水平的不断提高，生活节奏的加快，工作压力的加重，需求层次向上转移，消费者对闲暇时间更加珍惜，消费观念和生活方式正在悄悄发生变化。尤其是近年来，淘宝带动下的网络购物，逐渐成为直销渠道的主渠道。

（2）黄酒企业网络直销做得并不好，主要还是依靠网络运营商进行产品销售。企业自己直销的也有不少，但起步较晚，目前整体直销效果还没有完全体现出来。借鉴国内外著名的直销企业，像戴尔计算机公司、中国书店的直销模式，有助于消费者改变对直销的偏见。

（3）全国范围的金融结算系统和信用系统已初步形成，这对长期困扰企业和消费者的购物支付问题提供了安全与便捷的保障。

（4）电话的普及，尤其是智能电话的广泛使用，为黄酒消费者对直销方式做出反应提供了极大的便利。

（5）直销无须高昂的广告费用和庞大的库存，为小而散的黄酒企业探索节省资金的零售方式提供了契机。

现代营销理论中，也把直销渠道划入分销渠道中的“零级渠道”或“零价渠道”。也有人将其称为“短渠道”，以便于与分销的多级的长渠道相对应。

二、分销渠道

（一）分销渠道的概念

分销渠道，是指某种产品和服务在从生产者向顾客转移的过程中，所有转手经营过这种产品的企业和个人。黄酒的分销渠道就是，黄酒从生产企业到消费者手中，这一过程中所有的经销单位与经销商。因此，企业要完成黄酒产品的销售，最重要的是要确定产品的分销渠道，实现产品从生产企业到消费者的转移。分销渠道是目前黄酒生产企业所选择的黄酒产品主要的营销渠道。

从流通的角度出发，营销渠道被定义为帮助产品从生产者手中转移到购买者手中所经过的各种通道。营销渠道的起点是生产者，终点是个人消费者或用户。在一般情况下，产品的转移要中间环节的帮助，这个中间环节包括各种批发商、零售商以及其他各种商业中介机构。也就是说，营销渠道包括产供销整个过程中所涉及的所有企业和个人，不但包括生产者和最终消费者，还包括资源供应商和市场营销中介。

黄酒市场营销中介一般包括以下三种。

（1）经销商　指取得酒类经营产品或服务的所有权的企业或个人。

（2）代理商　指未取得酒类产品或服务的所有权，却能帮助转移所有权的企业或个人，如物流公司、运输单位与个体运输者。

（3）辅助商　指不直接经营产品或服务，起便利交换和物质分配的作用的机构，如酒仓库租用业主、酒类展览会承办方与会馆等。

（二）分销渠道的意义

分销渠道策略是营销组合中不可分割的重要组成部分之一。因为，即便企业生产出了高质量的黄酒产品，绞尽脑汁地设定了定价和诱人的广告，都不是其最终目的，企业所做的一切都是为了把黄酒卖给顾客，从而获得经济利益。分销渠道策略的正确和有效，都将有利于企业营销目标的实现。

分销渠道的意义包括如下。

（1）分销渠道是保证企业再生产过程顺利进行的前提。企业生产的产品，不仅要能符合目标消费群体的需要，还要能及时地销售出去，实现产品的价值，从而保证企业生产的正常顺利进行。

（2）有效的分销渠道有助于信息的反馈、资金的回笼及经济效益的提高。企业合理地选择分销渠道，能加快产品的流通速度，加速资金的周转，从而提高企业的经济效益。

（3）建立和管理好分销渠道，有利于企业获得良好的竞争优势。分销渠道畅通了，目标顾客买到了自己喜爱的产品，需求才能满足。一个良好的分销渠道可以在成本、特色上为企业创造竞争优势。

（4）分销商的存在使市场交易简单化、秩序化，从而可以节省社会交易成本。利用分销商可以减少企业的分销工作量，从而有效地节省企业的分销成本。

（三）分销渠道的类型

分销渠道可以按照不同的标准，从不同的角度进行划分。不同的渠道类型，其渠道形式也不同。

按商品在流通过程中有无中间商参加，可以把分销渠道划分为直接分销渠道、间接分销渠道和综合分销渠道。

1. 直接分销渠道

直接分销渠道是指没有中间商参与，产品直接由生产者（制造商）销售给消费者（客户）的渠道类型。也就是前面所说的直销。目前酒类直销比较流行的是通过一些电商平台进行销售，如淘宝网、京东网以及酒仙网等，但需要注意的是淘宝网、京东网等属于综合类的销售平台，而酒仙网等属于专业类的销售平台。两类平台各有优缺点，综合类销售平台拥有专业类销售平台无法比拟的客流量，但产品保真程度和顾客忠诚度却不够高，而专业类销售平台尽管产品保真程度和顾客忠诚度很高，但限于产品类别单一，客流量较少。因此，酒企业在选择时需要考虑这些优缺点。各平台决策者也意识到了这些优缺点的存在，正在想办法解决，比如，京东网和酒仙网的融合，就是结合了二者的优点，尽管效果有待观察。

直销渠道的优点是：商品在流通过程中是直接由生产者销售给消费者的，不经过中间环节，可以减少产品因损耗、变质造成的损失，降低流通费用；直销渠道的缺点是：生产者在产品销售上需要花费一定的人力、物力和财力，销售范围受到一定的限制。

2. 间接分销渠道

间接分销渠道是指生产企业通过各种不同的中间商把产品销售给最终消费者或用户，有一级或多级中间商参与，产品经由一个或多个商业环节销售给消费者的渠道类型。间接分销渠道是消费品销售的主要方式，与直接分销渠道相比，间接分销渠道是较长的销售渠道，其主要优点表现在：中间商的介入，减少生产者的交易次数，不仅可以使生产者集中精力搞好生产，而且可以扩大产品的流通范围，促进产品的销售，同时，还能更好地为消费者提供购买便利。其不足主要表现在：由于中间商的介入，生产者和消费者不能直接沟通信息，生产者不易准确掌握消费者的需求，难以为消费者提供完善的服务，消费者不易了解生产者的产品供应情况和产品的性能特点，零售价格因多级经销商的分级经营会比直接分销的价格高。

3. 综合分销渠道

随着企业营销活动的更新，在实际的渠道运作过程中，出现了将渠道成员通过一体化整合形成的综合分销渠道系统，这种分销渠道正为越来越多的企业所采用。综合分销渠道是指将直销、分销结合起来进行整合，在同一目标市场提供两种或两种以上的分销渠道，并在产品品种与价格上与所有渠道的成员进行沟通，形成综合分销。如某产品的花雕酒，可以在传统的百货商场上买到，同样可以在现代的超市中买到，也可以在企业的专卖店中、网店中买到。

综合分销渠道，拓宽了顾客接触面，会增加购买量，同时降低了企业对某类中间商的过度依赖，从而在定价等方面会拥有更大的权力。然而，综合分销渠道也会存在一些问题，尤其表现在线上和线下渠道之间，一是渠道搭便车行为。比如线下的经销商投入了大量宣传费用，而线上的经销商并未进行宣传，此时会出现这样的情况，顾客从投入宣传费用的线下经销商那里知晓了这些产品，并详细了解了产品特点，购买时却选择从未进行宣传活动的线上经销商进行购买。这样，投入宣传费用的线下经销商由于未投入宣传费用的线上经销商的“搭便车”行为而积极性受到挫伤。二是企业和经销商间可能存在认知差异。比如黄酒企业建立线上渠道，目的是为了扩大市场，使那些原本不了解黄酒或者只在线上渠道上购买产品的顾客能够买得到黄酒，认为并不会影响其经销商的销售。而经销商可能并不这么认为，他们会认为该黄酒企业是在争夺原本属于他们的生意。三是企业和经销商目标冲突。比如当线上渠道售卖产品相比较线下渠道能获得更高毛利时，企业会倾向于通过引导顾客线上渠道购买来实现利润最大化，这就与经销商的目标相冲突。

对于这些问题，作为黄酒企业可以应用以下几个对策。

（1）线上直销，但给传统经销商提供一些线上直销所没有的优惠；

（2）线上和线下销售的产品实行差异化，即线上销售的产品线下不能销售，而线下销售的产品线上不能销售。这个对策既一定程度上减少了渠道搭便车行为，又避免了顾客在不同渠道间的价格对比。

（3）一定程度上与传统经销商分享销售成果。比如，黄酒企业在线上渠道销售时如果自己送货，那么成本会较高，可以与各个区域传统经销商建立电子化流程订单对接，即黄酒企业线上负责接单，然后将订单信息发送给对应的区域的传统经销商进行送货，并给他们一定的佣金。

（四）分销渠道的设计

1. 分销渠道设计原则

企业在设计具体的分销渠道时，无论出于何种考虑，从何处着手，一般都要遵循以下原则。

（1）畅通高效的原则　这是分销渠道选择的首要原则。任何正确的渠道决策都应符合物流通畅、经济高效的要求。商品的流通时间、流通速度、流通费用是衡量分销效率的重要标志。畅通高效的分销渠道应以消费者需求为导向，将产品尽快、尽早地通过最短的路线，以较好的质量和尽可能优惠的价格送达消费者方便购买的地点，不仅要让消费者能在适当的地点、时间以合理的价格买到满意的商品，而且应努力提高企业的分销效率，降低分销费用，以尽可能降低分销成本，获得最大的经济效益，赢得竞争的时间和价格优势。

（2）覆盖适度的原则　企业在选择分销渠道时，仅仅考虑加快速度、降低费用是不够的。还应考虑及时准确送达的商品能不能销售出去，是否有较高的市场占有率足以覆盖目标市场。因此，不能一味强调降低分销成本，这样可能导致销售量下降、市场覆盖率不足的后果。同时，在分销渠道的选择中，也应避免扩张过度、分布范围过宽过广，以免造成沟通和服务的困难，导致无法控制和管理目标市场。

（3）稳定可控的原则　企业的分销渠道一经确定，便需花费相当大的人力、物力、财力去建立和巩固，整个过程往往是复杂而缓慢的。所以，企业一般轻易不会更换渠道成员，更不会随意转换渠道模式。只有保持渠道的相对稳定，才能进一步提高渠道的效益。但由于影响分销渠道的各个因素总是在不断变化的，一些原来固有的分销渠道难免会出现某些不合理的问题，这时，就需要对分销渠道加以调整，以适应市场的新情况、新变化，保持渠道的适应力和生命力。在进行渠道调整时，企业应综合考虑各个因素的协调，使渠道始终都在可控制的范围内，并保持基本的稳定状态。

（4）协调平衡的原则　企业在选择、管理分销渠道时，不能只追求自身的效益最大化而忽略其他渠道成员的局部利益，应合理分配各个渠道成员之间的利益，在黄酒营销界中有这样一句名话“先让经销商赚钱，你才能赚到钱”，说的就是要首先考虑渠道成员的利益，有效地引导渠道成员充分合作，鼓励渠道成员之间有益的竞争，减少冲突发生的可能性，解决渠道成员之间的矛盾，确保企业总体目标的实现。

（5）发挥优势的原则　企业在选择分销渠道模式时为了争取在竞争中处于优势地位，要注意发挥自已各方面的优势，将分销渠道模式的设计与企业的产品策略、价格策略、促销策略结合起来，增强营销组合的整体优势。

2. 分销渠道设立

分销渠道的设立包括选择最佳的渠道模式，确定每一层次所需的中间商的数目、中间商的类型以及渠道成员的权利与责任等。

（1）分销渠道选择　如前所述，直接分销渠道与间接分销渠道各有利弊，各有适用条件和范围。企业在选择时，必须对产品、市场、企业的营销能力、控制渠道的要求、财务状况等方面进行综合分析。一般情况下，小型或大型黄酒生产企业可选择直销渠道。小型企业因人力不足，销售半径小，可直接进行产品销售。大型企业人力、物力、财力都能得到保证，可以选择目标市场，然后集中直销，会收到比分销更好的效果。而大部分黄酒生产中型企业适合采用间接分销渠道。另外，在进行直接分销渠道和间接分销渠道的选择时，还必须对生产企业的营销能力、财务状况、对渠道的控制要求等进行综合考虑，如有的产品适合采用直接分销渠道策略，但生产企业销售力量太弱，或者存在财务困难，也不得不选择间接分销渠道策略。

（2）分销成员选择　分销渠道中根据不同层次使用的中间经销商数目会有多有少，中间商数目越多，分销渠道范围越广。企业通过多个批发商和零售商将其产品在广泛的市场上进行销售，就要对渠道的分销成员进行选择，主要取决于成员对企业产品的兴趣感、忠诚度和分销能力，然后决定是密集分销、选择分销还是独家分销。

①密集分销：指生产企业通过尽可能多的批发商、零售商为其推销产品，使渠道尽可能密集。密集分销策略的主要目标是扩大市场覆盖面或快速进入一个新的市场。在密集分销中，凡是符合生产商的最低信用标准的渠道成员都可以参与

其产品或服务的分销。所以，密集分销意味着渠道成员之间的激烈竞争和很高的产品市场覆盖率。采用这种策略能够最大限度地便利消费者，有利于广泛占领市场，及时销售产品。密集分销的不足之处在于：优质经销商数目总是有限的，要及时对经销商的销售网络等进行评价，以便及时发现其中的障碍；在某一市场区域内，经销商之间的竞争会造成销售努力的浪费，因为密集分销加剧了经销商之间的竞争，他们对生产商的忠诚度降低了，价格竞争更激烈了。黄酒产品为开发一个新市场，或上市一个新产品，往往适合采用密集分销策略。前提是你的产品足以引起经销商的兴趣。

②选择分销：指生产企业在某一地区仅通过几个精心挑选的、最合适的中间商推销商品。这种策略的出发点是，着眼于维护本企业产品在该地区的良好信誉，巩固企业的市场地位。与密集分销策略相比，选择分销策略既有利于中间商努力提高服务质量，也有利于生产商根据市场需要在必要时调整渠道，且生产企业不必花太多的精力联系为数众多的中间商，能够更好地与中间商建立良好的合作关系，还可以获得适当的市场覆盖面。采用选择分销策略时，常见的问题是如何确定经销商区域重叠的程度。因为，一定的市场重叠率会方便顾客的选购，但也会在零售商之间造成一些冲突，而低重叠率则会增加经销商的忠诚度，但也降了顾客的方便性。通常，黄酒产品在一个市场上销售一定时间后，根据销售实际绩效，在合同协议到期前夕，适合采用选择分销策略。

③独家分销：指生产企业在一定地区、一定时间只选择一家中间商销售自己的产品。独家分销策略的特点是竞争程度低，一般情况下，只有当公司想要与中间商建立长久而密切的关系时才会采用独家分销策略。因为它比其他任何形式的分销更需要企业与经销商之间更多的联合与合作，其成功是相互依存的。对中间商来说，独家分销可以使其得到庇护，避免与其他竞争对手作战的风险，还可以不必担心生产企业另谋高就，与其他中间商合作，以没有后顾之忧地增加销售开支和人员以扩大自己的业务。对生产企业来说，独家分销策略可以使其在销售价格、促销活动、信用和各种服务等方面，对中间商加以控制，并赢得中间商强有力的销售支持。独家分销策略的不足之处在于：由于缺乏竞争，可能导致中间商的销售力量减弱，且因为中间商在市场中占据了垄断性位置，生产企业可能在较大程度上依赖中间商，失去主动权。对顾客来说，独家分销也可能使他们在购买地点的选择上感到不方便。独家分销策略比较适用于黄酒中小企业，品牌知名度不是很高，希望通过经销商在当地的分销优势，将自已的产品销往这一目标市场。如果选择得当，产品铺市会很快，铺市率也会较高，能加快实现产品铺市的目的。如果选择不当，则经销商会有“客大欺行”的行为，漫天要铺货费用，实际又独家不独销，企业的目标市场铺货达不到目的。

分销渠道设立时，一定要考虑这些因素，使产品进入目标市场，或产品上市后收到良好的消费效果。

(五) 分销渠道的管理

分销渠道设立后，良好的渠道管理是企业产品销售经久不衰的根本原因。渠道管理一般包括对渠道成员（经销商）的协助、激励、评估和调整。

1. 协助

生产企业为了协助渠道成员提高为顾客服务的质量，促进产品的销售，除了必须保证产品的整体质量良好以外，还应该向中间商提供以下具体协助。

(1) 加大广告宣传的力度　生产企业的广告宣传活动，往往最受中间商的欢迎。因为大量刊登广告的结果，是让产品能家喻户晓，从而使每一个中间商都受益。一般来说，黄酒的广告费多由生产企业负担，但某一地区在独家经销的情况下，生产企业往往也可以要求经销商共同负担。

(2) 加强销售、促销指导　企业营销人员要协助分销商搞好店面的产品陈列、设计新产品专柜或组织某些产品的展销活动，协助分销商主办黄酒品种的试饮、品尝等，帮助经销商训练销售人员和售后服务人员，进行促销指导，以及提供产品目录、产品样本和其他宣传材料等。

(3) 加快改善经销商的管理　供应企业可适当放宽本企业销售渠道内中间商的付款期限；增加给予经销商的折扣；为经销商提供免费咨询；邀请商店负责人访问生产商的公司所在地，加强与经销商的信息沟通；与经销商负责人经常交流，共同商讨提高产品质量和扩大销路的措施等。这些办法，既有利于经销商改善经营管理，又有利于生产企业提高自己的声望，扩大产品的销售量。

2. 激励

在分销渠道的管理中，激励渠道成员是最基本、最重要的内容，是生产企业为达成分销目标，推进渠道成员相互协作，最大限度地发挥促进产品销售作用的重要手段。生产企业为激发中间商的积极性，采用的方式主要有以下两种。

(1) 直接激励　直接激励指的是生产企业通过在物质或金钱上对中间商进行奖励，以肯定中间商在产品销售和市场经营方面取得的成绩，激发中间商的积极性，更好地实现生产企业销售目标。通常，生产企业为提高销量和盈利，刺激中间商的进货力度和付款力度，使不同区域市场的中间商展开竞争，往往设立专门的奖项，目前比较普遍的做法有返利和等级奖励两种。其中，返利又可以根据不同的目的，分设过程返利和销量返利。过程返利是一种直接对管理销售过程进行激励的方式，即根据中间商市场运作的规范性来进行奖励，使用的衡量指标一般包括中间商的铺货率、售点气氛、安全库存、销售区域的规范性、销售价格的规范性、专门销售的程度、配送的积极性及付款的及时性等。销量返利则是为了提高销售量和利润，直接刺激中间商的进货力度而设立的一种奖励，主要有有奖竞赛、进货奖励和定额返利等方式。

需要注意的是，直接激励的实质等同于变相降价，类似于一种短期销售行为，虽然可以提高中间商的经营利润，刺激其销售积极性，但在实施过程中也存在许多负面影响，易造成中间商之间的无序竞争，使产品市场价格混乱，甚至形成恶性循环，最终损害生产企业和中间商的长期共同利益。

（2）间接激励　间接激励的主要目的是提高中间商的经营效率，使生产企业与中间商建立长期稳定的合作伙伴关系，甚至建立利益共享的企业战略联盟，不断帮助中间商加强促销和销售管理，激发中间商的销售积极性。生产企业采用的间接激励方式是多种多样的，主要包括：给中间商提供广告费用补贴；随销售商品发送免费赠品或优惠券；帮助中间商建立数据库系统，加强库存与销售管理；培训中间商的销售人员和管理人员；免费送货上门，减轻中间商的运输成本；给中间商提提供资金支持等。

3. 评估

生产企业要对渠道成员的工作业绩进行定期评估，以及时了解分销渠道的基本情况，发现分销渠道中可能存在的问题，保证营销活动的顺利进行。生产企业评估渠道成员时，评估的标准一般包括销售指标的完成情况、平均存货水平、产品送达时间、服务水平、产品的市场覆盖程度、对损耗品的处理情况、促销和培训计划的合作情况、货款返回情况、信息的反馈程度等。其中，一定时期内各中间商实现的销售额是评估的一项重要指标，生产企业可将同类中间商的销售业绩分别列表排名，以促进落后者进步，领先者努力保持成绩。需要指出的是，由于中间商处于不同的市场环境，各自的实力、规模、商品经营结构和不同时期的重点不同，可能会导致销售额列表排名评估不够客观。因此，正确评估销售业绩，应在对经销商的销售额进行横向比较的同时，辅以另外两种比较：一是将经销商的销售业绩与前期进行比较；二是根据每一经销商所处的市场环境及销售实力，分别制订出其可能实现的销售额，再将其销售额实绩与定额进行比较。

4. 调整

随着消费者购买方式的变化、市场的扩大或缩小、新的分销渠道的出现、产品的市场生命周期的更替，企业的分销渠道也需要加以修改和调整。通常，调整分销渠道的方式有增减渠道成员、增减分销渠道、变动分销系统等几方面。

上述调整方式，增减渠道成员属于结构性调整，立足于增加或减少原有分销渠道的某些中间层次或具体的中间商。增减分销渠道和变动分销系统，属于功能性调整，立足于将分销工作在一条或多条渠道的成员之间重新分配。

总之，企业的现有分销渠道是否需要进行调整，调整到什么程度，主要取决于分销渠道和分销任务是否平衡，如果矛盾突出，就要通过调整解决问题，恢复平衡。否则，便没有必要经常进行调整。

第四节　黄酒促销策略

促销策略是市场营销的一个重要内容，是现代营销的关键。在现代营销环境中，企业仅有一流的产品、合理的价格、畅通的销售渠道是远远不够的，还需要有一流的促销。市场竞争是产品的竞争、价格的竞争，更是促销的竞争。企业的营销力特别体现在企业的促销能力方面。

一、促销的概念

促销是促进产品销售的简称，指企业通过人员和非人员的方式，沟通企业与消费者之间的信息，引发、刺激消费者的消费欲望和兴趣，使其产生购买行为的活动。促销具有以下几层含义。

(1) 促销的外表是沟通信息。一方面，企业作为商品的供应者或卖方，可以通过广告传递有关企业及产品的信息，通过各种营业推广方式加深顾客对产品的了解、注意和兴趣，进而促使其购买。可以通过各种公共关系手段改善企业及产品在公众心目中的形象，还可以派推销员面对面地说服顾客购买产品。也就是说，企业可采取多种方式来加强与顾客之间的信息沟通。另一方面，在促销过程中，作为买方的消费者，又把对企业及产品或服务的认识和需求动向反馈给企业，促使企业根据市场需求进行生产。由此可见，促销的信息沟通不是单向式沟通，而是一种由卖方到买方和由买方到卖方的不断循环的双向式沟通。

(2) 促销的实质是引发、刺激消费者产生购买行为。在消费者可支配收入既定的条件下，消费者是否产生购买行为主要取决于消费者的购买欲望，而消费者购买欲望又与外界的刺激、诱导密不可分。促销正是针对这一特点，通过各种传播方式把产品信息传递给消费者，以激发其购买欲望，促使其产生购买行为。

(3) 促销的方式有人员促销和非人员促销。人员促销也称直接促销，是企业通过推销人员向消费者推销商品或服务的一种促销活动。它主要适合于在消费者数量少、比较集中的情况下进行促销。非人员促销又称间接促销，是企业通过一定的媒体或活动，传递产品或服务等有关信息，以促使消费者产生购买欲望，发生购买行为的一系列促销方式，包括广告、公关和销售促进等。它适用于消费者数量多、比较分散的情况。通常，企业在促销活动中将人员促销和非人员促销结合运用。

二、促销的作用

在现代市场营销活动中，促销的作用已经不仅仅是单纯的推销产品了。归纳起来，促销主要有以下 4 个方面的作用。

(1) 传递信息　一种产品在进入市场之前，甚至在进入市场以后，企业为了让更多的消费者了解这种产品，需要通过适当的促销手段，向消费者和中间商传递有关企业及产品的信息，以引起他们的广泛注意。同时，中间商也要向顾客介绍商品、传递信息，以吸引更多的消费者。

(2) 激发需求　商品进入市场之后，一定的促销活动，不仅让消费者了解了产品或服务，另外容易使消费者对其产生偏爱，从而激发消费者需求，甚至可以创造需求。随着经济发展和人民生活水平的提高，人们生存、发展需要的内容和范围也在不断扩展，从而形成不断发展的潜在需求。促销提供满足消费者生存和发展需要的承诺，从而唤起消费者的购买欲望，创造出新的消费需求。

（3）突出特点　在同类产品竞争比较激烈的市场上，由于商品繁多，彼此之间差异细微，消费者的辨认和选择就显得很困难。企业通过适当的促销活动，可以突出宣传本企业产品区别于同类竞争产品的特点，展示产品能给顾客提供的满足程度及物超所值，使消费者加深对本企业产品的了解和信任，感受到购买其产品在满足需求的同时能够带来特殊利益。

（4）扩大销售　由于市场竞争日益激烈和企业自身的各种因素，使得企业各期的销售量呈曲线式波动，有时甚至产生持续下滑的趋势。为了拓展市场规模，达到稳定和扩大销售的目的，企业仅有质量上乘的产品和通畅的流通渠道是不够的，还必须通过有效的促销活动建立起企业和产品的良好形象，使消费者产生偏爱，从而促进购买，起到扩大销售、提高企业市场占有率的作用。

三、促销方式

（一）常用促销方式与促销元素

促销的方式主要可概括为 4 种，即广告、人员推销、营业推广和公关宣传。但企业在运用促销方式时，一般不单独使用某种促销方式，而是组合起来进行促销推广，习惯称作促销组合。

表 4－3 所示为 4 种主要促销方式的常用元素。

表 4－3　　4 种主要促销方式的常用元素

广告	人员推销	营业推广	公关宣传
电视广告	产品展示	比赛、游戏	媒体报道
印刷广告	销售会议	抽奖、奖券	演讲
广播广告	奖励	免费样品	出版物
翻牌广告	样品	演示	研讨会
广告牌	拜访顾客	展示	公益活动
招牌	展览会	折价券	慈善捐款
外包装	导购	低息贷款	游说
随包装广告		招待会	年度报告
宣传手册		搭配商品	企业刊物
招贴和传单		奖励、赠品	标识宣传
企业名录		回扣	关系
视听材料		交易会	捐赠
标志图形			

企业在进行促销时可有针对性地选择数种，进行组合。必须以切合产品实际的促销方式、应用互相关联的元素、突出促销效果为目的进行落实。

表4－4所示为4种主要促销方式的优缺点比较。

表4－4 4种主要促销方式优缺点比较

促销方式	优点	缺点
广告	传播面广，速度快；形象生动，信息艺术化，吸引力强；可选择多种媒体；可重复多次使用	说服力较小；购买行为滞后；信息量有限；反馈较慢
人员推销	信息双向沟通，能及时反馈；信息传递的针对性较强；尤其适用于某些贵重品和特殊产品	成本高；受推销人员素质的制约；接触面太窄
营业推广	刺激快，吸引力大，短期效益明显；在改变消费行为方面非常有效；与其他促销工具有很好的协同作用	只能短期刺激；可能使顾客有顾虑和怀疑；可能损坏品牌形象；竞争对手容易模仿
公共关系	可提高企业知名度、美誉度和信赖度；可信度高；绝对成本低	见效较慢；难以取得媒体的合作；效果难以控制

表4－5所示为黄酒常用的促销组合，但不同企业在不同的时间、不同的地点、不同的场合促销方式是需要灵活运用的。

表4－5 黄酒常用的促销组合

促销组合	老产品扩大销量	新产品上市
广告为主	拓展目标市场，开发新市场	成熟市场，新市场
人员推广为主	寻找目标经销商，增加分销的密集度，检查终端陈列	帮助经销商铺市、宣传推广，张贴、分发宣传品
营业推广为主	商场、超市堆头导购，折扣，返利	组织品尝、买赠、免费饮用
公关宣传为主	团购，媒体软文，公益义卖、拍卖，以企业之名进行公益宣传	媒体软文，分发新品资料，试饮，有奖销售
综合组合	没有主次之分，多种元素综合比较后组合	

（二）影响促销效果的原因

酒类生产企业应该说促销是最多的，但一些企业往往是促销也做了，渠道也有了，但产品老是停留在一个水平上，没有大的突破。其实，促销要目标明确、产品适销、预算正确方能有效。所以，在进行产品促销前必须了解以下几种因素，避免事倍功半，甚至劳而无功。

1. 促销目标

促销的目标是通过向消费者宣传、诱导和提示，促进消费者产生购买动机，提振消费者的购买冲动，实现产品销售。不同企业在同一市场、同一企业在不同时期及不同市场环境下所进行的特定促销活动，都有其具体的促销目标。促销目标不同，促销组合必然有差异。例如，为了迅速增加销售量（扩大市场份额）与新产品上市（延长产品线）是两种不同的促销目标。前者强调近期效益，促销组合往往更多地选择使用广告和营业推广；后者则较注重长期效益，需要制订一个引起消费冲动的促销方案，促销组合往往选用试饮和买赠。

2. 产品属性

对于黄酒这种产品，其根本属性是一种含酒精的饮料，是一种快速消费品。消费者的购买动机一是出于嗜好，二是出于聚餐需要。所采用的促销组合，对有条件的企业来说，一般以广告促销为主，辅以其他促销手段。因为酒品的购买频率高，分布面广，顾客众多，而每一次的购买量又比较少，使用人员推销工作量大，费用高，因此广告的效果更为显著。

3. 产品的生命周期

在产品市场生命周期的不同阶段，所选择的促销手段也应有所不同。如在产品的培育期，扩大产品的知名度是企业的主要任务。在各种促销手段中，应以广告宣传为主，因为广告以其广泛的覆盖面，有可能在短时间内形成较好的品牌效应。而一旦产品进入热销期，单有广告就不够了，营业员和推销人员的积极推销，往往能更深入地宣传产品的特点，并能争取那些犹豫不决的购买者，迅速扩大产品的销量。在产品成熟期，为巩固产品的市场地位，积极的公共关系宣传并辅以一定的营业推广手段，往往能有效地巩固和扩大企业市场份额，增强企业的竞争优势。而产品到了滞销期，随着企业营销战略重点的转移，对于剩余的产品，一般应采取以营业推广为主的促销手段，以求迅速销售产品，回收资金，以投入新的产品的生产。

4. 市场状况

市场条件不同，促销组合和促销策略也有所不同。从市场地理范围大小来看，若促销对象是小规模的本地市场，应以人员推销为主；对广泛的大区市场，甚至全国市场进行促销，则应多采用广告形式。从市场类型来看，消费者多而分散的，主要采用广告等非人员推销形式；而对用户较少、批量购买、成交额较大的团购、批发市场，则主要采用人员推销形式。此外，在有竞争者的市场条件下，制订促销组合和促销策略时还应考虑竞争者的促销形式和策略，企业要有针对性地不断变换自己的促销组合和促销策略，方能立于不败之地。

5. 促销预算

企业开展促销活动，必然要支付一定的费用。费用是企业经营十分关心的问题，企业能够用于促销活动的费用总是有限的。因此，在满足促销目标的前提下，要做到效果好而费用省。企业确定的促销预算额应该是企业有能力负担的，并且是能够适应竞争需要的。为了避免盲目性，在匡算促销预算额时，除了考虑营业额的多少外，还应考虑促销目标的其他要求、产品市场生命等其他影响促销的因素。

（三）促销策略

1. 促销基本策略

企业运用广告宣传、人员推销、公关关系、营业推广四种基本促销方式组合成一个系统，使企业全部促销活动互相配合、协调一致，最大限度地发挥整体效果，从而顺利实现企业目标。一般而言，促销组合策略可分为“推式”和“拉式”两种策略。

（1）推式促销策略　即企业利用人员推销，以中间商为主要促销对象，把产品推入分销渠道，最终推向市场。这种推销策略要求人员针对不同顾客、不同产品采用相应的推销方法。常用的推式策略有示范推销法、走访销售法、网点销售法、服务推销法等。“推式”策略一般适合于：单位价值较高的产品；易于直销或市场比较集中的产品。黄酒产品中较为成熟的产品，销量比较大的产品，知名度较高的产品或高档产品，往往采用企业销售人员结合销售政策进行推式促销，如“返利”“按量折扣”等，通过刺激中间经销商而拉动销量。

（2）拉式促销策略　是指企业利用广告宣传、公共关系和营业推广等促销方式，以最终消费者为主要促销对象，设法激发消费者对产品的兴趣和需求冲动，促使消费者向中间商、中间商向制造商企业购买该产品。常用的拉式策略有会议促销法、广告促销法、代销、试销等。黄酒产品在拉式促销中做得较多的是会议促销、营业推广及较少的广告促销。其实广告促销是一个大概念，它可以是电视、广播、报纸等新闻媒体，也可以是张贴画、小广告纸分发等形式。在拉式促销的媒体新闻报道中，黄酒行业做得相当不够，以致让许多消费者不了解黄酒的特性与价值所在，严重影响黄酒在全国范围内的销售。在完善的市场经济环境中，像酒这样的嗜好品，新闻报道已经成为树立口碑的有力工具。在我国，企业产品的公关稿件已经占到了相当的比重，单是联想电脑一家，每月的媒体发布量已经超过50万字。通过“制造新闻”，引起各界的关注，拉动消费。

企业在促进产品销售过程中，究竟是实行“推式”策略还是“拉式”策略，需要根据企业具体情况而定。一般而言，应该两者兼顾，各有侧重。四种不同促销方式各有特点，在促销中相辅相成，使之互相配合，以达到最佳的宣传销售效果。

2. 人员推销策略

黄酒的促销策略一般也是按照促销方式进行的，只是以哪一种方式为主进行策划与实施。这里只讲述“人员推销”为主的促销策略和“营业推广”为主的促销策略。

因为黄酒生产企业目前或多或少都有自己的营销人员，如何利用现有的销售力量制订足有成效的促销策略是各酒厂最为关心的问题。因此，合理选用促销人员、有效的促销培训、积极的促销热情、多方位的促销方式、优秀的促销业绩及管理成为人员促销的主要内容。

(1) 选人　企业高效率的推销取决于拥有一支高素质的推销队伍。一般来说，优秀的推销人员需要具备以下素质。

①品质素养：对客户要诚恳、热情、谦恭有礼。具备全心全意为顾客服务的精神，要有高度的责任感，一言一行都必须为企业和消费者负责，绝对不允许损害企业形象的行为发生。遵纪守法，不假公济私，不铺张浪费。

②心理素质：一个优秀的推销人员必须具备良好的心理素质，主要包括：性格外向，推销人员宜由性格外向的人担任，有利于人与人之间的沟通接触。有容忍度，推销人员必须有一定的容忍度和耐心，才能胜任这项工作，因为被客户拒之门外的现象是屡见不鲜的。有坚强的毅力和上进心，只有那些具有坚强毅力和坚忍不拔精神的人，才能克服出乎意料、难以预见的困难，更好地完成推销任务。富有幽默感，幽默能使人打破僵局，摆脱困境，增加影响力，从而缩短谈判双方之间的距离。当然一个人不可能具备所有优秀的品质，如果有几点是符合要求的，就应该考虑。

③业务素质：选人时，不可能知道他的业务能力，但可了解与观察以下几点：洞察力是否敏锐，即对市场行情是否有高度的职业敏感性，具备科学的预测能力。是否具备丰富的学识，应当知识面广，学识渊博，要具备市场知识、顾客知识、产品知识和企业知识等。是否具有高超的社交能力，要学会说服，善于倾听，能够与各种性格的人友好相处。

④身体素质：必须具有健壮的体格和健全、灵活的大脑，从而保持旺盛的精力，并能适应各种交通工具。

⑤礼仪素质：要具有仪表、言谈、举止等方面的素质。仪表虽不能绝对反映一个人的内心世界，但作为一个推销员，必须注意仪表。推销员留给顾客的第一印象往往取决于推销员的外表，顾客喜欢仪表优雅、风度翩翩的推销员，而不喜欢不修边幅、形象邋遢的推销员。推销员在言谈方面，应做到语言表达准确，避免措辞含糊不清；注意使用规范语言，除特殊场合外，一般应讲普通话和官方语言；使用礼貌语言，杜绝粗野语言；语速适中、准确、规范，富于表现力。推销员在举止方面，应注意遵守一些基本的准则，如打招呼、问候应主动、热情、适当；谈话时态度关切、温和，坐态端正并稍向前倾，倾听认真、用心，切忌东张西望、心不在焉，回答问题时不要直接顶撞，需要否定对方意见时可用委婉语气；谈话时应不慌不忙，动作适度，站立时切忌双手倒背，交换名片时应双手呈递和双手接受，以示对对方的尊重，切忌不停眨眼、挖鼻孔、皱眉、咬嘴唇、搔头、挖耳朵、吐舌头、不停地看表、东张西望、皮笑肉不笑等。

（2）培训 培训内容要根据企业市场营销策略特点和推销人员实际情况来确定。概括地讲，推销人员的培训内容主要有：政治素质培训、企业知识培训、产品知识培训、市场知识培训、推销技巧、竞争对手的特点、目标顾客的特点等知识的培训。具体的培训内容要结合推销目标、推销人员的现有素质、企业的市场策略等因素来确定。

推销人员培训的方法可以分为集体训练和个人训练两种。集体训练的方法有专题教学和示范教学、分组研讨、职位角色互换演练等。个人训练的方法有在职实践训练、个别谈话、函授课程、学习工作手册或其他书面材料等。通过培训，推销人员在心态、知识、技巧和习惯等方面往往都会得到一定程度的改善。

对于推销人员的培训既要重视理论教学，又要重视现场实践教学，特别是要在有经验的优秀推销人员带领和指导下进行现场实习。

产品知识是推销人员必须完全掌握并熟记的知识，以便在任何时候、任何场合都能准确地回答客户和消费者的提问与咨询。黄酒推销人员的培训在产品知识上要注意以下几点：一是要认真了解黄酒的生产工艺，从原料、浸米、蒸饭、落缸、发酵、压榨、澄清到煎酒、后熟都要十分清楚，以便合理、准确地向客户、向消费者进行解释、说明。只有了解了工艺特点，才能讲清本企业产品与众不同之处，才能讲到点子上。二是要认真阅读，深刻领会黄酒国家标准及企业标准的相关条款，可以随时向客户解释产品的标准，甚至可以将自己企业中优于国家标准中的某些指标与客户重点说明，以激起客户的兴趣。三是要熟记各竞争品种的不同点，用不同点中的较差的指标与自己产品较高的指标进行对比，把自己企业中有的，而别的产品中没有的元素突出介绍，以此来提升自己产品的地位。最后，所有推销人员对本企业的产品介绍，都必须众口一词，彰显企业管理的精准，千万不能你说你的，我介绍我的，让一些喜欢了解的客户困惑。

（3）激励 人员推销的促销策略在实施中，为了让推销人员的潜力最大限度地发挥出来，企业往往要采用激励手段。激励手段应该在促销人员开始进行促销前便已经制订好，这样促销人员会根据激励中的要求进行强度选择与项目选择。在激励机制中，企业可以通过团队激励、个人目标激励、物质激励和精神激励等方式以提高推销人员的工作积极性。

①团队激励：团队激励主要是针对一个促销团队的工作质量进行的，包括促销成效、费用利润率等，但是在团队中更重要的是团队中有一个良好的工作氛围，团队成员能互相配合、精诚团结，上下沟通顺利，促销地域范围超过预期等。

②个人目标激励：个人目标激励是指团队内，每一个推销人员在促销前都确定拟达到的目标，以目标来激励销售人员的工作激情。主要目标包括团队内部的

合作，个人销售定额、毛利额、访问户数、新客户数、访问费用和货款回收。尤其是对超出目标的比例要给予比完成目标更大的奖励。

③物质激励：物质激励是指对取得优异成绩的推销人员给予晋级，发放奖金、奖品和额外报酬等，以此来调动推销人员的积极性。实践中，物质激励往往与目标激励结合起来使用。实践证明，物质激励对销售人员的激励作用最为强烈。有时决策者在促销期间根据促销的进程，会当着某些促销人员的面公开表明超额完成促销目标任务将“加薪晋级”，其刺激作用会更大。

④精神激励：精神激励是指对取得优异成绩的推销人员给予表扬、颁发奖状、授予称号等，以此来激励推销人员不断进取。对于多数销售人员来说，精神激励也是不可少的。尤其当物质方面的需要基本得到满足后，推销人员对精神方面的需要就会更强烈一些。比如企业在促销期结束的评比会上可设立“推销冠军”“推销状元”等，以满足推销人员在理想、成就、荣誉、尊敬等方面的精神需要。其实公司销售的主要领导在促销期间根据员工的表现及时当众给予诚心诚意的口头表扬，会收到意想不到的效果。当然“即时惩戒”的恐惧激励也不失为激励的一种有效方法。

（4）促销管理　对于人员推销的促销策略，在实施中要进行定额管理，不能促销政策、促销费用用尽，而销量没有大的改变。所以在促销期内就有专门的部门与人员对促销人员及促销进展进行管理，以求取得最大的成效。

促销管理中最重要的是要对促销目标进行分段分解，然后分段进行考核，既可以及时修正促销政策，又能及时鞭策促销人员的工作进度，还能及时发现促销过程中的问题，以便及时纠正。

要建立促销推销人员的定期报告制度和工作检查制度，及时了解促销推销人员的工作计划完成情况、销售收支情况和市场状况等。对促销推销人员应建立责任制，规定合理定额，并使之与推销人员的个人收入情况挂钩，超额完成则奖励，反之则处罚，以保证促销推销任务的完成。促销人员的考核要求中可以有促销人员的记事卡、销售工作报告、顾客的评价、内部员工的评价，促销计划完成率、毛利率、费用率、货款回收率、客户访问率、访问成功率等，根据促销前的安排，实实在在地进行考核与管理。

综上所述，黄酒的营销一般是按 4P 模式来进行的，虽然现在有人在提 4C（4C 是指消费者 Consumer、成本 Cost、便利 Convenience、沟通 Communication），并认为 4C 以消费者为导向。其实 4P 也是以消费者的需求为前提，通过考虑成本等进行价格设定，进行渠道分销，使消费者能便利购到产品，并通过促销，最大限度地与消费者进行沟通。两者并不矛盾，只是说法不同而已。

3. 营业推广

营业推广又称销售促进，是指能够迅速刺激需求，吸引消费者或中间商购买、经销、代理企业产品而采用的各种促销手段。其短期效益比较明显，其目的是扩大销售和刺激人气。营业推广的特点是：短期效益明显。相对于广告、公共关系，营业推广更适宜应用于完成短期具体目标。一般来说，只要采取的方式运用得当，其效果很快可以在经营活动中显示出来。

方式灵活多样，营业推广的特点：黄酒企业可以根据不同黄酒品种的特点，选择不同环境、场合灵活地运用。非周期性，典型的营业推广不像广告、人员推销、公共关系那样作为一种常规性的促销活动出现，而是用于短期的、辅助的促销工作，其着眼点在于适时地进行，因而是非规则性、非周期性地使用和出现。黄酒营业推广中最为常见和有效的就是“品尝促销”。

以下是营业推广中向消费者进行促销的具体方式。

（1）提供免费试饮　为了吸引顾客对产品的兴趣，提高产品的知名度，向顾客提供样品，免费试饮。这种方式适合推销新产品及开发新市场，是宣传新产品和开拓新市场的有效方法。通过与一些地区经销商访谈了解到，免费试饮并不总是好的，如果该地区的顾客对于某些黄酒品种的口感不适应，那么即便免费品尝，也会招致顾客不好的评价，影响推广效果。因此，建议黄酒企业在提供免费试饮活动前，尤其是在北方市场开展时，先找一些顾客试饮不同的黄酒品种，然后选择口感评价高的品种开展正式的免费试饮活动。

（2）附送赠品　为了推销某种产品，免费附送小礼物，以刺激顾客的购买欲望，往往用高档开瓶器、温酒器、酒壶之类的赠品。由于附送赠品是企业经常使用的促销手段，因此，有必要对附送赠品时的常见误区以及一些可行性建议进行阐述。

附送赠品促销时需避免几个常见误区。

①赠品过多，或者贵：赠品较多时，会降低顾客对原有产品的价值感知，甚至对产品品质产生不必要的怀疑，认为产品之所以价格高，只是包装好而已，其实成本很低。赠品较贵时，操作成本较高，会“喧宾夺主”，甚至一些经销商有可能抢先私吞，最后赠品落不到顾客手里。

②赠品和产品间毫不相干：如果赠品不能与产品本身的特点结合，不能形成有效的互动，那么赠品对于销量的提升可能是短期内的。

③赠品和产品对应的定位人群偏离：通俗地说，就是赠送给顾客的物品完全不是顾客想要的，如赠送给女性顾客烟灰缸等就显得不太合适了。

④赠品太普通太随意，甚至太粗劣：如司空见惯的赠品有打火机、钥匙链、牙刷、牙签、餐巾纸等。

⑤赠品最好不要用出售的产品：这样做，相当于间接的降价行为，不仅会引发竞争对手的反击，也会影响产品在顾客心中的价值感，而且开展活动后再原价来卖也会有一定的困难。比如，若一瓶40元/瓶的黄酒开展买一赠一活动，该促销活动一旦结束，产品在很长一段时间内按原价售卖会卖不出。

附送赠品的一些可行性建议如下。

①在赠品附送前，对顾客进行调研，并将不同的顾客进行细分，如按年龄、收入等，以选择各类顾客喜爱的赠品。

②营造赠品稀缺氛围，以激活赠品生命力。

③可以原创一些赠品。这样企业可以结合自身的产品特点，进行量身打造。比如，黄酒企业在面对一些文化程度高的顾客时，可以赠送书签，并结合自己企业文化进行独特的文化设计，既贴合了产品特点，又吸引了顾客收藏和使用赠品，使得赠品效果长期化。

（3）优惠券　顾客持此券可按优惠价格购买某种产品。这种代价券可以附在企业产品的包装中，也可刊登在广告中，还可以用邮寄的方式散发。

（4）现场示范　在营业现场用示范品酒表演的方法展示新产品，介绍新产品的特色和保健因子，使顾客了解、喜爱并购买新产品。

（5）让利销售　为吸引更多的顾客，对部分老产品或全部产品实行让利销售，即按一定的折扣价格出售。这种方式可用于节日期间招徕顾客。

（6）竞赛　企业可对黄酒的四大类产品进行知识介绍，然后在促销现场由消费者实际品尝回答所饮酒的品类，对优胜者通过抽签方法，或直接对回答正确者，给予一定的奖励。这种方式可吸引顾客的注意力，宣传效果比广告更为突出。

（7）有奖销售　零售商店为了吸引消费者的购买，对于一次购买超过一定金额的顾客，发给兑奖券，并规定一定的期限公开摇奖，中奖者按不同的奖级获得奖金或奖品。这种方式的短期促销效果很明显，既可用于整体促销，又可用于特定产品的促销。

（8）展销会　展销会的具体形式有节日商品展销、季节性商品展销、名优商品展销、新产品展销等。通过展览陈列商品，进行现场示范表演，可吸引消费者，促成交易。在展销期间，企业配合以广告宣传、价格优惠、优质服务等，这样可达到更佳的效果。

第五节　黄酒营销策略的再思考

独具中国传统色彩的酒种——黄酒，虽然在营销方法上与其他产品大同小异，但其本身固有的独特内涵，往往是现代营销理论所无法完全解释得了的。尤其是在适应人群与饮酒文化享受的层面上有其独特的特性，这不能不更多地考虑地方文化因素、环境因素、饮食习俗与爱好。没有一个国家，也没有一个酒种，像黄酒这样多品种、多工艺，且区域性饮用文化如此不同。因此，黄酒在考虑组合营销的同时，必须要对黄酒产品与地产黄酒的区域文化有所认识、不同产地的黄酒有所区别、选择的市场与消费对象有所研究。

一、产品价格与区域意志相关

中国黄酒有许多代表性的酒种，如绍兴酒、福建红曲酒、江西封缸酒、湖南水酒、广东米酒、即墨老酒、大连黄酒等。然而在价格上并不是名牌酒价格就高，如普通的绍兴酒价格往往不及普通的地产酒价格，而各地的地产黄酒价格又会有明显的不同，如广东客家米酒与普通白酒的价格相当，湖南水酒与浙江中档黄酒的价格差不多，普通即墨老酒比普通绍兴酒价格要高，只有福建普通红曲酒与普通绍兴酒价格大致相当。

尤其是当地人一般习惯喝地产黄酒，而不太喜欢外地黄酒。比如湖南水酒，是一种小曲米酒，不添加麦曲酿造而成。其名称，到工艺与产品品质均不让人称其为优秀产品，但湖南娄底新化钟爱者甚众。其产品酿造结束，即上市销售，是典型的新酒，但其价格比传统的江浙沪黄酒价格还要更高些。广东客家米酒，原来集中在广东梅州一带，现在广东多地均有酿造，其价格因其产量小而较高。

黄酒的营销如果一味地以江浙沪的市场去衡量其他各省各地，那么往往会不得要领，王顾左右而言他。所以说，黄酒产品在价格定位之前，首先要调查了解销售地的地产黄酒情况，然后根据当地消费者的饮用习惯开发你的产品品种，并且与地产黄酒的价格相对应。只有这样才会有所收获。

二、产品渠道与促销方式方法相关

这里的渠道仍然指传统的销售渠道，而不是所谓的分销直销渠道、短渠道、长渠道等概念。黄酒产品的销售渠道虽然与其他酒种大致相同，但也有其特殊性。如黄酒一般多在批发市场与终端店销售，餐饮上的表现不是很好。北方餐饮上主要是白酒，南方主要是红酒、白酒和洋酒，以红酒、白酒为主。只有浙江、上海等地区的餐饮才以黄酒、红酒为主。大流通的批发渠道则各种酒都有，但以当地销路最好的酒种或酒品为主要批发对象。超市虽然是全国连锁甚至是全球连锁的，但为了保证超市的正常销货，超市进货主要考虑本地消费者的喜好，而选择消费者需要的物品，因此超市中的酒品也主要以当地消费为考量而选择品类。一些车站、码头、旅游景点的购物中心、购物市场更注重的是“特产”，因此当地的酒品用各种不同的包装进行销售。在这样的大背景下，黄酒要进行促销提升销量，就必须根据不同的渠道进行不同的促销。

做促销方案时，重点市场，分阶段连续推出。酒业有个说法：“淡季做市场，旺季做销量”，这是促销时间的设计，其实淡季做的市场也是为了促销的最终目的——提升销量。

三、产品包装与消费群体密切相关

黄酒产品因为其带有较强的传统特征、本土特征，因此产品的包装便显得相当重要。然而其包装并不是越花哨越好，而必须与消费群体紧密联系起来。目前，许多黄酒生产企业的产品包装只属于大众化、跟风式包装。如高档酒采用瓷瓶，普通酒采用玻璃瓶，低档酒采用塑料容器等，虽然也有像“古越龙山”“会稽山”等品牌的系列包装，但大多企业在包装设计上缺乏吸引力。以黄酒主力消费群体男性中老年为例，在 40 ~ 65 岁黄酒消费者之中，高达六成的消费者认为黄酒过分重视高档瓶子，没有十分必要，更重要的是要有高的品质，具有一定手感的普通瓶子即可，但可在瓶贴上、瓶盒上花点功夫，以充分体现黄酒丰富的文化底蕴。这类消费者可以说是“习惯消费者”，包装要采用普通包装，但也不是越低档越好。40 岁以下的消费者则有五成以上认为要学学其他酒种的包装，如啤酒、葡萄酒，尽可能地使用玻璃瓶，且要有黄酒基本固定的瓶形。这类消费者有强烈的类比性，是随机性极强且极有爆发力的“潜在消费者”，包装要紧跟时尚，如类似于预调酒一类的花色包装，能引起他们的极大兴趣。

国外消费者注重黄酒内在品质，饮用酒对外包装没有很高的要求，如日本。但对有收藏价值的工艺品性质的“花雕”包装并不反对，只是希望能看到雕塑更加富于艺术性的产品。

重要社交场合、商务宴请用酒，则需要有精美的包装装饰，使宴请更愉快与更富文化，让产品对参与宴会的消费人群产生一定的吸引力，提高他们对产品的欣赏性与知识性，同时也可提高企业产品的知名度。这种场合所用产品采用的包装也可赋予礼品的内容，外加包装盒袋，认知度较高，易于被“送礼型消费者”所喜爱。

总之，黄酒的营销策略要与营销的地域环境、促销时间、消费群体密切联系在一起，这样才能收到较好的效果。

复习思考题

1. 产品的生命周期有几个阶段？每个阶段对应的营销特点是什么？
2. 产品定价的方法有哪些？分别有什么优缺点？
3. 综合分销体系的优缺点都有哪些？
4. 针对顾客的具体促销措施主要有哪些？

实践操作题

1. 请利用本章提供的方法尝试为黄酒企业找到顾客消费黄酒的动机，在班级或者团队中进行小范围调研，并将调研结果转换为产品概念。

2. 请利用下表为黄酒的包装进行设计，并解释设计的理念。

开发要素＼包装属性	颜色	材质	形状	其他（构图）
瓶/盒口盖				
瓶/盒体				
瓶/图标				
正/图标				
其他/（饰物）				

3. 请列举可作为黄酒促销赠品的东西，并说明理由。

第五章 黄酒营销实战

前面详细介绍了营销的基本理论与具体操作方法，那么如何应用这些理论去进行实际操作是大家最为关心的问题，本章在介绍营销策划的相关要求后，重点介绍典型的黄酒营销操作案例，供实战时参考。

第一节　营销策划

营销策划是依托于企业的营销战略的，营销战略是长期的、全局的、体现消费导向和产业发展政策的，具有创新性，是对宏观环境和微观环境，企业外部条件与内部条件综合分析下的计划预测，是企业战略的重要组成部分。而营销策划则是局部的、短期的，针对的是某个产品或某个系列产品的营销谋划。如白酒界的“洋河”，在营销战略上是“做市场不做销售、做品牌不做产品、做未来不做眼前”。在具体策划“蓝色经典”品牌时，在中国广告塔顶的央视，只诉求“人人都想要”，即“中国梦，梦之蓝”。当进行蓝色经典系列中的“海之蓝”营销时，便开始引向酒的方向，“比海更博大的是男人的情怀”。再到各地方电视台进行推广时，便有了“绵柔的，洋河的”，真正凸显了白酒口感的本质。这便是从战略到战术的合理谋划。所以在学习营销策略时，首先应从某个营销策划开始。要进入实战，必须有的放矢，要有调查、有谋划、有管理、有考核，也就是先要有营销的策划方案，然后探讨方案的可行性。一旦方案确定，必须按既定方针办，以达到预先设定的效果。

营销企划是在研究和分析企业营销环境的基础上，确定适合于企业资源状况、竞争能力、任务和目标的营销目标，并规划其实现的行动方案的结构性程序。这一结构性程序的最终结果是营销策划书，也称营销企划书。每一个产品层次（如产品品种、产品线、品牌）都必须有自己的营销策划。这里重点阐述企业产品品种及系列产品的营销策划。营销企划通过营销策划书来制订整个营销活动的行动方案。营销策划书必须规划整个营销管理过程。

一、营销策划书的主要内容

营销策划书各有各的做法，但大同小异，一般结构包括以下方面：

（1）前言　即营销企划的意义。前言的作用在于引起阅读者的注意和兴趣，要求内容简明扼要，让人一目了然。首先，简要介绍一下接受营销策划委托的情况。比如，某某公司接受某某公司的委托，就某年度的产品推广进行策划。然后，重点阐述一下为什么要进行这样一个策划。最后，是策划的过程，以及策划实施后要达到的理想状态。

（2）策划概要　将整份营销企划做一概要，以方便阅读者直观地对企划有整体的了解与把握。

（3）营销环境分析　对影响企业营销活动的宏观、微观环境因素进行仔细分析。

（4）SWOT 分析 根据营销环境分析，得出企业面对的机会与威胁，以及自身把握机会成功营销的优、劣势结论。在真实的实践中，经常会发现一些策划的 SWOT 分析搞混机会与优势、威胁与劣势，写来写去尽管语言不一样，但意思基本相同。在 SWOT 分析时，机会和威胁分析是针对企业外部环境，而优势和劣势分析是根据企业自身的状况与竞争对手相比而言的。其实，SWOT 分析的目的就是先通过外部环境分析找出企业面临的机会和威胁，然后再通过对比竞争对手找出自身的优势和劣势，最终找出企业合适的营销策略。

（5）营销企划对象与目标界定 根据环境分析及 SWOT 结论，明确营销策划的对象。同时，在细分市场的基础上，确定策划对象所面对的目标市场，并进行有效的市场定位。在此基础上，确定策划对象在目标市场要达成的目标。

（6）营销策略 为企划对象设计符合目标市场需求的包括产品策略、价格策略、渠道策略及促销策略在内的整体营销策略。

（7）实施计划 为实现营销策划而进行的组织安排、资源配置预算以及进度安排。

（8）效果预计 用具体、定量的财务、销售等相关指标分析营销策划的各方面效果。

（9）建议 为更有效地实施营销策划提供必要的建议。

二、策划书案例

以学生所做的优秀方案作为模板，进行对照学习。

【案例一】 会稽山绍兴酒

执行概要和要领

古越绍兴，人杰地灵，绍兴黄酒千百年来长盛不衰，美名远扬，声誉斐然。以专业生产“会稽山”绍兴酒的会稽山绍兴酒股份有限公司，创建于 1743 年，原名“云集酒坊”。公司地处绍兴鉴湖水系中上游，水质清澈，酿制绍兴黄酒得天独厚。本策划根据会稽山及其他黄酒品牌的产品，综合分析消费者市场的各种因素，对会稽山绍兴酒的投入市场做出了可行性分析及销售建议。

定价：在采用竞争导向定价法的基础上，对高端产品采用撇脂定价策略，推向那些消费能力强的城市；对中低端产品采用渗透定价策略，推向二、三线城市，尤其是广大的农村地区。

重要促销手段：拍摄企业 MV，与由北京太阳圣火有限公司合作，在央视《著名企业音乐电视展播》中播出。赞助有重大影响的活动，在绍兴黄酒原酒电子商务平台上进行上市交易。

目标市场：保持并拓展在浙江省、江苏省、上海市的市场份额；将黄酒氛围比较好且消费能力较强的城市作为会稽山绍兴酒的重点市场；北京应作为战略市场和样板市场由会稽山直接运作。

目前营销状况

市场概况

目前主要产品市场地区：浙江省、江苏省、上海市。

其他市场地区：广东、海南、四川、云南、贵州、重庆、广西、湖南、湖北、江西、福建、河南、山西、内蒙古、河北、天津、辽宁、黑龙江、吉林、山东、安徽及西北地区。

• 规模

2007 年 9 月 29 日，公司整体变更为会稽山绍兴酒股份有限公司，精功集团成为公司控股股东。

目前，公司年黄酒生产能力已达 10 万 kL，拥有柯桥本部和嘉善黄酒股份有限公司两大生产基地，是世界最大的黄酒生产、出口基地之一。产品不但畅销国内市场，而且远销日本、新加坡、港澳及欧美等三十多个国家和地区。

• 广告宣传

广告语：会稽山始于 1743 年——绍兴人爱喝的绍兴黄酒

会稽山——1743 年已是一坛好酒

• 市场价格

通过相同档次的黄酒，葡萄酒和白酒相比，黄酒价格远远低于这两种酒。黄酒主营低中档酒，市场价格较低。

• 利润空间

黄酒行业是以粮食为生产原料的酿造行业，粮食价格走势成为影响黄酒行业发展最主要的宏观经济问题。黄酒成本中，80% ~90% 是粮食成本，这就意味着，粮食价格对黄酒行业的影响远大于其他三个酒类行业。

产品状况

产品系列	具体品种	单瓶售价	特点	包装
纯正系列	500mL * 12 会稽山纯正三年	¥12.00	会稽山“纯正”系列绍兴酒是根据新的品牌战略定位而推出。产品传承云集酒坊精酿工艺，经多年陈酿，香气馥郁，酒味醇爽	简包
	500mL * 8 会稽山纯正五年	¥23.00		
	500mL * 6 会稽山纯正八年	¥25.00		
清爽系列	500mL * 12 会稽山清爽五年	¥22.00	产品酒香清雅，口感柔和、爽适、淡雅，酒体纯净、鲜美，属于新一代绍兴黄酒	简包

续表

产品系列	具体品种	单瓶售价	特点	包装
特型系列	318mL＊12 稽山清 500mL＊6 会稽山帝聚堂精雕酒（金标） 428mL＊6 会稽山帝聚堂精雕酒（银标）	¥15.00 ¥14.50 ¥14.50	会稽山“特型”系列黄酒是新一代养生黄酒。传承绍兴酒传统酿酒技艺，融入现代生物工程技术，精心酿制而成。口感醇和甘润，酒度低，含有多种健康养生元素，为新一代健康养生黄酒	简包

竞争状况

目前，绍兴传统黄酒主导国内黄酒市场，代表品牌有古越龙山、会稽山、塔牌、女儿红、孔乙己（中粮集团酒业公司在南方区推出“孔乙己”品牌，在北方则重点培育“黄中皇”品牌）等，在向全国市场拓展中纷纷坚持中高端产品战略。而海派创新黄酒的代表，和酒、石库门、稽山鉴水等品牌，以及传统地域黄酒品牌如即墨老酒等在区域市场上也有不俗的销售业绩。

- **古越龙山：**作为唯一国宴专用黄酒，在全国市场上的影响力较大。目前在市场上的主销品种包括彩色无带加饭酒、特加饭、五年花雕、8 年礼盒装以及新产品状元红等几款产品。通过调整产品结构，大力发展营销网络，并与餐饮业建立专卖店，以及央视上的品牌塑造等手段，已经在外埠高端市场尤其是政务、商务市场上形成了自己的优势。

- **塔牌：**寻找新黄酒之路——塔牌作为我国最著名的黄酒出口品牌，是黄酒餐饮市场以及中高档市场的激活者。塔牌从餐饮渠道切入运作中高端产品，并在价格设置、利润空间、年终返利等方面都很好地照顾到了通路各个环节的利益，因此一举在中高端市场奠定了自己的品牌优势。

- **女儿红：**专注于商超渠道——女儿红以它独特的历史性决定了它的品牌价值，在消费者心目中有自然的形象定位。凭借其品牌号召力，以及产品陈列、堆头、节庆日促销等终端拉动，女儿红在商超渠道表现抢眼，在婚庆酒、礼品酒市场也表现出了较强的竞争力。

- **和酒：**走时尚路线——上海冠生园和酒定位年轻时尚消费群体，倡导品和酒、交真朋友、以走时尚路线的“金色年华”5 年为主打，以 34.5% 的市场份额领先上海黄酒市场；在北京则以婚庆市场作为其市场切入点。

- **石库门：**锁定在全国大城市——金枫则把自己的销售范围锁定在全国大城市上海、北京，制订了“石库门”上海老酒高档化、礼品化、品牌化发展的思路，以高档饭店为销售主通路，以自身特有的海派风味，赢得了消费者的口碑，并形成了庞大的消费者群，现在上海和华东地区占有了可喜的市场份额。

- **即墨老酒：**巩固根据地市场——即墨老酒采取了一系列动作来巩固根据地市场：一方面开发即墨花雕等中高档新品，改变了产品结构单一的困境；另一方面采用反季节销售策略，加强餐饮渠道建设；第三是在青岛主流电视、平面媒体加大投入，强化品牌宣传。此外，即墨老酒开始了织网工程，在青岛酒店、商超、便民店的直供网络占有率保证在90%以上，在青岛周边城市采取间接配送业务，终端配送网络辐射到了乡镇，种种有力的措施使其继续保持了在青岛的领军优势。

分销状况

以传统渠道为主，多在超市，便利店，饭店有营销，有专卖店。

宏观环境状况

• **国内经济环境**：国家经济的快速发展，国民收入的不断提高，人们对物质需求的增长和消费的升级，以及保健意识增强，为黄酒行业发展提供了稳定的发展环境。

• **国内文化环境**："十一五"期间，酿酒行业依然坚持"四个转变（高度酒向低度酒、蒸馏酒向酿造酒、粮食酒向水果酒、普通酒向优质酒）"的指导思想，以市场需求为导向，以节粮、节能和满足消费为目标，贯彻"优质、低度、多品种、低消耗、不污染、高效益"的方针。黄酒产品发展有利。

• **国内政治环境**：近几年，国家鼓励黄酒这种民族产业产品的出口，在很多产品下调甚至取消出口退税的大环境下，依然维持黄酒13%的出口退税。

• **国内法律环境**：国家质量监督检验检疫总局根据《原产地域产品保护规定》，将绍兴黄酒列入保护产品名单，这一措施不仅有利于维护黄酒市场秩序。保护消费者权益，更有利于名优企业产品的声誉、品牌价值和传统特色，为黄酒企业做大做强提供了条件。

• **消费群体**：江浙沪地区35~65岁年龄段的人，他们有这种对地方文化和传统的强烈认同。新型黄酒的消费人群是中青年人群，中低档黄酒的消费者是普通大众，小市民阶层。

• **需求状况**：黄酒的主要市场在江浙沪地区，需求量还是处于一个可观局面的，其他地区需求量很低。

SWOT问题分析

优势（Strengths）	会稽山品牌有深厚的黄酒文化底蕴，已经获得了"中国驰名商标""国家免检产品""国家地理标志保护产品"等殊荣 黄酒之源概念的提出，使会稽山在众多黄酒品牌中有了独特的区隔概念和较高的文化品位，易于传播和推广
劣势（Weaknesses）	产品口感是否能被待推广市场消费群体认可有待于市场的进一步验证 目前尚未建立起样板市场，缺乏成熟的市场运作模式 在与白酒、啤酒、葡萄酒的竞争中，除产品本身外，黄酒的营销思路处于劣势 "南黄北白"的酒类消费定势，在一定程度上束缚了黄酒企业向北开拓市场 黄酒在消费者心目中的印象较为模糊，认为土气、落伍的象征 黄酒季节性，地域性特征明显 黄酒科研不够深入，导致对食品卫生苛求较严的西方国家，产生抵触

续表

机遇 (Opportunities)	黄酒业壮大的历史机遇，黄酒行业目前已步入快速发展时期，最近两年收入增速接近20亿 政府大力支持和推动黄酒产业和市场的培育 消费者对酒的需求从“单纯嗜好”向“营养保健”转变，导致白酒销量下降 消费渠道升级在客观上更有利于黄酒的推广。连锁超市业态的发展促进了黄酒向全国市场的渗透和推广；餐饮终端的发展，也有利于中高档黄酒的推广 中高档黄酒的销售呈快速上升趋势。开发和经销中高档黄酒，已成为厂家和商家谋得利益的共同追求 加入世界贸易组织后，我国为黄酒的出口创造了很好的条件 啤酒的文化底蕴较浅，除了时尚之外难以承载更多心理价值之需
威胁 (Threats)	黄酒饮用的季节性限制和本身强烈的区域性特点，在客观上限制了其市场区域的扩张 由于黄酒的全国性消费规模尚未形成，各地文化背景和饮食习俗差异都可能影响黄酒在该地区的发展 黄酒固有过于浓重的传统内涵，无法迎合时尚化的消费心理，有一个市场教育的过程 大部分地区尚处于良莠不齐的黄酒品种纷争的格局，消费者尚有相当一部分不能鉴别黄酒的优劣

通过SWOT的分析，我们可得出以下结论：

黄酒企业在坚守传统技术基础上，必须要顺应现代消费者的消费习惯，对其产品口感进行改良。研发清淡型黄酒，突破黄酒销售的季节性限制和地域性限制。

改变黄酒包装难看局面。做高档次，特色化，差异化，在产品包装、口感、工艺、度数等上面进行大胆创新与突破，以带来消费的新潮流。

定位高品质黄酒，重塑文化内涵，完善宣传体系。对黄酒的概念，不同分类，不同饮法进行推广。

积极拓展新市场，品牌面对消费者，产品面对渠道客户。即借力会稽山的品牌优势和广告优势，采取“样板市场城市代理”的市场运作模式。

目标

- **财务目标**：争取到2012年同比增长30%。
- **销售收入**：争取2012年为13亿。
- **市场份额**：在江浙沪地区占有黄酒市场的80%以上，占有总体酒市场40%，在其他省份占有15%以上。
- **营销目标**：销售成本毛利率达到35%以上。

营销战略

目标市场

● 通过创新，保持并拓展在浙江省、江苏省、上海市的市场份额，同时对一些浙江省周边省市进行市场拓展。

● 将黄酒氛围比较好且消费能力较强的城市作为会稽山绍兴酒的重点市场，比如上海、南京、杭州、成都、重庆、北京、广州、深圳、长沙、青岛等。

● 北京应作为战略市场和样板市场由会稽山直接运作，其他城市以发展独家加盟商为主，充分利用经销商的地利优势和资源优势，逐步实现分销渠道的扁平化和高效化。北京是全国的政治、经济、文化中心，不仅自身市场潜力巨大，更是北方市场的典型代表，具有很强的市场辐射能力和明显的消费示范带动效应。作为黄酒尤其是中高档黄酒的新兴市场，竞争格局尚未完全建立，先入为主更易确立优势。

定位

市场定位	高端定位：黄酒之源，品位非凡。国酒正宗，回味无穷。彰显品牌尊贵气质和文化底蕴 中端定位：年轻、激情、活力、高雅、有品位。进取的人生、优雅的人生——品位生活真情趣 低端定位：健康活力，口感醇和
目标客户	高端：江浙沪地区35~65岁年龄段的人，他们有这种对地方文化和传统的强烈认同 中端：新型黄酒的消费人群是中青年人群，而不是中老年人；他们应该是社会精英，或者是准精英，而不是普通大众 低端：低端黄酒的消费者是普通大众，小市民阶层，以及在农村的广大农民

产品线

低端产品：小于200元；中端产品200~800元；高端产品：大于800元。

定价

在采用竞争导向定价法的基础上，对高端产品采用撇脂定价策略，推向那些消费能力强的城市；对中低端产品采用渗透定价策略，推向二、三线城市，尤其是广大的农村地区。

分销

● 采用密集营销模式，确立“餐饮商超”的传统渠道营销思路，即以中高档餐饮渠道树立产品形象，形成影响力引导消费，逐步向大型百货店、连锁商超渗透，使产品拥有更广大的消费群体。

● 开展俱乐部渠道营销，如发展论坛、沙龙派对、品酒会等。

● 网络营销，导入电子商务，搭建网络传播和直销平台。

• 特通渠道，如VIP客户、部分夜场，火车站，机场，动车和飞机上。

• 逐步建立起稽山干雕的连锁专卖销售网络。在建立起成功的样板点和成熟的运作模式后，通过经销商的加盟连锁进行快速复制，通过经销商进行口碑营销。

销售队伍

• 组建一支专门用于产品销售，客户服务，客户谈判，客户反馈等方面的团队。

• 激励方案：采用实事求是原则；体现绩效原则；公平性原则；公开性原则。对销售人员采取绩效工资制，提成奖励。

服务

• 建立售后服务中心，对一些大型客户建立客户资料数据库，收集他们反馈的信息，以便改进，跟踪市场方向。

• 收集中间商的建议，分析中间商的行为，把握市场动向。

• 在网站上设立消费者留言区，让消费者谈谈感受，来了解消费者喜好。

广告

• 拍摄企业MV：与由北京太阳圣火有限公司合作，在央视《著名企业音乐电视展播》中播出。

• 新产品上市新闻发布会：通过新闻炒作进行市场预热。地点可选北京人民大会堂，在全国性媒体和重点市场强势媒体上进行宣传。

• 招商会：参加糖酒会搜集资料、传递信息，后面向目标经销商以“黄酒营销创新与经销商发展论坛”的形式出现，邀请实力派营销专家担纲顾问。招商口号：市场一起做，利润您独享！招商模式：以城市为单位，发展独家加盟商。对经销商进行全程服务，共同开发市场，长期合作，共同发展。

• 公关活动：建立慈善基金。王老吉通过汶川地震捐出的一亿，打响了企业知名度，搞好了公众形象。

• 利用绍兴众多名人，进行名人名酒的品牌包装：传名人故事，喝会稽山黄酒。

促销

普通促销：在商超，尽量与红酒为伍。重大节日，还可与红酒进行捆绑式销售。会稽山黄酒走进各大饭店或是有关的室内娱乐场所，在客人消费的时候，向其推荐黄酒系列产品，并加以适度的优惠政策，还应有配套的精美礼品赠送给消费者，如酒具等。

广告促销：电视广告以主要城市的电视台为主；报纸广告主要是为招商和促销活动的前期造势，同时充分借助行业杂志和行业网站对本公司生产黄酒进行宣传，以达到如下效果。

事件营销：赞助有重大影响的活动，例如：为足球赛等免费提供会稽山黄酒。在一些政治场合中，如海峡两岸会谈，依托文化内涵，提供黄酒。

终端策略：将部分优势终端建成专卖店，进一步提高会稽山黄酒品牌的知名度和影响；强化终端形象建设，提高终端销售力；提高终端导购人员执行力。

网络促销：在绍兴黄酒原酒电子商务平台上进行上市交易；进行网上订酒服务。例如，消费者可以在网上订某个年份的酒，等到以后某个特定日子时，再取酒来庆祝。

R&D

• 根据市场的不同，消费者的文化习俗，喜好，口感的不同，不断地对黄酒的颜色，口感，色泽等方面进行调整，以求更加适应市场。

• 针对不同年龄群体的消费者，开发出不同类型的黄酒，以求把黄酒推向各个年龄层次。

• 与一些地方菜系合作，推出搭配产品，比如说吃阳澄湖大闸蟹，品会稽山绍兴酒，赏黄金周黄金菊。比如说福建名菜佛跳墙就要用黄酒酒坛来装。

• 开发清淡型等多种类型的黄酒，突破黄酒地域性和季节性的限制。

• 研发专门用于作料酒的黄酒。

市场调研

• 新品上市期间，在重点餐饮终端针对目标消费者的免费品尝。

• 有奖征集广告语。填写一份市场问卷调查即有资格参与，采纳者给予10000 元现金奖励，并设优秀奖、鼓励奖若干。

• 设置热线电话，在网上开辟顾客留言区。

行动方案

在一些节假日，比如说春节，国庆，在商场，超市开展会稽山绍兴酒免费品尝活动，有奖问答活动。

• 活动准备：广告牌，促销礼品，酒具，黄酒，一次性小纸杯，促销人员，多媒体设备，开瓶器，活动场地器具等物品。

• 活动开展：由一人免费送饮黄酒，一人做介绍，一人做促销，一人做有奖问答，一人控制场面，提供帮手。

• 活动审查：活动结束后，由参加活动的促销人员进行活动反思，审查不足，进行补足。

风险来源与控制方法

风险	分析	对策
行业风险	黄酒行业正处于一个上升阶段，行业波动性小，行业分布相当分散	进行大型黄酒企业对中小型的兼并，整组改造。打出品牌优势，推广文化内涵
政策风险	政府大力支持和推动黄酒产业和市场的培育。入世后，我国为黄酒的出口创造了很好的条件	利用政府扶持，快速打入新的市场。利用黄酒关税回补高的特点，积极向日本，欧美出口

续表

风险	分析	对策
市场风险	市场需求量不足，市场接受时间较长，市场价格不高，市场战略不及时	依托文化内涵，借助品牌优势和名人效应，打开市场份额，增加需求量。根据市场动态，及时调整市场战略
技术风险	研发的新口感，新型黄酒或许不吻合市场需求	积极创新，引进新技术，借鉴其他酒类饮品成功经验。进行小规模试点，然后再慢慢推广
资金风险	缺少融资成本	组建上市公司；吸引风险投资
管理风险	管理者素质不够高，缺少决策型人才	对原有管理者进行再次培训，吸引新的高素质的管理者加盟公司
环境风险	意外，天灾人祸	搞好公众关系，注意防范

【案例二】 女儿红绍兴酒

前言

黄酒是民族特产，属于酿造酒，唯中国有之。说起黄酒，人们几乎都想到浙江绍兴，绍兴黄酒千百年来长盛不衰，美名远扬，声誉斐然。以专业生产闻名遐迩的“女儿红”绍兴黄酒的绍兴女儿红酿酒有限公司，坐落在绍兴东麓的东关，占地250亩，属于长江三角洲开发区，北临杭州湾。

但目前的市场形势，黄酒行业势单力薄。黄酒规模的企业产量预计是啤酒、白酒、葡萄酒中最少的；收入也是饮料酒中最少的，但从动态上来看，黄酒近五年的收入复合增速约为15%，略高于啤酒的12%，但远低于白酒的28%和葡萄酒的24%。微观层面上来说，黄酒的规模企业也要小于其他酒种，规模企业的平均收入也低于其他酒种。黄酒行业整体盈利能力也偏低。黄酒消费具有较强的区域性和季节性，自古以来，就有“南黄北白”之说，黄酒在南方市场的影响力还好，但在北方市场上几乎没有影响力。而女儿红企业虽然名声在外，但是销量以及市场远不及古越龙山、会稽山，所以扩宽市场以及增加利润，是我们做这份策划的目的。

概要

这份策划书从金标6年这款酒的成分、包装特点等方面入手进行策划，通过对SWOT和企业环境的分析，通过明确消费者群体、设计有特色的广告、加大宣传力度等途径，打响女儿红金标6年的名号，拓宽该款黄酒的销售市场，增强该款黄酒在消费者心中的影响力，并以此带动女儿红这一拥有悠久历史的品牌的发展，使消费者在提起黄酒的时候不单只有古越龙山、会稽山这些大品牌。

策划书的主要内容包括了明确策划的目的，在分析企业背景，以及运用

SWOT 的方法分析了市场的优势、劣势、机会以及威胁的状况下，制订了具体的营销方案。我们采取了两种提高影响力的方式：一是通过网络营销的方式，和京东、聚划算、天猫达成战略合作，通过一系列的促销以及网络广告提高销售量和扩大知名度；二是举办主题为“岁月酿经典，一品女儿红”的品评大赛，借此让消费群体更加了解女儿红主打产品“金标 6 年”的口感、颜色、包装、营养价值等各个方面。并且附上进度表以及人员分配，更加的细致与完整。

营销策划的目的

为了更好地销售“女儿红金标 6 年”，拓宽“女儿红金标 6 年”的市场。将“女儿红金标 6 年”打造成为黄酒市场上的热销产品。先打开江浙市场，拓宽销售市场，接着再在全国市场上展开销售，如果销售的成功的话，再继续开展世界范围的拓展，将我们的“女儿红金标 6 年”引向世界，走向各地。打响“女儿红金标 6 年”的知名度，提高“女儿红金标 6 年”在黄酒市场上的影响力，把“女儿红金标 6 年”推向主流市场，增加“女儿红金标 6 年”的销售量以及扩大女儿红的销售市场。

企业背景状况分析

企业背景、形象：绍兴女儿红酿酒有限公司创建于 1919 年，是绍兴东路酒的代表，是一家以黄酒生产与销售为主，拥有自营进出口权的生产型企业，是我国黄酒行业的骨干企业之一，是中国酿酒工业协会黄酒分会常务理事单位。公司已通过 ISO 9001、ISO 14001、HACCP 体系及清洁生产认证，是食品卫生 A 级单位，产品屡获国内外大奖，公司主要产品女儿红酒沿历史记载之典故，集传统工艺之精华是绍兴黄酒的精品，女儿红系列产品具有“陈”“醇”“真”的特色。公司注册的“女儿红”商标是浙江省著名商标，并于 2005 年被认定为中国驰名商标，2006 年被国家商务部认定为首批中华老字号。女儿红是浙江四大酒厂之一，一直是国有企业，对外具有唯一性，在黄酒的销售比例中占 15% 左右。女儿红具有丰富悠久的历史文化内涵，也有喜庆的含义，所以具有一定的市场占有率，而金标 6 年也是女儿红当中一款比较受人欢迎的酒，但销售量却不如其他的酒，因此，为了提高女儿红在市场的整体占有率，我们有必要推广金标 6 年这一品牌。

企业产品与价格：女儿红根据产品包装可以划分为原酿、年份礼盒、陶、瓷瓶、工艺浮雕、玻璃瓶等系列。女儿红酒是一种具甜、酸、苦、辛、鲜、涩 6 味一体的丰满酒体，加上有高出其他酒的营业价值，因而形成了澄、香、醇、柔、绵、爽兼备的综合风格。女儿红具有较高的营养价值，含有对人体有益的多种氨基酸、糖类和营养成分，易于被人体吸收，而且其中添加的葛根具有独特的解酒功能，女儿红是一款不错的保健酒。而其中的金标 6 年是根据古道六法酿造的，每天适量饮用，既活血又养身，是新一代的时尚黄酒。

企业盈利状况：女儿红自 2009 年收购以来，已成为古越龙山的又一核心品牌，近几年销售额增速均在20%左右，今年女儿红可望有较大的提升空间。财报显示，女儿红公司2012年营业收入为3.05亿元，占公司营业收入的21.44%；净利润3078.19万元，占公司净利润的16.13%。2013年上半年营业收入为2.18亿元，占公司营业收入的25.38%；净利润2252.24万元，占公司净利润的21.92%。近年来，女儿红的收益状况逐步提高，因此，在保证原先畅销产品继续畅销的前提下，我们可以再扩展一些其他产品的销售量，例如，金标6年在其原本评价不错的基础上，再提高它的知名度，全面打开销售市场，为女儿红赢得更大的利润。

营销环境分析

外部分析

（1）黄酒的销售市场较小，但是在小范围的销售市场中，竞争对手实力雄厚。而我们这款“女儿红金标6年”虽在外包装上和其他品牌也是有相同之处，但“金标6年”是以优质糯米、曲麦作原料，取鉴湖冬季湖心之水酿造，色如琥珀，软硬适中，因此味道鲜甜，唇齿留香。所以在口味和品质上也是略胜一筹的。

（2）黄酒、红酒、白酒被称为世界上三大古酒，但是白酒和红酒在市场上的影响力和销售情况都比黄酒稍好。主要白酒和红酒的营销对象都比较广泛，也比较容易让大众接受，而黄酒的销售对象集中在中老年人，没有打开年轻消费者的消费市场。因此，我们这款“金标6年”是面对年轻市场，更能扩大年轻的消费群体。

（3）在潜在竞争对手当中，啤酒的市场占有率较大，啤酒的酒精度较低，在普通饭局上大多数消费者会选择啤酒作为饮品，其价格较低也易被消费者接受。但在营养、健康等方面，啤酒远远不及黄酒，啤酒并不适合所有人群饮用。而我们这款“女儿红金标6年”富含20多种氨基成分，营养极高，具有其他酒类没有的营养成分以及人体所需的维生素，适合大部分人群饮用。

内部分析

（1）女儿红企业成立于1919年，历史悠久，虽在2009年被古越龙山收购，但其本身所具有的文化底蕴、严谨的酿酒工艺、优质的酒品不变，在消费者中有着良好的口碑。

（2）“女儿红”这一名称的由来有着较高的利用价值，符合现代中国人追求喜庆的心理。可以以此为基础进行宣传，增强消费者对女儿红这一品牌的认识，获得消费者的青睐。

（3）女儿红金标6年这款酒坚持采用了古法酿制，口味佳，营养价值高，包装上简单大方，无论是自己饮用或者是送礼都属上品，较容易开拓出市场。

（4）女儿红企业在被古越龙山收购以后，每年所创造的利润额占了古越龙山总利润额的20%甚至是以上，所以在发展所需的资金方面，女儿红企业是相对充足的。这一优势能帮助他们进行多渠道的宣传，尽快增强女儿红这一品牌的影响力，开拓市场。

(5) 就整个黄酒市场而言，黄酒作为世界三大古酒之一和中国的国粹，有着其独特的文化底蕴和历史内涵，只是没有得到较好的宣传，导致了黄酒市场现在的没落局面。

市场机会与问题分析

SWOT 分析	
优势 (Strengths)	女儿红历史悠久 具有独特的文化内涵 女儿红具有优秀的品牌形象 有大批的忠实消费者 女儿红优秀的产品质量 具有较完善的管理体系和技术保障 具有周到的客户服务 融资能力较强，已经被古越龙山收购了冠名权 女儿红金标6年富含20多种氨基成分，营养极高，每天适量饮用，既活血又养生
劣势 (Weaknesses)	相较于古越龙山等知名品牌，女儿红金标6年的知名度还不够 黄酒在市场上的影响力还不如白酒和红酒 "女儿红金标6年"是半干型黄酒，口味比较适合中老年人，不怎么适合年轻的消费者，而年轻的消费群体又是消费主群体 市场过分集中于江浙地区，在北方市场上完全没有影响力 女儿红金标6年的包装不够独特，和古越龙山、会稽山的很多包装很难区分开来 女儿红金标6年目前处于成长阶段
机会 (Opportunities)	战略投资者的资本投入 出现向其他地理区域扩张，扩大市场份额机会 将女儿红金标6年定位在过年过节送礼的价位上，使高端大气上档次 浙江人对高档的产品的消费能力较强，这为女儿红金标6年提供了广阔的发展空间
威胁 (Threats)	与古越龙山、会稽山的竞争还有其他强势竞争者的进入 人口特征，社会消费方式的不利变动 替代产品发展迅速，给女儿红带来了很大的挑战 一些经销商的不良市场操作行为，导致市场秩序混乱，影响发展 随着人口的增长，对粮食的需求不断加大，导致粮食价格有向上走高的趋势

营销方案

营销目标

首先提高"女儿红金标6年"这款黄酒在绍兴的销售量，并以此为契机，带动女儿红这一品牌黄酒在浙江省内市场中的销量，增加女儿红企业的利润额，增强女儿红这一品牌在消费者心里和在市场中的影响力，打响名号，不断地拓宽现有市场，开发潜在市场，增强企业自身的能力。待发展到一定阶段的时候，抓住机会，帮助整个黄酒产业打开市场，提高黄酒在酒类市场上所占的份额，使黄酒产业获得长足的发展。

营销战略

（1）利用“女儿红”这一品牌名称的由来的故事，制作一段具有自身特色的、易被广大消费者接受的广告，利用广告媒体的影响力来提升这一品牌的知名度。

（2）在电子商务发达的今天，可以利用互联网这一平台进行销售。若资金允许，可以开通一条企业自身的送货渠道，这样既可以保证送货的时间也可以保证在送货途中货物不会被毁坏。

（3）在上海、广东、深圳等大城市的一些著名商场里面设置专柜，出售高档黄酒，迎合现代消费者追求金钱的心理。

（4）在北方的一些年轻人常去的聚会地点加强金标6年或者其他适合年轻人饮用的中低档黄酒的宣传，从年轻人身上打开北方的黄酒市场。

（5）在资金允许的情况下，可投身公益性活动或冠名一些具有较强影响力的综艺节目，利用综艺节目在观众心中的影响力，打响名号。

具体行动方案

（1）网络营销　绍兴黄酒并非不适合年轻群体的口味，而是销售渠道只停留于市场上。当今的互联网发展迅速，成为年轻人的一种潮流。因此，我们可以通过网络营销，将女儿红金标6年推向年轻市场。如果在传播过程中，能让这些年轻人把自己“浸”在绍兴的黄酒文化里面，显然他们会因为欣赏这种文化而去消费黄酒的，我们要做的工作之一，就是让他们去感受这种文化。

我们打算与京东、天猫、聚划算合作，标志着女儿红在营销方面又一次创新与突破。通过与这些网站合作，能够充分借助多媒体优势，使女儿红金标6年产品和黄酒文化传播更为直观，传播更有立体感，传播手段也将更为丰富，同时也有助于女儿红黄酒的口碑宣传。

- 活动合作伙伴：京东、天猫、聚划算。
- 活动方式：我们会在聚划算这个网站设定一个时间段销售女儿红金标6年，其销售价格比平时价格相对较低；如果在京东，天猫网站消费者购买女儿红金标6年，我们将会赠送优惠券，或根据消费者的购买数量给予一定的积分；消费者连续登陆天猫、京东网站，消费者可以获取淘金币。以后购买女儿红金标6年时，淘金币可以抵3%；在不同的季节，不同的节日，我们会回馈忠实的消费者进行打折。
- 活动流程：在聚划算每个星期六9：00—11：00销售女儿红金标6年；在京东、天猫购买女儿红金标6年给予一定的积分；在京东、天猫购买两箱以上的女儿红金标6年运费包邮并赠送优惠券；连续登陆天猫、京东网站5天，消费者可以获取15个淘金币，以后购买产品时淘金币可以抵3%。

- 活动人员安排：组长和订单打印：XXX和XXX；广告设计与网络客服：XXX和XXX；包装人员：XXX和XXX。

（2）女儿红品评大赛　女儿红营销团队在城市广场开展女儿红金标6年品评活动，能够吸引更多人群的目光，不只是中老年人，还包括大量的年轻消费群体。因此，我们可以让年轻人也了解女儿红，提高其以及金标6年的知名度。通过品评这种方式，可以将女儿红金标6年能全方位的展示在人们面前，在了解表面的程度上让参赛的人员更能清楚地了解女儿红金标6年的口感以及与其他酒种的不同，通过这一方式可以让人们清楚了解金标6年的口味、颜色、包装等，对女儿红黄酒及金标6年有更深入的认识。

- 活动地点：城市广场，沃尔玛超市外。
- 活动时间：2014.1.12上午9：00—11：00下午14：00—17：00。
- 活动主题："岁月酿经典，一品女儿红"。
- 人员工作安排：（40名）

活动总指挥1名（公司中层干部）

具有较丰富的经验的策划者2名

宣传与广告设计4名

场地布置6名

收集报名人数人员3名

倒酒人员4名

统计结果人员5名

主持人2名

设备人员3名

搬运人员10名

- 活动具体方案

前期

宣传（派发传单、张贴海报、在市公交网络平台上播放广告）；

收集报名人数、选取30人参加品评（在活动地点外设置报名地点、报名人员需写上真实的身份情况和联系方式，以便到时通知）；

准备金标6年原酒（以金标6年为基酒，①分别加入糖、盐、柠檬酸；②分别加入5%、10%、15%的酒精）；

分2轮进行品评，每轮4种酒，参赛人员根据黄酒的口味进行辨别。

第一轮：四种酒分别为：女儿红金标6年、加了糖的金标6年、加了盐的金标6年、加了柠檬酸的金标6年；

第二轮：四种酒分别为：女儿红金标6年、加了5%酒精的金标6年、加了

10%酒精的金标6年、加了15%酒精的金标6年。

参赛人员根据自己评酒的结果，将两轮比赛的四种酒进行排序，个人认为最好的依次排为1、2、3、4。最后公布结果，根据总体得分排名。

后期

收回品评结果、进行统计评比；

公布品评正确答案，宣布前8名获奖人员；

奖品：

一等奖：一箱“女儿红金标6年”（12瓶）及150元网络抵金券；

二等奖：一箱“女儿红金标6年”（12瓶）；

三等奖：一箱“女儿红金标6年”（8瓶）。

以上两种具体的营销方案基本上可以达成提高“女儿红金标6年”这款黄酒在绍兴的销售量的目标，增强女儿红这一品牌在消费者心里和在市场中的影响力，打响名号，不断地拓宽现有市场，开发潜在市场，增强企业自身的能力。

预算及安排

广告宣传预算：

宣传用品	数量/张	费用/元
海报	5	300
宣传单	1000	500
	总计：800	

女儿红品评大赛：

支出项目	数量	费用/元
场地租金	1个	2000
工作人员费用	45位	60000
女儿红黄酒	3箱	500
桌椅办公用具	若干	200
场地布置	若干	300
	总计：63000	

网络营销预算：

项目	数量	费用/元
网络广告	3	10000
促销产品	2	10000

续表

项目	数量	费用/元
网络优惠抵金券	若干	10000
网络专业人员	2	10000
		总计：40000

费用总计：103800。

进度表

网络营销			
时间	合作伙伴	活动名称	目的
每个星期六 9：00 -11：00	聚划算	销售女儿红金标6年	为消费者提供优惠
每天	京东、天猫	购买女儿红金标6年	可以让消费者获取积分
每天	京东、天猫	购买两箱以上的女儿红金标6年运费包邮，并赠送优惠券	为消费者提供优惠
每天	京东、天猫	连续登录网站五天获取淘金币	购买产品时淘金币可以抵3%

女儿红品评大赛进度表			
时间	地点	活动名称	目的
2014.1.1 上午9：00—11：00	城市广场 沃尔玛超市外	女儿红品评大赛	提高“女儿红金标6年”这款黄酒在绍兴的销售量的目标，增强女儿红这一品牌在消费者心里和在市场中的影响力
2014.1.1 下午14：00—17：00	城市广场 沃尔玛超市外	女儿红品评大赛	提高“女儿红金标6年”这款黄酒在绍兴的销售量的目标，增强女儿红这一品牌在消费者心里和在市场中的影响力

人员分配及场地

黄酒品评活动人员安排表		
人员	具体工作内容	所需物品
1名	指挥全程活动	流程表、参赛人员名单
2名	策划活动内容	时间表、参赛人员名单
4名	宣传海报、设计广告	电脑、笔、纸
3名	面试挑选参赛人员	笔、纸

续表

人员	具体工作内容	所需物品
4名	品评过程中提供酒、清洗酒杯	酒、酒杯、水
5名	统计品评结果	计算器、笔、纸
3名	控制现场音响设备等	音箱、话筒
10名	活动前后的所需物品搬运	—
6名	布置活动现场	彩带、气球、海报
2名	主持现场活动、掌控现场流程	流程表、参赛人员名单

网络营销活动人员安排表

人员	具体工作内容	所需物品
1名	打印订单	打印机、纸
1名	广告设计	电脑
1名	网络客服	电脑
2名	包装产品	纸箱、封箱胶带

结束语

我们通过本次的策划活动，目的是着重突出女儿红这个品牌的名声，而女儿红中的金标6年更是我们的主打品牌，让顾客们能充分地认识到黄酒的好处，可以使女儿红这个企业打出自己的名声，以产品优势来引导消费的需求，女儿红黄酒企业要想走出市场，就必须要改变之前在顾客心目中的廉价心理，制订一条适合自身优势的道路，开创出属于自己的品牌地位。

三、策划方案的执行与控制

一个企业为什么要进行营销策划，其根本原因是为了获取好的经济效益，实现产品利润的最大化。为此在策划方案决定后，必须要有足够的能力来保证营销方案的执行。

1. 营销执行

营销执行是通过实施营销策划以实现营销策划所制订的目标的过程。显然，没有有效的营销执行，再好的营销策划也只能是空中楼阁、水中明月。好的营销策划只是成功营销的开始，有效的营销执行才可以保证营销策划的成功。在企业实践中，有许多因素会影响营销执行的好坏，这些因素主要包括以下几个方面。

（1）制度保障因素　营销策划的成功实施，首先必须有周全的制度保障。没有制度保障，营销执行就没有行为规范，没有依据，没有秩序。

(2) 考核评价因素　只有正确的考核评价，才能把握营销执行过程的状况与水平，并对此加以约束与激励，从而使执行真正有利于营销策划目标实现。营销策划的考核人员必须由公正无私且有一定权威性的人物担任，否则考核会流于形式。

(3) 过程管理因素　有效的执行过程管理是满意的执行结果的基本保证。所以，必须建立合理的管理机制保证执行过程的顺利，而不是一味强调对销售收入、销售成本等执行结果的控制。这与黄酒生产的管理异曲同工，黄酒质量管理是保证各工序的生产质量，达到最终保证产品的质量的目的。营销只有通过过程的严格监控，才会在最终的结果中有收获。

(4) 整合与协调因素　有效的营销执行需要通过环环相扣的整体性协调来实现。因此，在营销执行的各个环节，都必须加强沟通及对整体目标的把握，保证执行步调的一致和统一。

(5) 业务流程因素　营销执行过程不能过于复杂，以免降低执行效率；同时，执行过程不应环节过多，业务部门的分工应合理，以免造成执行人员缺乏行动积极性与主动性。

(6) 策划因素　策划方案是执行的蓝本。因此，策划本身应密切联系企业营销实际，注意长、短期目标，以及局部、整体目标的协调与统一，并要从根本上具有可操作性。策划方案要反复进行可行性论证与修改，才能作为操作的依据。

企业要进行有效的营销执行，必须掌握一些基本的营销执行能力，这些能力主要包括判断能力、配置能力、调控能力、组织能力以及相互配合能力。

(1) 判断能力　即对营销执行问题的判断能力。当营销执行不能实现目标时，企业必须有能力准确判断是策划问题还是执行问题并找出原因。

(2) 配置能力　即合理配置资源的能力。为完成营销执行目标，企业必须合理进行包括时间、人员及资金等在内的各种资源的配置，从而使营销资源达到最佳利用状态。

(3) 调控能力　即对营销执行过程进行全程有效评价与控制的能力。控制通常包括年度控制、赢利能力控制、效率控制以及战略控制等类型。

(4) 组织能力　即运作有效的工作组织的能力。

(5) 相互配合能力　即通过影响他人来完成自己工作的能力。营销执行是全员性的，有效的营销执行必须通过企业营销人员的影响，得到企业全体成员的大力支持与帮助，同时还要得到企业以外的相关个人、部门、组织及机构的大力支持与帮助。

2. 营销控制

市场营销策划的目标是实现企业营销目标，取得营销活动的最佳效应，而且要对各营销要素的运动态势及相互间关系的协调状况等加以监督与考察、审计与评价、操纵与把握等一系列活动进行规范化约束。这种约束行为，是企业从事市场营销活动的必要条件，也是企业营销管理系统的重要组成部分。营销控制是企业将营销执行情况及其结果与营销策划进行比较，通过发现差异并进行改进以保证营销策划实现的过程。营销控制主要包括年度控制、赢利能力控制、效率控制以及战略控制等不同类型。

(1) 年度控制 企业通过营销年度控制，来保证年度营销企划的实现。年度控制可以包括四个步骤：制订标准，即确定本年度的周期性（季度或月度）营销目标；绩效测量，即将企划实施效果与预期效果比较；因果分析，即分析实际与预期产生差异的原因；改正措施，通过努力消除偏差，使预期目标实现。现实的营销实践中，企业可以利用不同的营销度量工具来衡量营销的绩效，常见主要营销度量指标见表5-1。

表5-1 黄酒产品营销主要度量指标

项目名称	度量指标
传播度量	广告投放长度、频次、有效频次，品牌第一提及率，广告有效率，反应率
消费者度量	意识，偏好，试饮率，购买意愿，重购率，赠品销量比
客户度量	客户抱怨率，客户满意度，正面促进与反面贬低之比，新客户获取成本，客户流失率，客户总资产，客户赢利能力，客户回报
分销度量	销售网点数量，商店铺货占有率，分销率，平均库存量，库存周转天数，缺货频率，货架占有率，每个销售点的平均销售额
销售度量	销售增长率，销售增长额，市场占有率，新产品比重
财务度量	销售费用，销售费用利润率，销售收入增长率，销售费用增长率

这些营销指标可通过客户回访、市场调查、销售统计等相关营销工作中获取，关键是数据不要失真，要经得起检验与验证。

(2) 市场占有率 市场占有率分析可以通过分析、评价企业市场份额的变化，来衡量企业的市场竞争地位的变化。市场占有率提升可以说明企业较竞争者绩效更好，反之则更差。市场占有率分析首先应该明确使用何种方法度量市场占有率及其度量结果；在此基础上去进一步分析造成市场占有率变动的原因。市场占有率的度量，可以用全部市场占有率、可达市场占有率、相对于三个最大竞争者的市场占有率及相对于市场主导者的市场占有率这四种指标来进行。

①全部市场占有率：一般简称市场占有率，是企业销售收入占全行业销售收入的比重。分析全部市场占有率，必须明确范围，即已经进入的市场中的全国、全省、大区、县市等，在范围内的黄酒产业市场中所占的份额。

②可达市场占有率：指企业销售收入占其可进入市场销售收入的比重。企业的可进入市场，是企业产品最适合的市场或企业通过营销努力希望企及的市场。

③相对于三个最大竞争者的市场占有率：指企业销售收入相对于最大的三个

竞争者销售收入总和的比重。例如，企业市场占有率为35%，三个最大竞争者的市场占有率分别是10%、20%与30%，则企业相对于三个最大竞争者的市场占有率为35/（10+20+30）×100%=58.33%。一般来说，如果企业相对于三个最大竞争者的市场占有率高于33%，则被认为在竞争过程中处于强势地位。

④相对于市场主导者的市场占有率：指企业销售收入相对于市场主导者销售收入的比重。市场主导者，一般被认为是市场中销量最好、名声最大的企业或产品。企业相对于市场主导者的市场占有率的增加，意味着企业在靠近市场主导者；如果企业相对于市场主导者的市场占有率为100%，说明企业和市场主导者一样同为市场主导者。

（3）营销费用与销售收入比率分析　这是一种用来检查、分析企业为达成预期目标而发生的费用支出水平的主要方法。企业可以通过各种营销费用占销售收入的比重高低，来合理控制营销费用支出水平。

营销成本的高低直接影响企业的赢利能力，企业必须严格控制营销成本。企业的营销成本主要由直接推销费用、促销费用、储运费用以及其他营销费用构成。

①直接推销费用：包括销售人员工资、奖金、差旅费、培训费、招待费等。

②促销费用：包括广告媒体费用、产品说明书及宣传册印制费用、赠品等促销费用、展览会费用、促销人员工资等。

③储运费用：包括租金、维护费、折旧、保险、包装费、存货成本、燃料费、相关人员费用等。

④其他营销费用：包括管理人员工资、办公费用等。

（4）赢利能力分析　销售利润率是企业利润与销售收入的比率，是反映企业赢利能力的重要指标之一。

（5）效率控制　企业可以通过效率控制来分析、评价销售人员及其他营销职能的工作效率。常见的效率控制包括销售人员效率控制、广告效率控制、推广效率控制以及分销效率控制。

①销售人员效率控制：常用的指标包括每个销售人员平均每天销售访问次数；每次销售访问平均所需时间；每次销售访问平均收益；每次销售访问平均成本；每次销售访问平均招待费；每百次销售访问的订单百分比；每期新增顾客数；每期流失顾客数；销售人员成本占销售总成本的比重等。

②广告效率控制：常用的指标包括每种媒体的千人成本；广告的注意率、收视（听）率、阅读率、知晓率；顾客对广告内容与有效性的意见；广告前后顾客对于产品态度的变化测量；由广告所引起的咨询次数等。

③推广效率控制：常用的指标包括由于推广而销售的百分比；单位销售收入中的陈列成本；赠券收回的比率；因产品免费品尝所引起的咨询次数等。

④分销效率控制：常用的指标包括物流成本占销售成本的比重；订单有效

率；准时送货的比率；开票错误的比率等。

四、策划的成效检验

一个策划方案实施完成，除了必要的分析、考核、评价外，还要检查方案实施达成的效果，是达到预定效果，还是超过预期，还是未达到预期，都要有正式的报告，以便在以后的方案中能得以改进与提高。

第二节　黄酒营销战略成功案例

黄酒营销最为重要的是策划方案，一个方案的好坏，直接关系到企业效益。因此，在策划过程中一定要做到以下几个方面。

策划方案的起因是什么？即为什么要进行此项策划？目的性要明确；

策划方案要有足够的市场调查数据，以调查数据作为方案的重要依据；

策划方案要经过上下、内外的多次征求意见，反复修改。方案定型前，最后还要做一次讨论，确保在实施过程中不发生大的缺陷。

以下是几个黄酒企业产品策划的具体案例，供参考。

【案例一】　数风流人物，品古越龙山

——古越龙山全案策划记

2004年的深秋，我应邀去上海参加中国黄酒文化高层论坛。那次论坛云集了谢晋、叶辛等众多文化艺术界名人，大家对黄酒的发展各抒己见。有主张走文化、历史路线的；有主张打时尚、年轻牌的；还有主张做健康、品质宣传的……尽管到会议结束，大家都没有达成统一的意见，但是那次会议使我对黄酒有了更深刻的了解。后来，我们与绍兴黄酒第一品牌——古越龙山开展了品牌营销策划全案的合作。没想到那次会议也因此成为我参与中国黄酒品牌战略发展进程的开始。

黄酒发展，春天的呐喊

在古越龙山上海公司的办公室内，我看到了这样一张照片，是1995年时任国家主席的江泽民视察古越龙山的情景。据古越龙山的工作人员介绍：当时，江泽民品尝过古越龙山后，大为赞赏，欣然说道："中国黄酒，天下一绝"。古越龙山，国粹黄酒的美名旋即传遍天下。后来，我们还了解到，不仅江泽民，周恩来、邓小平等新中国领导人也都和黄酒有着不解之缘。随着市场调研的深入，我们发现黄酒行业意想不到的事情还有很多很多：

一、中华国粹名千古，天下黄酒源绍兴

世界上有三大古酒"黄酒、啤酒、葡萄酒"，只有黄酒源于中国。黄酒还是我国最古老的酒种，最早可追溯到公元前的春秋战国时期。黄酒与黄河、黄土地、黄皮肤"同名同色"，源远流长数千年，被誉为"中华国粹"。由于黄酒对酿造工艺和原料要求很高，在我国960万平方千米的土地上，唯绍兴酒以选料上乘、工艺独特、酒精度低、营养丰富并具有多种养身健体之功效而著称于世。所谓“天下黄酒源绍兴”，千古以来，绍兴黄酒一直被认为是正宗黄酒的化身，绍兴黄酒早已成为黄酒的代名词。

二、昔日酒水小兄弟，今朝市场领跑者

在整个中国酒水市场版图中，相较白酒、啤酒等“老大哥”，黄酒是个名副其实的“小兄弟”。以2004年为例：黄酒的总销量（180万吨）还不及啤酒（2738万吨）的十分之一。但是，黄酒的发展速度和潜力不容忽视。黄酒已经连续数年实现了高速发展，发展势头在整个酿酒行业中名列前茅。2003年全行业共实现30.2亿元的销售收入，年度增长率为16%。2004年上半年，全国黄酒产销量上涨49%，利润上涨50%。2005年，黄酒的高速增长势头依旧不减。反观白酒等烈性酒，消费则呈稳中有降的态势。

三、全国发展春已至，多重障碍亟待除

业内外普遍认为：现在及今后很长一段时间，黄酒将会迎来更大的发展。但是，我们也看到，目前黄酒的快速增长更多的是一种自然增长。白酒等烈性酒增长停滞，而健康饮酒观念的盛行，使很多人转而选择富有营养健康价值的黄酒。黄酒要实现持续发展、实现全国大流行，还面临着诸多难题。其中最重要的是地域障碍。长期以来，黄酒偏居一隅，主要在江南一带流行。江浙沪等地的销量占全国的80%左右。江浙沪以外的绝大多数中国人不知黄酒、不识黄酒，更很少喝黄酒。“这就像一位美女，见过的人都说她漂亮。可是，更多的人没有见过这位美女，并且大家也不想见她。”在“酒香也怕巷子深”的时代，黄酒一定要走出去。让亿万中国人接受黄酒，这将是一项艰巨的工程。

古越龙山：黄酒老大的发展之困

世人面前的古越龙山，可以说是荣誉加身，那长长的荣誉榜似乎在诉说着它不尽的辉煌：

古越龙山是中国黄酒行业唯一中国名牌产品；是中国黄酒行业唯一中国驰名商标；是唯一黄酒上市公司。

古越龙山是目前国内唯一一家年产量超过10万吨的绍兴黄酒生产企业，是绍兴黄酒的卓越代表。质量也始终保持在国家优质酒的高水平上。

早在1988年，古越龙山就正式入选国宴用酒。古越龙山还作为国礼频繁出现在重大国事及商务活动中。美国前总统尼克松、克林顿、日本天皇等无数叱咤政坛的风云人物都对古越龙山赞赏有加。

绍兴黄酒第一品牌的桂冠，古越龙山当仁不让。

然而，在黄酒全国大发展的浪潮中，古越龙山的表现却不尽如人意。

2003年前，连续5~6年古越龙山销售额徘徊在3.5亿。2004年，古越龙山的增长率约为8.6%，远低于行业百分之十几的增长速度……“山还是那座山，酒还是那坛酒。”古越龙山并没有变，为什么它的发展迟缓呢？难道是其他黄酒变了吗？

通过市调及走访，我们大吃一惊。在上海，以和酒、石库门为代表的海派改良黄酒侵蚀着古越龙山的市场份额。

在江浙成熟市场，会稽山、塔牌等跟随品牌与古越龙山展开激烈的市场争夺。

在江浙沪以外的非成熟市场，各大黄酒品牌“圈地运动”风起云涌，古越龙山却没有大的市场拓展举动。“知己知彼，方能百战不殆”。“人变而我不变”是古越龙山发展受困的根源。我们要做的只有一个字“变”：挖掘古越龙山的品牌优势；清晰古越龙山的品牌战略定位；进行系统的品牌营销规划，进军全国市场。如何“变身”，如何走向全国。古越龙山面临着多重抉择。

走向全国：古越龙山需要怎样的“文化”

春秋以来，黄酒和文化似乎就难舍难分。从卧薪尝胆的勾践到斗酒成诗的李白；从貂裘换酒的秋瑾，到兼容并包的蔡元培；从甘为孺子牛的鲁迅，到融酒入“侠”的金庸，有这么好的文化故事自然不可不用。因此黄酒品牌的江南文化风越演越烈。古越龙山走向全国要不要也打江南文化呢？

经过慎重分析，我们得出否定的答案。理由如下。

“杏花烟雨江南”，江南文化一直以“柔和”著称。再加上江南百姓一直有喝黄酒的习惯，形成口味依赖，黄酒在江浙沪一带风行不足为奇。“铁马秋风冀北”。北方人豪爽、好客，煮酒论英雄。因此他们更喜欢尊贵的白酒、轻松的啤酒、浪漫的红酒。黄酒被斥为“娘娘喝的酒”，不符合江南以外的地区，特别是不符合北方人豪爽、好面子的性格。

在整个社会上，也存在着“喝酒看品味”的消费认知。黄酒的品牌形象不够强烈，并不被主流消费者所接受。各地区文化的差异，使“温顺”的黄酒一直在“夹缝”中发展。可见，古越龙山要走向全国，开辟“新市场”，以前黄酒宣传的“文化”显然会“水土不服”，“新市场”要找新的“文化”，或者是给黄酒文化以新的阐释。我们要做的是：找到它，并把它表现出来。走向全国：锁定高端，成就国粹黄酒。《孙子兵法》曰：凡先处战地而待敌者佚，后处战地而趋战者劳。故善战者，致人而不致于人。这句话是说在战争中要率先掌握破敌制胜的关键，制胜点在手，则全局可定也。既然一个人、一个地区的文化习惯根深蒂固，改变普通消费者的饮酒习惯绝非一朝一夕之事。古越龙山何不“退而求其次”，先占领市场制胜的那个点呢。制胜点在何处？

从消费者角度来看，谁是酒水消费的意见领袖？谁又最容易被打动呢？显而易见，社会高端消费者是这样的一群人，他们的特征在眼前清晰浮现：政务、商务、文化人士是社会高端人群（高学历、高收入、高消费）的集中代表，这三类人士包括政府官员、公司管理领导层、白领、高级知识分子等社会中坚阶层。

他们消费能力强，有经济实力和社会地位，喜欢接受和尝试新事物，不在乎价格，更关注事物的品质和内涵。是社会的意见领袖。对全社会消费潮流的形成拥有强大的影响力。从古越龙山的角度来看，古越龙山有没有实力争取高端消费者呢？所谓“高端看品质”，品质卓越、国宴用酒、伟人推崇……这些元素使古越龙山在高端市场上拥有无可比拟的优势。更让我们欣喜的是，目前在我国高端黄酒市场上还没有形成一个强势黄酒品牌，“机不可失，时不再来”，谁能够抢占高端人群的心源，谁就站在了克敌制胜的制高点上，并且为后来者设置了更高、更难的进入障碍。“让所有人成为你的消费者，不如让一部分人成为你的忠诚消费者。”至此，古越龙山全国品牌发展的市场策略呼之欲出：

通过在社会上传播古越龙山优质、名贵的品牌形象，古越龙山率先抢占高端消费者的心智资源，然后以高端消费者为依托，带动大众消费者饮用古越龙山，最终实现古越龙山品牌全国化进程。于是，我们将古越龙山品牌发展战略定为：

古越龙山：中国国粹黄酒（高端黄酒）代名词。

走向全国，梳理产品线，新品展新颜，古越龙山，中国国粹黄酒、高端黄酒代名词，那么古越龙山现有的产品“高端、国粹”吗？市调的结果让我们捏了一把汗。我们发现：古越龙山的产品品类极其繁多，竟有300多种。如花雕、加饭、状元红、国宾酒、礼品酒等。高中低档产品应有尽有。产品价格从几元的袋装酒到几千元的陈年佳酿，跨度惊人。产品包装外观过于粗糙，色调暗淡，给人以低档的品牌联想。古越龙山产品的整体感觉是“良莠不齐”，这严重影响了古越龙山面向高端的品牌形象定位。做全国市场，必然要求梳理古越龙山产品线，推出针对全国高端市场的新品是上上之策。绍兴花雕酒是绍兴黄酒中的极品，古越龙山花雕酒更是正宗绍兴花雕的卓越代表。做全国高端市场，新产品非古越龙山花雕酒莫属。

古越龙山花雕酒叫什么呢？

龙是权力、尊贵的象征，是中华民族的图腾，是华夏文明的载体，龙更是许多酒中知己的最爱。“龙酝”两字破口而出，古越龙山龙酝花雕酒震撼问世。古越龙山龙酝花雕酒新品系列分为九年陈、十年陈、十二年陈、十五年陈、十八年陈等多种规格。古越龙山龙酝花雕酒系列定位高端，致力于成为“政务、商务、文化人士”专用酒。

为使产品包装体现出“高档”、“尊贵”的王者之气。在材质选择上，新品主要使用陶瓷瓶，显得有文化和韵味。为争取追求时尚的年轻消费者，古越龙山还推出了清新、明亮的龙酝九年玻璃瓶包装。在色调选择上，新品基本上以国人喜爱的红色为主色调，龙酝十二年、十五年、十八年陈的瓶底还特意设计成仿真的“古越龙山”大印章。“古越龙山”古体大字简洁、醒目，既使人油然而生尊贵感，又蕴涵着深厚的文化意境。走向全国：数风流人物，品古越龙山“说的好，更要做的好”。策划重要，执行更重要。“古越龙山：中国国粹黄酒代名词”

不仅要说出来，更要很好的表现。项目组群策群力，不放过每一个可能的表现方式，从品牌代言人、广告表现、媒体选择等多方面为古越龙山走向全国“保驾护航”。

一、代言人：古越龙山品牌形象大“变脸”

我们将古越龙山原来的品牌形象，形容成这样“一个人”。她，来自江南（正宗绍兴花雕酒），身世显赫，是绍兴黄酒中的名门望族（中国名牌产品、中国驰名商标）。她集家族万千优点于一身（滋养、健康）。她精通琴棋书画（千年文化底蕴）、天生丽质（品质卓越）、性情温和（酒度低），但藏在闺中不被远方情郎所识（在江浙沪外的非成熟市场知名度还不高）。简言之，在消费者心目中，古越龙山有江南文化内涵，有滋养健康的产品特性，但品牌个性刚性不足，尊贵感没有凸现出来。

走向全国，必须赋予古越龙山尊贵阳刚之气，当然，古越龙山的深厚文化内涵也不能舍弃。能同时表现这两方面特质的代言人究竟是谁？

陈宝国，内地实力派演员的代表，拥有成熟男人的气质、成功人士的形象，有魅力，有文化内涵。陈宝国主演的《汉武大帝》家喻户晓，反响热烈。汉武帝一代伟人，功绩名垂史册，老百姓对他的故事耳熟能详，正处事业巅峰的陈宝国正好符合古越龙山品牌快速成长的市场形势。陈宝国还主演《朱元璋》和《越王勾践》，其“银幕皇帝”的形象还会继续下去。“皇帝”“黄酒”“尊贵”“英雄”……就是陈宝国了。我当即给客户打电话，客户也随即对选择陈宝国代言表示认同，提交企业营销人员讨论，也一致通过。

二、创意表现：陈宝国与古越龙山，英雄与美酒的演绎

既然是陈宝国代言，皇帝这一元素不可不用。客户也提出要在广告片中同时出现陈宝国古装与现代装的形象。在短短三十秒内，如何将古与今、帝与民巧妙融合，这的确是个棘手的问题。经过一场场激烈的头脑创意风暴，《古越龙山·陈宝国竹林对酌篇》影视广告最终浮出水面。

1. 江南竹林中，汉武帝与陈宝国在石桌旁对酌。

2. 两人酒间纵论“英雄识美酒，煮酒论英雄”。

3. 古越龙山龙酝花雕酒新品震撼推出，配上字幕“古越龙山，千年滋养美酒”。

4. 数巡之后，酒壮豪情，汉武帝遥想起当年自己亲自指挥大汉帝国军队大破匈奴的英雄场面。

5. 沉浸其中的汉武帝不由念道：“数风流人物”。

6. 陈宝国会意，举杯作和：“品古越龙山”。

7. 推出古越龙山企业标板。字幕：“古越龙山，正宗绍兴花雕，千年滋养美酒”。

这支广告片看似简单，却融入了许多精彩的元素。通过竹林对酌，将陈宝国帝王形象和现在成功人士形象完美融合，既表现了古越龙山尊贵高端黄酒的品牌

内涵，又传达了古越龙山悠久、深厚的黄酒文化。沙场征战之大气，烟雨江南之静幽。刚柔并济，内外兼修。古越龙山国粹黄酒代名词的品牌形象跃然而出。

广告语“数风流人物，品古越龙山”，由毛泽东著名诗词《沁园春·雪》引申创作而成。朗朗上口，大气天成、很好地迎合了高端消费群体的口味和心理。

三、品牌传播：居高声自远，一鸣天下闻

借助全国性强势媒体的力量是区域品牌快速成长为全国性品牌的有效武器。传播就是要让区域品牌站在“巨人”的肩膀上，成为品牌的“巨人”。区域品牌占领全国市场，“不鸣则已，一鸣必须惊人”。中央电视台是我国最具影响力的媒体，而古越龙山也是绍兴黄酒第一品牌，两大品牌“联姻”可谓“门当户对”。

2004 年 11 月 18 日，2005 央视广告招标大会如期召开。在我们的精心策划下，古越龙山成功夺标，中标额高达 6000 万元。考虑到黄酒消费的季节性，古越龙山的央视广告投放集中在 2005 年 9 月后。为充分利用招标的传播效应，激活古越龙山的营销渠道，我们在广告播出以前采取多种措施为古越龙山全国品牌拓展营造强大的传播势能。央视招标后不久，古越龙山就在《中国经营报》、《糖烟酒周刊》、《新食品》等权威媒体投放招商广告，面向全国招商，既增强经销商的信心，又借机扩大市场渠道。新版电视广告在央视播出前，我们精心设计了一版《“数风流人物，品古越龙山”广告大片·预告篇》平面广告，在杂志、网络等媒体上传播，反响强烈，使《古越龙山·陈宝国竹林对酌篇》广告影片未播先红。

随着各项品牌营销执行方案的有效落实，古越龙山的品牌竞争力得到显著提升。客户反馈的市场战况让我们欣喜不已。

1. 2005 年 1 月，古越龙山全国销量突破 10 亿元，开创中国黄酒发展史上的新里程。

2. 2005 年 8 月，在传统的黄酒消费淡季，古越龙山创造了同比 50% 的市场增长率。

3. 2005 年 10 月，随着古越龙山央视广告的强势投放，古越龙山全国销售渠道迅速激活。济南秋季糖酒会上，古越龙山在全国范围内一举新增 200 多位经销商。

后记

一年多的时间，古越龙山由区域走向全国，由“绍兴黄酒第一品牌”跃变为“中国黄酒第一品牌”，品牌实现了跳跃式的发展。今天，成为“中国国粹黄酒代名词”的古越龙山，已傲然屹立于中华主流名酒品牌之林中。

【案例二】

百年会稽山　开启酒蟹“跨界营销”的先河

百年老字号会稽山绍兴酒从养生与美食文化的角度切题，把充满江南格调的大闸蟹美食与百年会稽山美酒捆绑，借大闸蟹与绍兴黄酒相互搭配同吃习俗，以现代人注重美食养生为突破口，开启跨界营销先河，为黄酒品类推广提供了一条有效、独特的路径，借助事件营销创新的模式在行业中独树一帜。

营销目标：扩大黄酒品类影响，探索黄酒体验营销新路子，提升黄酒价值中枢，扩大市场影响，实现产品结构和盈利能力的优化，提升会稽山品牌忠诚度和影响力。

营销动作

启动：2011 年 8 月，会稽山先后在杭州、苏州两地推出“吃阳澄湖大闸蟹，品会稽山绍兴酒，中纯金螃蟹”大型促销活动。借助每年阳澄湖的“蟹节”，会稽山上演了一出“酒蟹”联姻的跨界营销大戏。目前，该活动已持续 3 年，市场也从 2011 年杭州、苏州的双点联动到目前江浙沪等多地市场的多点互动，在黄酒界刮起了一股酒蟹美食的“养生风”。

造势：2012 年 10 月 10 日，会稽山邀请知名养生专家、行业领导和客商代表，在杭州举办“吃大闸蟹、喝会稽山”酒蟹品鉴会，为黄酒营销造势聚力，活动吸引了大批注重养生的消费群体的参与，影响力广泛，会稽山品牌影响力持续提升。

高潮：2013 年 10 月 21 日，“吃大闸蟹，喝会稽山”酒蟹品鉴活动在苏州举行。这是继 2012 年在杭州酒蟹品鉴活动的又一次盛会，国内权威美食养生专家，酒业、蟹业、餐饮业协会的领导以及新闻媒体、酒水经销商等 300 余人参加。国内知名美食评论家、专栏作家、纪录片《舌尖上的中国》总顾问沈宏非应邀出席，为活动呐喊助威。

会稽山将季节性、区域性的酒蟹品鉴养生活动移植到大闸蟹的故乡苏州并辐射周边，意义重大。2013 品鉴活动分“品江南”“醉江南”“秀江南”三个环节，期间，酒蟹文化解读、酒道蟹道表演、嘉宾论道养生访谈、酒蟹文化知识竞答、酒品走秀、现场书画创作表演轮番上演，将品鉴活动推向高潮。

营销结果：持续 3 年的会稽山酒蟹品鉴活动，开启了黄酒业跨界营销的先河，持续的推广使活动的影响力大增，借助大闸蟹这一热点，把最纯正的会稽山绍兴酒、最具特色的阳澄湖大闸蟹、最浓郁的江南风情和最醇香的会稽山绍兴酒融合一体，把江南特有物产的影响力由江浙扩展到全国，迅速拓展提升会稽山品牌曝光度，实现黄酒产品结构和盈利能力的不断优化。随着大家对健康的日益重视，黄酒的独有优势也将日益为市场所接受。

复习思考题

1. 书写策划书时，SWOT 分析应该如何写比较合理？
2. 衡量企业市场占有率的指标有哪些？各自的含义是什么？

实践操作题

请阅读下面有关黄酒的策划书，并找出其中不恰当的地方。

1. 计划概要

该计划的主要目标是将绍兴会稽山黄酒成功地引入南非的酒类市场，让黄酒成为南非的主流酒品，被更多的南非人所接受和喜欢，并在南非市场上打响知名度。

近期目标：南非市场销售达到会稽山公司总销售额的5%。

长期目标：占会稽山公司总销售额的10%左右。

市场占有率：占有南非黄酒市场的80%以上，占有南非总体酒市场5%~10%。

未来一定时期企业形象的增值，即通过优质服务、让利和承担社会义务来提高企业的形象。

探索和积累营销经验，培育造就一支高素质的营销人才队伍，建立完善有效的营销网络体系。

让黄酒成为南非的主流酒品，被更多的南非人所接受和喜欢。

其内容主要包括产品分析，市场分析，营销组合等方面。在产品方面，主要介绍会稽山黄酒的定位（功能定位、品牌定位），产品的组成和特点（纯正系列、特爽系列、特型系列），产品的饮用（热饮、凉饮、药用价值）以及产品的突出利益点。

在市场分析中，确定目标市场，具体分析南非的市场状况（葡萄酒的市场占有率高），总结出黄酒在南非推广的机会与威胁（气候不稳定，社会治安，黑人劳工地位，劳工权益问题），并确定营销目标。

在产品价格方面，对不同系列的黄酒根据生产成本、出口成本的数据制订不同价格。在营销渠道方面，有网络营销、传统营销渠道的创新、特通渠道、口碑营销等。促销战略方面，提出整体市场战略（分为三个阶段来操作，主体运作思想为：采取以点带线、以线带面，从而最终盘活南非整体市场的步步为赢之策略来赢得本品牌在南非区域的竞争优势）；采取宣传策略（广告策略、事件营销、终端策略），进行一系列的促销活动。

2. 产品

古越绍兴，人杰地灵；绍兴黄酒千百年来长盛不衰，美名远扬，声誉斐然。其精心酿制的“会稽山”牌绍兴酒，酒度适中，性醇和，营养丰富，能修身养性，延年益寿。据科学测定，其含有二十一种氨基酸，其中包括人体必需但不能自身合成的八种氨基酸，是一种符合世界潮流的滋补型低度酒。

随着现代科技经济的发展，酒正在逐渐融入人们的生活并且成为必不可少的产品之一。“会稽山”始于1743年，具有267年的不间断生产历史，是中国黄酒生产历史最长的品牌。1915年，会稽山为绍兴黄酒夺得第一枚国际金奖。在20

世纪20、30年代，绍兴当地会稽山前身“云集酒坊”的产品只要盖上酒坊酿酒师陈德意、徐金宝两人的名号，方圆百里的百姓都抢着买，会稽山的口碑就是这么慢慢积累堆积起来的。岁月的洗礼，铸就了会稽山厚重的文化积淀和灿烂文明，铸造了一个金字招牌。

以专业生产闻名遐迩的“会稽山”牌绍兴黄酒的会稽山绍兴酒有限公司，坐落在素有“水乡、桥乡、酒乡”之称的绍兴柯桥，地处绍兴鉴湖水系中上游，该地水质清澈，为酿制绍兴酒提供了得天独厚的优质水源。

从社会意识形态来看，黄酒正在风靡亚洲，并且正在向全球迈进。从市场环境来看，黄酒在非洲有着新兴的消费市场。

2.1 产品定位

品牌形象定位：健康、活力、中低档系列。

核心产品三层次：第一、帮助血液循环，促进新陈代谢，补血养颜、通经活络；第二、提供人体所需的各种微量元素；第三作为药引子。

消费人群定位：老少皆宜，以年轻人为突破口。

绍兴酒被誉为“液体蛋糕”，其营养之丰富，在世界酒体中是罕见的。她是低度、营养、保健型酒类饮料，富含多种氨基酸、蛋白质、维生素和对人体有益的矿物元素，营养丰富，并具有烹饪、保健等功效，被国家列为重点扶植和发展的饮料酒之一。其中绍兴会加山黄酒尤为绍兴黄酒中的精品。其功效多，价值大，深受广大消费者的喜爱。有以下作用：

2.1.1 丰富的氨基酸极易被人体消化

绍兴会稽山黄酒中含量丰富的氨基酸，共有18种之多，包括人体必需而自身又不能合成的8种氨基酸。尤其是能助长人体发育的赖氨酸，其含量与啤酒、葡萄酒和日本清酒比，要高出2~36倍，这在世界酒类中是绝无仅有的。

2.1.2 含有功能性低聚糖

绍兴会稽山黄酒中的功能性低聚糖是酿造过程中在微生物酶的作用下产生的。检测表明，绍兴黄酒中已检出的功能性低聚糖主要是异麦芽低聚糖，主要成分为异麦芽糖、潘糖、异麦芽三糖等，作为国际上公认的第三代功能因子，异麦芽低聚糖能有效促进肠道双歧杆菌增殖，改善肠道微生态环境，降低血清中胆固醇及血脂水平，提高机体免疫力，预防各种慢性疾病的发生。

2.1.3 美容养颜

绍兴会稽山黄酒酒性温和，适量常饮可促进血液循环，加速新陈代谢。此外绍兴黄酒中含有丰富的B族维生素，如维生素B_1、维生素B_2、烟酸及维生素E等，适量饮用可补血养颜。

2.1.4 含有丰富的有机酸

绍兴会稽山黄酒中的有机酸含量十分丰富，主要有乳酸、乙酸、琥珀酸、丁酸、磷酸等十多种。大多数在发酵过程中由细菌和酵母代谢产生。这些有机酸中，乙酸具有杀菌、抗病毒的功效，并具有促进胃液分泌、助消化、降血脂、降低胆固醇、延缓血管硬化等功能。乳酸不但能抑制酚、吲哚等有害物质，还能防止细胞老化，并对很多致病菌有极强的抑制作用，其浓度为100mL/L时，即使营养条件良好，大肠杆菌、霍乱弧菌、伤寒杆菌也将在3小时内全部死亡。

2.1.5 镇静降压、提高记忆

最近科研人员利用现代高科技手段从绍兴会稽山黄酒中检测到多种活性物质和降胆固醇的生物活性物质。他们从黄酒中检测出一种GABA（γ-氨基丁酸），这是一种非常好的生理活性物质，具有降血压、改善脑功能、增加记忆、镇静神经、高效减肥及提高肝、肾机能等多种生理活性，非常有益于人体健康。

2.1.6 保护心脏

研究表明：黄酒中含有丰富的微量元素，微量元素虽不是衡量营养价值高低的指标，但现代医学研究证实，微量元素对于调节机体生理活动功能，预防各类心脑血管疾病的发生具有十分重要的意义。据检测：绍兴黄酒中含有硒、锌、铁、铜、镁、锶、钼等10多种人体所必需的微量元素。硒是一种天然的肿瘤抑制剂，锌是人体中204种酶的活性成分，是维持正常生命活动的关键因子，酒中以配合物态有机锌存在，具有极高的生物利用率，发挥重要的保健作用；铜、铁等是造血、活血和补血功能的关键成分；锰对调节中枢神经、内分泌和促进性功能有重要作用，还是抗衰老的关键因子，据研究测定，长寿老人血液中含量均高于一般人；钾、钙、镁对于保护心血管系统，预防心脏病具有重要意义。

2.1.7 良好的药用价值

绍兴会稽山黄酒素和医药有关，据《汉书·食货志》中记载："绍兴黄酒，百药之长"。对绍兴黄酒祛病养生的良好作用古人早有认识。《本草纲目》上说"唯米酒入药用"。米酒即绍兴黄酒，它能"通血脉、厚肠胃、润皮肤、散湿气、养脾气、扶肝、除风下气、热饮甚良、能活血、味淡者利小便"。在中医处方中常用绍兴黄酒浸泡、炒煮、蒸炙各种药材，借以提高药效。如绍兴黄酒炮制中药，能使药性移行于酒液中，服后有助于胃肠血液对药物的吸收，迅速地把中药成分运行至全身，使药的作用发挥得更好、更有效。《本草纲目》详载六十九种药酒可治疾病，这六十九种药酒均以绍兴黄酒制成。

2.1.8　延缓衰老

最近，日本有科学家研究指出，适量饮用绍兴会稽山黄酒对延缓人脑细胞的衰老具有重要作用。

2.1.9　优良的烹饪价值

除了具有丰富的营养和药用价值之外，绍兴会稽山黄酒还可用作烹调佐料——它具有祛腥、去膻、解腻、增香、添味等功效，是一种非常理想的烹饪调味用酒。特别是用黄酒烹制鱼、肉、禽、蛋等菜肴，其菜的风味较用一般黄酒烹制更为鲜美醇香，这与绍兴黄酒所采用的原料和特殊酿造工艺所形成的丰富营养成分有着密切的关系。目前，几乎所有的宾馆、饭店、酒楼烹饪时都要用到料酒，而且基本上采用黄酒，高档次的星级酒店则直接采用绍兴会稽山黄酒。

2.2　产品的组成及特点

2.2.1　纯正系列

会稽山“纯正”系列绍兴酒系传承云集酒坊精酿工艺，经过多年的陈酿，酒味醇爽，香气馥郁，至尊至纯。

2.2.2　清爽系列

会稽山“清爽”系列黄酒采用精白糯米、优质小麦和鉴湖源头活水为原料，经传承工艺精心酿制而成。产品酒香清雅，口感柔和、爽适、淡雅，酒体纯净、鲜美，属于新一代绍兴黄酒。

2.2.3　特型系列

会稽山“特型”系列黄酒系新一代养生黄酒。传承绍兴酒传统酿酒技艺，融入现代生物工程技术，精心酿制而成。口感醇和甘润，酒度低，含有多种健康养生元素，为新一代健康养生黄酒。

2.3　产品饮用

热饮（加温饮用）：秋冬季节，会稽山绍兴酒加温到40～50℃，此时酒香扑鼻，暖人心肠，细品慢酌，回味无穷。

凉饮（降温或加冰块饮用）：盛夏季节，可在冰箱内冰镇或加冰饮用，能消暑解渴，清洌爽口，别有风味。还可加话梅、鲜柠檬、樱桃、可乐。（比较推荐冬天饮用时加话梅，夏天饮用时加柠檬）

直接饮用：真正绍兴酒好酒，要品其纯正口味，不宜加入其他辅助物，以免影响其独特韵味。

药用：

2.3.1　浸黑枣、胡桃仁

不仅补血活血，而且健脾养胃，是老幼皆宜的冬季补品。

2.3.2 热酒冲鸡蛋

将黄酒烧开，然后将已打开的鸡蛋冲成蛋花，再加红糖用小火熬制片刻即可。常饮可补中益气。

2.3.3 浸泡阿胶

好药需要好酒来浸泡。妇女同胞，用黄酒浸泡阿胶后食用，可提高身体免疫力。

3. 市场分析

3.1 目标市场

南非，英文名称：The Republic of South Africa

南非共和国地处南半球，位于非洲大陆的最南端，介于南纬22°～35°和东经17°和33°之间，陆地面积为1219090km^2。人口4910万（2010年），有黑人、白人、有色人和亚洲人四大种族，分别占总人口的79.3%、9.1%、9.0%和2.6%。白人主要是荷兰血统的阿非利卡人（约占57%）和英国血统的白人（约占39%），语言为阿非利卡语和英语。亚洲人约109万，主要是印度人（超过90%）和华人。

3.2 市场状况

南非的葡萄酒：早在1652年，南非就第一次拥有了葡萄园。这使得南非成为世界上最古老的葡萄酒工业之一。南非有15个主要的葡萄栽植区域，其中最重要的是：康斯坦提亚、帕尔、斯泰伦布什、罗贝尔森、沃克湾、黑地。南非进行葡萄栽培的葡萄园面积接近117000公顷，占世界葡萄栽植总面积的1.5%。年产量有8亿升，占世界葡萄酒生产总量的3%，葡萄酒出口量占世界总量的3%。有35万人从业于南非的葡萄种植和葡萄酒酿造行业，而且葡萄酒生产对西开普省农业收入有着巨大贡献。南非有521个酒窖。其中40%是小型酒窖，年加工产量少于100t，30%是小酒窖，每年的加工产量少于1000t，25%是大型酒窖，每年的加工产量在1000～10000t，16%是超大型酒窖，每年的加工产量达10000t。

目前，南非酿酒葡萄种植规模达110200公顷，分布于长约800公里的区域。大约有73个栽培品种被批准用于葡萄酒的生产。每个品种都具有长期以来对不同土壤和气候适应而产生的不同特点，能够满足酿造特定品质、特定口味葡萄酒的要求。南非有521个酒窖。其中40%是小型酒窖，年加工产量少于100t，30%是小酒窖，每年的加工产量少于1000t，25%是大型酒窖，每年的加工产量在1000～10000t，16%是超大型酒窖，每年的加工产量超过10000t，有35万人从业于南非的葡萄种植和葡萄酒酿造行业。

南非的主要葡萄品种也是由欧洲引入的：红葡萄主要有嘉本纳沙威浓（Cabernet Sauvignon）、仙莎（Cinsault）、贝露特（Pinotage）、梅乐（Merlot）、穗乐仙（Shiraz）等。其中，贝露特（Pinotage）是最具特色的葡萄品种。

白葡萄有白翠柠（Chenin Blanc）、桑坦娜（Sultana）、哥仑巴（Colombard）、肯布（Hanepoot）、雪当利（Chardonnay）、白沙威浓（Sauvignon Blanc）、威士莲（Riesling）等。

参考商品价格（国内）：

克朗克鲁夫西拉子－赤霞珠 2005 Klein Kloof Shiraz Cabernet Sauvignon 2005

市场价格：￥680 元

3.3 市场环境

3.3.1 机会

a. 经济水平：南非属于中等收入的发展中国家，也是非洲经济最发达的国家（据中国外交部网站）。

南非自然资源十分丰富。金融、法律体系比较完善，交通、能源等基础设施良好。矿业、制造业、农业和服务业是经济四大支柱，深井采矿等技术居于世界领先地位。1994 年新南非成立以来，经济年均增长 3%。

2010 年主要经济数据如下：

国内生产总值	3133 亿美元
人均国内生产总值	6532 美元

b. 对外贸易：南非实行自由贸易制度，是世界贸易组织（WTO）的创始会员国。欧盟与美国等是南非传统的贸易伙伴，但近年与亚洲、中东等地区的贸易也在不断增长。近年对外贸易情况如下（单位：亿南非兰特）：

年份	2005	2006	2007	2008	2009
出口额	3314	3965	4919	6631	5154
进口额	3517	4650	5612	7276	5412

（资料来源：南非税务总局网站）

出口产品：黄金，金属及金属制品，钻石，食品、饮料及烟草，机械及交通运输设备成品。

主要进口：机械设备，交通运输设备，化工产品，石油等。

前十大出口目的地国为：中国、日本、美国、德国、英国、荷兰、印度、津巴布韦、赞比亚、西班牙。

前十大进口来源国为：中国、德国、美国、沙特阿拉伯、安哥拉、伊朗、日本、英国、法国、印度。

南非位于非洲大陆最南端，是非洲经济实力最强的国家，在南部非洲发展共同体中影响力最大，也是南部非洲关税同盟的主要成员。2006 年 6 月，温家宝总理对南非进行正式访问，双方签署《关于深化战略伙伴关系的合作纲要》，鼓励扩大双边贸易，以实现平衡、互利的贸易关系，两国将鼓励各自企业寻求发掘贸易潜力的机会，并相互积极支持对方国家企业前来投资。

c. 自然环境：南非气候的不稳定是黄酒进入南非市场一个有力的契机。由于其靠近海洋，云层比较厚，为葡萄起到良好的保温作用。但海洋气候也有不利的一面，一旦有风暴来袭，葡萄园就会颗粒无收，葡萄的收成受气候的影响非常大。因此，南非的葡萄酒也讲究年份。

d. 生活质量：生活质量的提高和健康意识的增强，使广大消费者对酒类消费向嗜好性娱乐、鉴赏性饮酒方式过渡，爱高度、嗜烈性、求刺激的不良饮酒观日益为人们所摒弃，进而崇尚健康、营养、保健的新饮酒价值理念。基于这一现实，黄酒作为低度、营养、保健型的酿造酒，正适合当今社会新的消费价值趋向，黄酒这一极具东方神韵的民族传统产品，是相当适合南非人民的。

3.3.2　威胁

南非本身不仅是一个重要的新兴经济体，还是进入其他非洲市场的门户。南非是南部非洲发展共同体的重要成员国，在南非投资意味着直接进入南部非洲市场。同时，南非在为非洲大陆提供能源、救济援助、运输、通信和投资方面发挥了重要的作用。

要有选择、有准备地在南非投资，应注意并妥善处理以下问题：

a. 社会治安问题：南非居高不下的失业率必然引起社会的不安定。南非的治安状况成为一大社会问题，对投资造成一定的影响，企业投资南非时必须对这一问题有所防范。

b. 黑人劳工地位问题：南非政府为提高黑人地位和生活水平，缓解失业压力，要求南非的所有企业必须雇佣一定比例的黑人。然而相对而言，一些黑人办事效率不高，思维不活跃，对数字不敏感。在南非投资，应充分了解当地对企业雇佣员工的要求，以及员工的生活和工作习惯。

c. 劳工权益问题：南非政府非常重视劳工的权益保障，南非的工会拥有很强的势力，罢工现象十分普遍。在南非投资应充分了解当地的政策法规，充分考虑所有不利因素，并制订应对措施。

随着南非与欧盟贸易协定即将到期，明年南非葡萄酒在英国的价格可能上涨。根据当前协议，南非向欧盟地区出口葡萄酒可以减免80%的关税。目前双方正在就协议到期后的关税问题进行磋商。南非贸工部部长戴维斯表示，南非、欧盟贸易协定将于12月31日到期。这意味着南非葡萄酒向欧盟国家的出口关税可能高达8.5%～24%。欧洲经济形势仍不明朗，南非货币升值一度给出口商造成很大困难，低税政策的取消对南非葡萄酒的出口无疑是雪上加霜。

3.4　营销目标

营销目标是指在本计划期内所要达到的目标，是营销计划的核心部分，对营销策略和行动方案的拟定具有指导作用。营销目标是在分析营销现状并预测未来的机会和威胁的基础上确定的，一般包括财务目标和营销目标两类。其中财务目标由利润额、销售额、市场占有率、投资收益率等指标组成。市场营销目标由销售额、市场占有率、分销网覆盖面、价格水平等指标组成。

3.4.1　销售额

a. 近期目标：南非市场销售达到会稽山公司总销售额的5%。

b. 长期目标：占会稽山公司总销售额的10%左右。

市场占有率：占有南非黄酒市场的80%以上，占有南非总体酒市场5%～10%。

3.4.2　分销网覆盖面

a. 近期目标：基本覆盖南非华人聚集区，南非各大城市休闲会所、酒店、超市。

b. 长期目标：覆盖南非酒市场、网络销售市场，并辐射南非周边国家的酒饮料市场。

价格水平：低档20～50南非兰特，中档50～1000南非兰特，高档1000南非兰特以上。

3.4.3　其他

未来一定时期企业形象的增值，即通过优质服务、让利和承担社会义务来提高企业的形象。

探索和积累营销经验，培育造就一支高素质的营销人才队伍，建立完善有效的营销网络体系。

让黄酒成为南非的主流酒品，被更多的南非人所接受和喜欢。

4. 营销组合

4.1　价格

4.1.1　生产成本

就生产成本而言，由于会稽山黄酒生产历史悠久，而且技术成熟，所以生产成本自然会随数量增多而降低。

竞争品牌差异：会稽山绍兴黄酒是一种低酒精度、营养丰富的发酵原汁酒。营养价值比同是发酵酒的啤酒和葡萄酒高得多。

会稽山黄酒内含丰富的小分子氨基酸、活性多肽、多糖、多酚、有机酸、维生素、微量元素以及大量含氮化合物。每天喝一二两黄酒可以活血化瘀，预防血栓及心脑血管疾病的发生，起到养生、保健、抗衰疗疾的作用，非常有利于身体健康。

4.1.2 出口成本

出口商品总成本（退税后）＝出口商品购进价格（含增值税）＋定额费用－出口退税收入，南非方面的进口关税，海运费用，仓储费用如下。

南非本土同类酒品：南非作为世界第九大葡萄酒出口国，其葡萄酒种类繁多，各式红酒、白酒、甜酒、气泡酒、雪莉酒、自产酒丰富，价格相对低。

南非经济状况：2010 年南非人均收入 5823.58 美元，处于中等发达国家行列，国民消费能力较高，消费水平较高。

4.1.3 南非市场酒价格（R 代表南非兰特）

Hennessey X. O. mini 轩尼诗 XO（酒办）	5cL	R69 元/瓶
Hennessey X. O. 轩尼诗 XO（2 号瓶）	35cL	R463 元/瓶
Hennessey V. S. O. P. 轩尼诗 VSOP	70cL	R270 元/瓶
Hennessey V. S. O. P. 轩尼诗 VSOP（2 号瓶）	35cL	R150 元/瓶
Remy Martin X. O. S. 人头马 XOS	70cL	R707 元/瓶
Remy Martin cLub 人头马特级	70cL	R336 元/瓶
Remy Martin V. S. O. P. 人头马 VSOP	70cL	R214 元/瓶
Martell Cordon Blue 蓝带马爹利	70cL	R651 元/瓶
Martell Cordon Blue 蓝带马爹利（酒办）	5cL	R51 元/瓶
Martell V. S. O. P. 金牌马爹利	70cL	R214 元/瓶
Cutty Sark 顺风威	70cL	R79 元/瓶
White Hourse 白马威	70cl	R97 元/瓶
Old Parr 老伯威	70cL	R305 元/瓶
Old Parr 老伯威	100cL	R336 元/瓶
Famous Grouse 威雀威	70cL	R97 元/瓶
Famous Grouse 12 Year 威雀绿牌 12 年	70cL	R235 元/瓶
Famous Grouse 12 Year 金雀 12 年	70cL	R161 元/瓶
Canadian Club 加拿大俱乐部	70cL	R97 元/瓶
Seagram's VO 施格兰 VO	70cL	R95 元/瓶

注：1cL＝0.01L

4.1.4 会稽山黄酒价格

会稽山绍兴黄酒在国内的售价以及南非市场建议价。

a. 纯正系列

500mL会稽山纯正三年

国内售价：12元/瓶

南非市场建议价：20南非兰特/瓶

500mL会稽山纯正五年

23元/瓶

32南非兰特/瓶

500mL会稽山纯正八年

25元/瓶

40南非兰特/瓶

b. 清爽系列

500mL会稽山清爽五年

国内售价：22元/瓶

南非市场建议价：30南非兰特/瓶

c. 特型系列

318mL稽山清

国内售价：15元/瓶

南非市场建议价：27南非兰特/瓶

500mL会稽山帝聚堂精雕酒（金标）

45元/瓶

56南非兰特/瓶

428mL会稽山帝聚堂精雕酒（银标）

45元/瓶

56南非兰特/瓶

4.2 销售渠道

4.2.1 网络渠道

互联网的广泛普及已经使之成为当前最为快捷、最为便利的信息沟通渠道，其之于行业企业的营销地位和营销推广价值也日益凸显。基于当前互联网对广大消费者生活的影响更为深入，消费者对于互联网的依赖程度也大大加强的现状，黄酒企业不妨在网络营销上做做文章。网络的优势非常明显，比如传播直接到达率高，传播速度快，推广成本低等特点。而且于对黄酒而言，网络还有一个突出优点，即能够充分借助多媒体优势，使黄酒产品和文化传播更为直观，传播更有立体感，传播手段也将更为丰富，同时也有助于会稽山黄酒的口碑宣传。基于以上优势，应该说，网络营销非常适合当前黄酒企业的营销需求和企业现状，是一种经济实惠型的营销推广途径。网络营销将来应该成为黄酒企业的必选项。

a. 厂家可以在南非著名的购物网站上出售相关商品。例如，EABY 网站是全球著名的拍卖网站，在每一个国家都有分站，虽然在中国不是很普遍，但是在国外还是挺普遍的，在南非，前总统曼德拉还曾在此网站上拍卖与他喝茶的机会，由此可见，这个网站在南非还是有一定的知名度的，还有购买方式就像国内的淘宝，用信用卡支付，原理一样，容易上手，不仅是 EABY，在当地比较有名的购物网站上都可以进行有关的销售。

b. 随着网络社区、网络游戏等网络交际形态的出现，基于网络的互动和沟通方式的不断丰富，不少企业和品牌通过植入式广告等品牌推广形式获得了极大成功，其品牌推广和营销方式也得到了极大的衍生和丰富，网络营销推广的空间一下子被放大了。黄酒也可以采用此种方式。

4.2.2 传统渠道创新

黄酒是我国特有的酒类品种，属于世界三大古酒之一。黄酒的营销渠道一直都是比较普通型的，近几年，传统的营销渠道有了一定的创新，这种创新的模式也可以根据南非的具体情况，通过改变其中的一些内容运用于南非，在传统的营销渠道上走出新路子。

就拿国内的来说，会稽山在 2005 年推出的“水香国色”就是在创新渠道推广模式上取得的巨大成功，此系列产品在江苏市场一亮相，就迅速获得市场的喝彩。在南非，根据南非的特色或是种族、部落的分布推出不同系列的黄酒，首先在南非的重要繁华市场进行重点推广，配合运用大量的互动性的促销活动，制造声势；第二步，地区大规模铺货，广告及时跟进，提高黄酒系列的市场占有率；第三步，逐渐向小城市、城镇渗透，延伸网络的广度和深度。

4.2.3 特通渠道

除了传统渠道之外，企业还可以采用机场的免税店、铁路系统、汽车站、药店等这些特通渠道。南非有 10 个不同的飞机场，都是由 ACSA 运行，其中 3 个是国际机场，因此企业可以进入机场的免税商店，特别是与其中的著名的商店合作，达成协议，能够在其商店内销售黄酒，提高知名度，更容易被消费者所接受。在黄酒的销售品种方面，也可以有所不同，在机场的消费者有一部分的消费水平比较高，在机场可以推出与普通市场不同的系列。

另一种方法是可以将火车上的餐车以及流动送货车作为销售平台，适当地对乘客展开销售，这种方式对于啤酒、白酒来说并不陌生，但是对于黄酒来说还是头一回。

选择销售的品种，应该普及率高，价格适中，适应性强，与乘客相适应。但是南非的火车系统不完善，设备老化，乘客数量不多，在这方面不主张大量的投入。近几年，南非将对部分火车站进行整改，欲仿中国建高铁，到时南非的火车系统将发生一系列的变化，企业要根据相关的情况，决定是否要加大投入，在火车站开专卖店等。

同时会稽山可以和南非或是国外其他的著名酒庄合作，借其在南非的销售网络，推广会稽山黄酒，进入南非的酒类市场。这里有个古越龙山的成功例子，可以借鉴。古越龙山和法国卡慕酒庄合作，从2005年5月进入了卡慕酒庄在新加坡开设的“中华国酒”专区。南非著名的酒庄有乐梦迪（La Motte）和猎豹庄（Leopard's Leap）

在药店也可以出售黄酒，销售人员要熟悉黄酒的相关功效，如活血祛寒，通经活络，抗衰护心，药用价值（可作为药引），保健功效等，加深消费者对黄酒的印象。

4.2.4　口碑营销

口碑传播具有信服度高、自发性的特征，信息的传播者也是接受者，能够给消费者以深刻的印象，传播过程就是消费者交流的过程等。口碑营销在营销中的作用越来越重要，充分恰当地运用有关措施，将达到良好的效果。

可以运用商会进行推广，这已经不是什么新鲜的事物，无论是白酒、红酒还是黄酒，不少企业在推广上都将“商会”作为一个重要的推广渠道和重要载体。在国外推广黄酒，仅仅靠黄酒企业的摇旗呐喊显然是不够的，充分利用人情和口碑传播无疑是一条事半功倍的捷径。在南非的中国商人，其中有一部分可能具有比较成熟的黄酒消费习惯，另一方面，商会一般与政府、经济各界交往密切，融合程度高，黄酒推广可以充分利用这张无形的网络，增加其影响力，口口相传，让当地更多的政界和商业人士认识黄酒，喜欢上黄酒。

4.3　促销策略

4.3.1　整体市场战略

“会稽山黄酒”要成功进入南非市场，那么我们的整体市场切入策略可分为三个阶段来操作。主体运作思想为：采取以点带线、以线带面，从而最终盘活南非整体市场的步步为赢之策略来赢得本品牌在南非区域的竞争优势。

第一阶段：让会稽山黄酒进入南非主要超市，通过超市来运作南非的便利渠道，以掌控零售终端。前期不宜进行大面积铺货，仅通过超市为核心来开展促销与公关，并逐步提升品牌的知名度与影响力。

第二阶段：找寻几家信誉好并拥有一定餐饮网络的客户，作为我们产品在南非餐饮渠道的代理商来运作餐饮渠道。我公司则配合其进行市场管理与产品促销，以确保产品的快速周转。

第三阶段：在产品有了一定的知名度与销售量后，主动吸引一些跨国零售商的注意，最终以合理的代价进入其卖场销售。

4.3.2 宣传策略

a. 广告促销：本公司针对会稽山黄酒推出的广告，主要强调产品特性、食用价值及品牌差异和消费者所能得到的利益。

电视广告以主要城市的电视台为主；报纸广告主要是为招商和促销活动的前期造势，同时充分借助行业杂志和行业网站对本公司生产黄酒进行宣传，以达到如下效果：在市场中建立产品知名度和激发购买兴趣；提升企业及品牌形象。

b. 事件营销：赞助有重大影响的活动，例如为足球赛等免费提供会稽山黄酒。

c. 终端策略：将部分优势终端建成专卖店，进一步提高会稽山黄酒品牌的知名度和影响力；强化终端形象建设，提高终端销售力；提高终端导购人员执行力。

4.4 促销活动

在南非的特殊节日实施免费品尝活动，例如自由日、青年节，还有和解日。

平时进行捆绑促销活动。例如把纯正系列和清爽系列搭配捆绑销售，来提高南非消费者对绍兴会稽山黄酒的认知度。

会稽山黄酒走进各大饭店或是有关的室内娱乐场所，在客人消费的时候，向其推荐黄酒系列产品，并加以适度的优惠政策，让人们接触黄酒，品尝黄酒，在此过程中记住会稽山黄酒，有一部分人尝试过后会向周围的人推荐，或是谈论会稽山，增加知名度。

第六章 黄酒的终端营销技术

社会商品供应过剩的时代，大多商品都会出现激烈的竞争。而作为快速消费品的黄酒市场营销竞争更是越来越激烈，已经从原来的渠道营销竞争，转入渠道末端的终端竞争。终端作为黄酒营销技术的一个关键点，被越来越多的黄酒生产企业所重点关注，并在营销动作中将终端作为一个战术重点进行具体的策划与实施。

第一节 终端的概念与种类

本节讲述的终端不包括直接消费的消费者个人，而是指销售渠道的末端经销商。以下所有讲述的内容都是围绕这一终端展开的。

（一）终端的概念

终端即末端，也就是黄酒产品不再被转卖而直接进入消费饮用的场所。

这里的终端，指的是黄酒产品真正被消费之前的最后一道转手，接下来是开瓶问题。开瓶对于酿酒行业来说是一个非常重要的问题，尤其在餐饮行业，开瓶率是酒类产品营销中最关注的数据之一。所以说，做好终端对快速消费品具有极其重要的意义，黄酒也不例外。

黄酒的终端营销具有以下意义。

1. 具有区域垄断性

黄酒在铺货结束后，就要看终端的走货量。在正常销售或在促销的支持下，黄酒终端的销售便是最为直接的影响因素。一般情况下，终端的产品只要销售店有足够的诚意去经营，消费者便大多会根据销售店的意思进行购买。尤其是那些黄酒只卖一个品牌的小店，就是垄断经营。这也是终端营销的魅力所在。

2. 可提高产品销售收益

企业如果抓直销，将产品直接供货给终端，则可减少销售环节，增加利润。目前大多数企业还是由中间经销商来控制终端，或者说是在经销商控制下的终端进行销售。如果企业配合经销商，做好终端的各项营销促销工作，经销商的销量会有明显的提升，这样也间接为企业增加了收益。

3. 能有效收集市场信息

企业在进行终端营销、促销、维护时，可直接接触消费者，能准确了解市场动态、竞争对手信息和消费者的实际需求，能使企业有效地掌握黄酒市场的动向，为企业的下一步决策提供可靠的信息数据。

4. 可防止假冒产品上架

因为企业营销人员直接维护与控制着终端，销售渠道中常常出现的假冒产品便会立即被发现，不法经销商可及时被处理替换，能有效防止假冒产品的上市、上架。

5. 是建立样板市场的有效途径

终端营销不仅能及时开展促销、提升销量、阻止竞争对手的渗入，还是建立产品营销样板市场的有效途径。企业占据终端越多，证明市场占有率越高，样板作用便会越明显。

（二）终端的种类

黄酒行业的市场终端一般指大型购物场所等商场、超市、饮食场所、零售店、专卖店、特殊销售点等。许多营销专业理论把批发市场也归为市场终端。我国的批发市场十分发达，那些酒类、食品、食杂批发市场不作为本章的讨论内容。

（1）商超　超市、连锁店、大型商店、商场以及一些小量批发的批零兼营店等。

（2）餐饮　酒店、宾馆、饭店、饮食城、大排档及一些有规模的可购物的食堂等。

（3）零售小店　社区便利店、食品杂品小店、名烟名酒店、专卖店、代销点等。

（4）特殊销售点　机场、车站食品店、网上销售店、电视购物等。

第二节　终端市场的现状

近几年来，黄酒市场的竞争开始加剧，尤其是对终端市场的争夺，竞争的程度是越来越激烈。我国黄酒企业近千家，年产量约340万kL。而白酒企业超过3万家年产量在1200万kL。啤酒企业虽然集中度比较高，但品牌也在1千个以上，年产量2500万kL，多年来为世界第一。加上其他酒类产品，使我国酒类商品目前相对供大于求，产能过剩。也正是由于这种供过于求的矛盾存在，才使得我国酒业市场竞争程度也在日益加剧。而酒类企业为了能够迅速有效地实现最终消费，越来越多的企业在市场运作中将目光集中到了终端，从而加剧了对终端的争夺。

一、终端市场竞争加剧的主要原因

目前，黄酒终端市场竞争加剧的原因主要有以下几个方面。

（1）黄酒作为一种酒类商品供大于求，已显过剩，市场空间正在逐渐缩小。

（2）终端市场是酒类产品销售与消费的主要场所。

（3）同类、同质产品竞争品牌越来越多，产品差异越来越小。

（4）其他如宣传、政策等因素也加剧了竞争。

二、终端市场现状

酒店、超市、商场、量贩店、零售店及娱乐场所等是酒类产品主要销售终端。而且这些终端主要集中于区域市场，数量和集中程度取决于城市的大小和消费水平，对酒类产品而言，终端数量十分有限，过多的竞争品牌和相对有限的终端，必然导致竞争更加激烈。尤其对于那些实力雄厚的企业，常常是对终端志在必得，就不断以比竞争对手更加优惠的条件来争夺终端，终端也借机不断地提高自己的身价，引发越来越严重的终端恶性竞争，市场秩序较为混乱。

这主要表现在以下几个方面。

1. 终端销售权买断现象越来越多

终端销售权买断，目前在啤酒企业中运用较多，其他酒产品采用这种做法的也逐渐增多。因为这些买断的经销商不是单一做啤酒的，他们往往是酒水供货商，使得其他酒类产品也被一道买断。所谓终端销售权买断就是酒类企业与终端达成一致协议，企业给予终端更加优惠的价格和其他附加条件，在约定的时间内，终端保证只销售该企业提供的产品的销售方式。这种排他性、垄断性的销售方式固然有效，但其已违背了市场经济规律，因为它的垄断权是通过不正当、不公平的途径获得的。酒类企业给终端经营者许诺各种额外的回报和优惠条件，除提供给经销商一大笔真金白银外，还附带有开盖有奖，包装盒的现金券、促销品，给服务人员开瓶费，甚至为服务员发工资等。这种促销行为本身就是一种商业贿赂行为，是一种不正当竞争，是不符合市场经济公平竞争原则的。它使各种实力不同的竞争者不能站在同一起跑线上展开竞争，给弱势企业市场开发造成更大的压力，同时，它也侵害了消费者的消费自主权；终端销售单一的品牌，限制了消费者选择自己喜爱的品牌权利，促销人员推销或强卖行为伤害了消费者的感情，影响了消费者的消费情绪。这种营销方式，过多发展必将导致市场竞争更加混乱无序，更不利于酒业市场的健康发展。国家对此类现象进行了严格的管理，但由于利益使然，往往是形式改变而实质未改，换汤不换药。

2. 终端向企业索要越来越苛刻

由于越来越多的企业对终端的争夺，终端的地位也越来越高贵起来，开始向企业提出各种各样的要求和条件，如若不从，那就与你“拜拜”，终端绝不会回头看你一眼。许多企业总是抱着“留得青山在，不怕没柴烧”的思想，也就委曲求全，顺从终端。目前终端除向企业提出产品优惠外还不断地向企业索要什么进店费、门头制作装修费、上柜费、人员促销费、广告费、质量保证费、各种赞助等五花八门的费用。这些费用必然会导致企业营销成本越来越高，使一些企业疲于应付，甚至难以应对。

3. 企业之间对终端争夺越演越烈

企业为了争夺有限终端市场，运用各种手段，不惜一切代价。实力雄厚的企业以其财大气粗的气势进行争夺，为终端送冰柜、展示柜、电视机、空调等，一些企业进行狂轰滥炸的广告宣传来塑造品牌形象及知名度，还有些企业利用地方政府部门的保护进行争夺，更有甚者采取暴力驱逐竞争品牌等手段以达到占领终端的目的，终端竞争随市场竞争的加剧而越演越烈。

4. 终端的促销力度日益加大

企业在占领终端后为使自己的产品迅速成为终端消费第一品牌，于是就大搞促销，并用广告狂轰滥炸；促销礼品花样百出；有的企业促销更是神通广大，为了赚一笔就走，搞有奖促销不兑现，严重影响了正常的促销行为。

终端的恶性竞争是明摆的现实，对行业、对企业、对产品、对人性、对道德都造成了很大的伤害，也已成为大家的共识。随着国家对酒类产品经营的法制化轨道逐渐完善，终端混乱的局面会有所改变。如何走出终端恶性竞争的阴霾，仍然是黄酒行业、黄酒企业要深入研究的课题。

三、酒类终端营销发展趋势

当今酒类产品、价格、质量乃至于广告越来越趋向同质化，这样，渠道的差异化竞争将成为酒类企业竞争的重点，渠道建设最终要落到对终端零售网点的占有。随着国家对酒类经营的规范化，酒类竞争在行业和企业的自律下，企业对终端营销实践和运作逐步向规范化方向发展。这样酒类终端营销的发展可简要概括为以下几方面。

1. 终端营销仍将是企业的核心业务

终端市场销售最终的目的就是将黄酒产品卖出去，并且终端零售商乐意卖，而消费者乐意买。要想做到这一点，关键就是要能控制住终端。终端营销的作用和意义将越来越被企业重视，将成为企业营销中的核心环节。

2 终端竞争越来越趋向规范化

目前酒类终端营销在资本化运作的同时也在逐渐走向规范化运作，企业在终端运作时会清醒地意识到，恶性的不正当竞争，最终伤害的是企业本身。企业也越来越理性化，也意味着终端竞争会朝着规范化发展。

3. 终端营销将朝着低成本运作方向发展

做终端要花大本钱，但不做终端所付出的要比做终端付出的成本更大，不做终端会失去整个市场。企业在进行终端营销过程中必然有成本费用的付出，因此必须考虑如何进行低成本运作发展，来控制不必要的付出或减少付出。

4. 终端营销将趋向合作与双赢

随着连锁业的发展，企业在终端营销方面也在不断发展创新，尤其是原来只是单一小店的，现在也注意加盟大的连锁，然后挂上大连锁企业分号的招牌。黄酒企业必须在巨额的终端营销费用面前，想方设法与终端合作共同发展，采取一种互惠互利、平等双赢的营销模式，就是将规模大的连锁终端作为企业的经销商来运作管理，来实现双方赢利的目的。专为一些大连锁超市定牌的黄酒品种，就是这种实践。

5. 终端营销管理更加规范化

随着企业对终端营销逐渐重视，终端营销管理也在不断地完善和提高，各个环节也在逐步规范，从终端档案管理、人员管理、财务管理、终端风险管理一直到终端的整体策划都在一步步走向成熟和规范。

6. 终端乱收费将得到有效制止

由于国家采用严厉的反腐政策，已经对终端乱收费进行了行政干预和法律规范。因此，终端乱收费将得到有效控制。终端营销将会逐渐走上规范化的道路，这给企业带来的是利好。

第三节 终端营销方案的制订

既然终端在黄酒营销中有如此重要的地位，就是在乱收费的情况下也在所不惜地投入，那么，终端营销的方案必然是十分重要的一项前期准备工作。可惜的是大多黄酒生产企业在实施终端营销时，缺少完整的终端营销方案，有的甚至根本就没有做终端营销方案，就凭老板、业务员或其他相关人员的一番话就开始做了，具有很大的盲目性和随机性，这样的终端营销有一个切实的成效只成为一个美好的想法。所以，为使终端销售有一个比较好的收益和足有成效的品牌提升，黄酒生产经营企业必须先制订一个切实可行的终端营销方案，供业务员认真对照落实。

在制订终端营销方案时，要注意营销方案的构成和制订步骤这两个要素。

一、终端营销方案的构成要素

终端营销方案如果要做得比较详细与可操作，内容一般由终端营销环境的分析、企业的优劣分析、终端营销的组织机构及人员配置、终端营销战略及行动方案、终端营销经费预算及行动方案控制六个方面组成。当然也可将必要的市场环境与企业产品分析，作为终端管理的主要方面进行阐述。下面介绍终端营销方案的一般构成。

1. 终端营销环境的分析

终端营销环境分析主要包括两方面：一是外部环境分析；二是内部环境分析。外部环境分析主要是对终端市场状况、终端竞争态势、行业趋势、竞争对手等情况的分析和评估；内部环境分析主要是对企业人员状况、产品状况、销售情况、企业实力、经营战略等情况进行分析。进行终端营销环境分析目的是为制订有效的终端营销行动方案作铺垫，它是终端营销策划的基础。

2. 企业的优劣势分析

企业在进行终端营销策划时要对竞争对手进行客观、正确的把握，做到知己知彼、百战不殆。同时还要详细地列出自己的产品在市场上的优势、劣势、机会与威胁，存在哪些问题，如何做到有的放矢、扬长避短，从而建立自己的竞争优势，这也是进行企业优劣势分析的主要目的。

3. 终端营销的组织机构及人员配置

企业进行终端营销必须有一个稳定的组织，并配备合适的人员，人是生产力的主要因素，做终端营销必须有一支稳定的队伍。因此，这一环节对于终端营销方案的制订者也是不可忽视的。

4. 终端营销战略

终端营销战略是终端营销策划的核心内容，它是终端营销成败的关键；终端营销战略为终端营销活动确定了方针和方向，同时还要确定具体的营销目标，所有的行动方案将围绕着营销目标展开。

终端营销战略主要包括：产品定位、市场定位、广告宣传、促销、推广、销售政策及终端渠道开发策略等内容。

5. 终端营销成本预算

终端营销成本预算是一项非常细致、具体的工作，要求策划者对各种实际费用了如指掌，如广告投放，投放电视、报纸的费用，POP 投放费用，各种促销品的价格，营业推广在各种场合的费用，甚至终端的进店费、上柜费、促销费等都要了解得清清楚楚。

6. 终端营销行动方案控制

为了确保设计好的行动方案得以顺利实施，必须对整个行动方案的实施全过程予以控制。作为营销方案内容的最后一个部分，要设计出一个有效的控制系统，控制系统要在组织上、制度上、人员上给予充分的保障，不断地提出建设性的意见来。

终端营销要切实可行，具有可操作性，千万不能闭门造车，为形式而策划。

二、终端营销方案制订步骤

终端营销方案制订的具体步骤主要分为六个过程，即：信息资料的收集与分析、终端营销目标与方案设计、终端营销经费预算、终端营销方案研讨、终端营销方案修改与调整及终端营销反馈与控制。

1. 信息资料收集与分析

信息资料收集是终端营销方案制订的基础。收集资料的内容主要包括市场调研的内容、业务员日报表、销售总结报告、召开座谈等，还包括企业统计报表、企业文献、销售分析表、经营计划等。

对于收集到的各种材料、信息要进行系统整理，加以分析，通过分析，从中找出问题，理出头绪，把握企业所处的营销环境的具体情况。

2. 终端营销目标与方案设计

终端营销目标与方案设计是制订营销方案的关键阶段，它决定了营销策划的成功与否和质量的高低，这是终端营销策划的核心内容。对于方案的制订者而言，应把主要的精力和重点放在这一阶段。另外，终端营销目标与方案设计，要让人感到有的放矢，切实可行。

3. 终端营销经费预算

经费是指为了达到目标而实施终端营销方案所需的费用。费用的预算不能是一个笼统的数字，要进行细分，计算各项活动的费用。例如在预算促销费用时，除了列出总金额外，还要预算出广告费用、业务员费用、促销品费用、媒体费用等。

4. 终端营销方案研讨

终端营销草案完成后，应递交企业决策者及相关营销人员，进行沟通、研讨并听取各方意见，了解决策者意图和想法，使营销方案内容更符合实际。

5. 终端营销方案修改与调整

对于营销策划而言，在不同的时间范围内和不同的营销环境内往往会发生变化。因此，对于终端营销方案应不断地修改和调整，以确保终端营销方案的可行性和可靠性。

6. 终端营销反馈与控制

终端营销方案实施一定的时间后，要根据结果对终端营销方案进行评估，看一看终端营销目标是否能达到，是否有差距存在，是否存在漏洞和问题，若有问题，则要找出原因，以便对接下去的营销行动进行必要调整。

【案例】

河南高档H酒终端营销方案（节选）

在2001年根据集团提出的“重心下沉、服务终端”指导方针，为适应市场发展的需要，进一步加大H啤酒的终端铺货力度，提高H啤酒的高档终端市场占有份额，确立H啤酒品牌地位，针对郑州高档终端开展直销拟订本方案。

一、直销队伍的组织及人员配置

1. 组织结构（略）

2. 人员配置

（1）直销中心负责人1人（内勤1人），负责全面的直销、管理工作。

（2）直销区域主管5人，负责各区域的直销管理工作。

（3）直销员15人，其中含6个主管，负责直销业务工作。

（4）配送车队队长1人，全面地负责调配送货工作。

（5）送货员6人，由司机兼任，含车队队长；促销小姐若干名（根据具体情况而定），主管1人；共需配置人员30人。

二、终端营销目标

（1）力争在郑州占领150家左右高档终端，中档终端200家，其他有效终端100家，总计450家终端。

（2）金海湾、H纯啤酒、H黑啤酒、精制H啤酒，总销量为50000箱，其销售比为1:2:3:4。

（3）销售金额：3000000 元。

三、终端的选择

1. 重点选择对象

高档酒店、酒吧、宾馆、娱乐场所以及名店旺店等。

2. 选择条件

A、经营状况良好，客源广，有一定的啤酒销量。

B、重点一级、二级、特级店以及星级店。

C、信誉良好。

D、在同行业有一定的影响力和知名度。

四、终端营销产品的选择

（1）H 金海湾：规格 640mL。

（2）H 纯啤酒：规格 600mL。

（3）H 黑啤酒：规格 450mL。

（4）精制 H 啤酒：规格 630mL。

五、终端产品的加价

根据目前市场上高档啤酒市场状况和终端运作所需费用各项支出，确定终端直销产品的加价率为 *X*% 左右较为合适。按 *X*% 的产品加价率计算终端直销的产品价格为：

（1）H 金海湾（630mL × 10）XX 元/箱。

（2）H 纯啤酒（500mL × 12）XX 元/箱。

（3）精制 H 啤酒（630mL × 12）XX 元/箱。

（4）H 黑啤酒（450mL × 12）XX 元/箱。

六、终端市场区域的划分

直销区域根据郑州高档终端的分布特点及地理条件，共分五个区域，分别为：东区、南区、西区、北区和中区。

七、终端的管理与维护

1. 终端管理的原则

（1）专人专管的原则。

（2）建立详细的终端管理档案。

（3）设立终端销售进度表。

（4）分类管理，把终端分 A、B、C 三类。

2. 制订走访计划

（1）A 类终端每天必须走访一次。

（2）B 类终端保证两天走访一次。

（3）C 类终端保证每周走访两次。

（4）填写走访表，记录回访内容，并进行分析总结。

3. 终端产品陈列生动化管理（详见终端整合方案）
（1）货品陈设要求与技巧。
（2）POP 设置规定。
（3）挂旗（条幅）招贴的放置。
（4）主体 POP 展示柜、展示物的摆设。
4. 销售服务管理
（1）促销品发放。
（2）收瓶、兑奖等服务工作。
（3）理货、补货、结账等服务工作。
八、终端促销活动
（1）销售（累计）奖励活动。
（2）赠饮、试饮类促销活动。
（3）竞赛、抽奖类促销活动。
（4）现场人员促销活动。
（5）广告促销活动。
九、促销品的配置
高档杯子、啤酒启子、门贴广告、餐巾纸、桌布、台卡、展示柜、冰箱、悬式条幅、POP 人体等高模等。
十、终端销货、提酒及结算程序
1. 铺货程序
（1）由直销员开发终端。
（2）直销员填写提货申请。
（3）负责人签字后提货。
（4）送货员（司机）送货。
2. 提货程序
（1）直销员填写提货申请单。
（2）由负责人签字、财务审核。
（3）送货员或直销员提货。
3. 财务结算管理
（1）直销员负责（按协议合同规定的）对应收账的终端协调结账方式及日期。
（2）直销中心（分公司）建立终端客户直销业务员台账及明细账。
（3）定期由专人直接到终端客户收账并及时充账、对账、审核和结算。
十一、业务人员考核与管理
1. 业务人员工资

基本工资 + 提成 + 奖金

（1）基本工资：XX 元/月。

(2) 提成：H 金海湾提 XX 元/箱、H 纯啤提 XX 元/箱、精制 H 与 H 黑啤各提 XX 元/箱。

(3) 奖金：以考核结果为依据发放。

2. 业务人员的考核项目及考核标准

针对终端业务人员的工作特点，对其考核主要从十个方面进行，并根据各项业务比重进行评分，具体如下：

①进店费用控制；②回收款金额；③销售产品结构；④开发终端数量；⑤终端档次；⑥风险系数；⑦工作态度；⑧客情关系；⑨客户档案；⑩回访率等。

十项考核共计 100 分。

十二、其他部分（略）

第四节 终端的铺货与陈列

所谓铺货就是指企业的推销员或业务人员把产品送到终端进行销售的行为。铺货是进行终端营销的一个重要环节，没有铺货就不可能形成终端市场占有率，没有铺货就不可能有很好的销售，因此说铺货是终端营销的一个关键环节。但面对市场竞争如此激烈的今天，铺货也是一项十分艰难而又烦琐的工作，不仅要面对终端的拒绝，而且还要面对市场的竞争和种种风险。铺货工作做得好与坏直接影响着企业终端营销的成败。

那么，怎样进行铺货才能有效地占领终端呢？

一、铺货准备

终端铺货和其他营销工作都要按照一定的计划和程序进行，这里重点介绍铺货的具体工作程序和要求。

1. 铺货人员

铺货之前，必须根据市场的需要，组织和配置好人员，只有合理地进行人员分配，才能有效地进行铺货。不但要有组织机构和合理的人员配置，而且还要进行明确的分工，做到各司其职。

2. 铺货工具

铺货工具一般指运输工具、促销表单、产品图片以及有助于铺货的其他工具等。在铺货时一定要根据终端开发数量、送货数量、分布情况等，安排和分配好交通运输车辆、促销品、宣传页、价格单等铺货工具。

3. 铺货的产品

铺货之前，铺货人员不但要准备好所要铺货的产品，而且还要对产品进行全面的了解，便于在铺货时与终端客户进行介绍与宣传。

4. 铺货计划

铺货之前，一定要制订详细的铺货计划。每个铺货人员和业务人员都要准备，要明确从哪里开始进行，对目标铺货计划、时间安排、路线安排等都有一个明确的计划方案。

5. 铺货人员自身准备

铺货人员和业务人员自身准备主要是身份证明、名片、熟人或领导介绍信函，以及必要的社会关系名录及联系方式，以便在铺货交流时能取得终端更好的信任。

6. 准备终端客户档案记录表

铺货终端访问后填写记录表，见表6－1终端铺货客户档案表、表6－2终端管理一览表、表6－3终端销售动态表。

表6－1　　终端铺货客户档案表

终端客户名称：　　　　上一级单位名称：

地址：　　　　营业面积：

店员总数：　　　　柜台人数：

性质：超市□　商场□　酒店□　零售店□　　　　进货频率：

销售酒类产品：白酒□　啤酒□　黄酒□　红酒□　　　　其他酒：

营业时间：8小时□　12小时□　24小时□

营业客流：大□　中□　小□

售货方式：开架自选□　销售员取货□

职务	姓名	电话
经理（店主、老板）		
采购		
会计		
柜组长或领班		
去年酒类销售额		
其中黄酒销售额		
本公司占比/%		
主要进货渠道		

本公司产品品名	铺入数量	终端营业员姓名	电话

表 6－2　　终端管理一览表

客户类别：

序号	终端名称	地址	负责人	电话	备注

区域：　　负责人：　　年　月　日

表 6－3　　终端销售动态表

区域：　　负责人：

终端名称	进货日期	品种	数量	送货车号	司机姓名	电话

二、铺货的工作程序

1. 终端市场调查与研究

营销工作从市场调查开始，这是市场营销工作人员必须熟记于心的。铺货也是如此，没有调查的铺货是很危险的，即使没有危险，也没有值得借鉴和仿效的价值。终端推销人员或铺货人员一定要坚持没有调查不开展铺货和销售工作。企业也要允许终端推销员花时间去开展调查工作。市场调查的目的主要是了解以下信息。

（1）谁是我们的终端客户？

（2）终端客户的具体情况如何（如经营状况、规模、信用等）？

（3）谁是我们的主要竞争对手，他们的优势在哪里？

（4）该市场的消费水平、习惯如何？

（5）特点及趋势等如何？

2. 终端市场分析与策划

无论推销还是铺货，不能走一步算一步，而要有完整的销售或销货方案的实施过程。一些优秀企业通常能够做到没有方案不准销售，没有方案不予报销和支付费用。因此无论推销员还是铺货人员都必须对自己的工作制订一个全面的营销方案。方案要包括以下内容。

（1）终端市场分析；

（2）终端消费者分析；

（3）终端的竞争对手分析；

（4）公司的产品竞争优势分析；

（5）终端营销的目标；

（6）终端营销的组合策略等。

3. 制订铺货方案与实施

根据已有的终端市场分析，结合企业和每一个区域的具体情况制订可操作性的铺货方案，并限定每一区域实施不同阶段的时间。在铺货以前最好进行一定的促销或宣传活动，会提高铺货的效率，降低铺货难度。在铺货时要做到责任到人、任务明晰、难易适中。做到以当期激励为主，长期激励为辅。

4. 评估铺货方案实施情况

做好终端档案建立工作，做好客户档案表等的回收、记录、反馈等工作，并结合随机回访等方式，以时时监控铺货方案实施情况。

5. 调整或制订新的方案

根据已有的方案评估情况，对照各实施阶段的时间，随时调整方案的实施方式。如果完成情况很不好，或市场情况发生了重大变化，甚至可以考虑制订新的方案。

三、终端铺货原则

（一）目的性原则

实施终端营销要有目的性，铺货也是如此，尤其在对终端争夺如此激烈的今天，企业实施终端营销时要付出一笔较大费用，如进店费、上柜费、促销费等，而且要面临着很多的终端风险。若在进行终端铺货时不注重终端的选择，没有目的性，企业面临的困难和风险就会增大，因此企业进行终端铺货时一定要有目的性，这次铺货是新产品上市、新市场进入、提升终端占有率还是提升品种上架量？只有明确了目的，才能避免盲目的终端开发和铺货。

（二）全面性原则

终端铺货的全面性与前者所言的目的性并不矛盾，铺货的全面性是在有目的性的基础上全面进行，铺货全面性是针对终端类型、区域、分布而言的。在进行铺货时，不论是超市、量贩、连锁店、便民店，还是酒店、饭店、宾馆、娱乐场所等，只要有销售能力而且具有良好信用的终端，都应该进行铺货，这样，不仅可以提高市场占有率，而且还能有效地展示自己的品牌形象。

（三）重点性原则

对一些缺少实力的企业和经销商而言，进行重点终端铺货是十分必要的。因为做终端营销企业要支出庞大的人力、物力和财力，而且也存在着很大的风险。所以对于一些缺少实力的企业，在铺货时要选择重点终端进行铺货，避开一些不必要的进店费用。但进行重点铺货时，要注意所铺终端的地理分布情况，尽力均衡分布或集中进行，千万不要东一家，西一家，既形成不了规模，又不具有辐射力和影响力。

（四）及时性原则

对于一个市场，预先要有计划地配置铺货人员和业务人员。铺货一定要及时，不要拖三落四。铺货工作要短平快，迅速销货及时促销，这样便于管理。如宁波阿拉酿酒有限公司在“阿拉老酒”上市时，用3周时间，铺入宁波北仑区85%以上的终端，对提升品牌认知度起到了极为重要的作用，也为宁波全市的铺货树立了样板。

四、终端铺货要注意的问题

终端铺货不是你想铺就能铺得到位的，在铺货前要考虑许多会出现的各类问题，避免应急不慎而造成终端客户的流失。

1. 进店费

企业在进行终端铺货时常常遇到终端提出要进店费，这是终端铺货中的“拦路虎”。有的终端是你不掏进店费休想进店，这也是让业务人员最头疼的事，企业对此虽然也是苦不堪言，但必须有准备，针对不同类别的客户，有不同的应对方案。每个业务人员在铺货之前都要有这样的心理准备。

2. 赊销

赊销是某些终端的习惯做法，终端业务员为了提高自己管辖区域的市场占有率，有时也会考虑赊销，可以根据具体情况选择实施。首先，业务员要了解赊销客户的信誉，其次要注意赊销每批货价值不能太大，要在公司允许的合理范围之内。

3. “前押”销售

“前押”销售是第一次铺货时不给钱，等第二次送货时结算上一次货款。目前，多数小型终端采用这种形式，但以“前押”进行铺货时，一定要注意第一次铺货量的把握，尽量少量铺货，待动销后，观其实际效果再做调整。

4. 拒绝

业务员在终端销售时被拒绝可以说是家常便饭，推销就是从被拒绝开始的。

一个优秀的业务人员也必须具备良好的心理素质，终端铺货也要做好被拒绝的准备。

5. 终端提出过分条件

在终端铺货中，有一些终端会提一些比较过分的条件，作为一名业务人员必须有一定的心理准备，绝不能被其提出的过分条件所吓倒。如一些终端提出让你拿进店费，还要你为终端做一些门头广告，赞助酒杯和餐具等，作为业务员一定要沉着应对，既不要为终端的贪心而放弃，也不要因无能为力而丧气，要学会与终端负责人周旋。

以上几点是企业在铺货中常遇到的问题，这些问题可能单独出现，也可能在一家终端综合出现，总之，业务人员在销售之前要有所了解和准备，做好应对策略和办法。

五、终端铺货方式

根据企业情况不同、市场不同，铺货时所采取的方式也不相同，企业在进行铺货时主要采取三种方式，即：地毯式铺货；面式铺货和点式铺货（又称游击式铺货）。企业采取地毯式铺货较多，这里重点介绍地毯式铺货。

（一）地毯式铺货

所谓地毯式铺就是对终端全面、有效、迅速地进行铺货。

1. 地毯式铺货的特点

（1）集中性　企业采取地毯式铺货要集中人力、物力和财力进行，要营造气氛、提高气势，让其对每一片区域都造成很强影响力，让终端、零售商和消费者记住所推广的品牌。

（2）快速性　实施地毯式铺货，铺货时间要集中，高效、快捷地在目标区域开发终端和零售商，一个目标区域市场一般不超过4周，铺货率要完成80%以上。

（3）密集性　采用地毯式铺货，在目标区域市场内密集开拓酒店、饭店、中小型超市、连锁店等零售商，即一个门店挨一个门店，铺货不留空缺，从空间上达到密集型覆盖。

（4）系统性　所谓系统性就是在地毯式铺货期间，铺货工作系统、细致、完整，要求每一个终端都能做到一步到位。

2. 实施地毯式铺货的成功关键

企业进行地毯式铺货只能成功，不能失败。采取这种方式一旦铺货失败，将会影响和打击业务员、经销商和终端推销产品的积极性，增加企业再开发的难度。因此要做好以下几项工作。

（1）认真挑选、培训实施铺货的经销商　因为黄酒是一个小酒种，尤其对于一些中小企业，品牌的知名度与美誉度不是很高，企业在挑选和培训铺货的经销商时，最好挑选那些有终端经营意识，有发展愿望的成长型经销商，而不要先找那些名声很大的批发商，因为他们大多经营作风保守，缺乏冲劲，不愿改变经营模式。

经销商要有吃苦耐劳的实干精神，要有销售经验丰富的业务员，经销商还要具备低成本送货服务的车辆，以保障产品运输服务能力。

要在短期内迅速将货铺到零售终端，铺货最好有经销商的协作，有时还以经销商为主，同时企业配合经销商主动出击，这样才能充分发挥经销商的网络优势。

（2）制订明确的铺货目标和计划 企业在铺货之前，应由业务员进行终端调查，掌握目标区域终端零售市场的特征，包括产品批零差价、货款支付方式、消费者对黄酒的认同程度等，掌握铺货对象分布状况、终端的数量等。然后根据调查结果，制订详细的铺货目标与计划，让业务员有章可循。比如要在哪一块区域铺货，要花多长时间，铺多少个终端，铺货率要达到多少，终端店宣传要达到什么目标。如给经销商及零售商的供货价格和铺货优惠，预估铺货产品数量，然后拟订具体铺货计划等。

（3）对铺货人员进行选拔、训练 铺货人员应挑选那些具有丰富经验、熟练的推销技能和良好的口头表达能力而且是吃苦耐劳的人才。在铺货前，必须对铺货人员实施正规的培训，避免铺货中发生问题及铺货后留下过多的后遗症。仔细研究分析铺货实施过程中可能遇到的各种困难，制订应对措施。可采取人员讲座和情景模拟演习两种方式进行训练。

（4）做好铺货人员的组织分工 实施地毯式铺货要做到统筹安排、分工明确、统一指挥，一般来说经销商的业务员由厂方派遣并由厂方管理。实施地毯式铺货过程中需要分工负责的项目有车辆统筹安排；货源的调度，产品出入库控制管理；向终端详细解说、介绍产品，口头调查、了解企业和竞争企业的情况，争取最佳货架位置；收款、欠条登记；售点广告张贴；试饮产品、赠送促销品；搬卸货物、填写铺货记录、铺货报表或铺货一览表；铺货的验收工作等。各项工作都要有专人负责，也可相关项目合并由一人负责。总之，要做到各项工作都有落实，并有记录。

（5）制订好铺货奖励政策 为调动经销商的铺货积极性，并减少铺货阻力，企业往往需要制订铺货奖励政策。铺货奖励政策既要有吸引力，又要避免负面作用，维持好价格秩序。铺货奖励政策主要包括两个内容：一是对配合实施铺货的经销商的奖励办法；二是送给终端的促销品或根据订货量赠送一定数量的免费产品或物品。在制订铺货奖励政策时要注意的几个问题如下。

①铺货奖励政策不能有漏洞：如果铺货政策不完善，有些客户可能就会钻政策上的空子。如“一箱送一瓶”活动的本意是激励终端，提高零售商的“铺货率”，但有些经销商可能会大量进货以赚取赠品利益，从而使活动背离了企业的初衷，白白地增加促销成本。如果铺货对象中有批发商，为了防止批发商降价

“倾销”，“铺货”赠品以不能兑换现金的礼品为佳。

②小心造成低价出货的印象：企业在铺货时有促销政策，在面向终端以优惠价实施铺货时，一定要注意精确沟通，不要给终端造成低价位的认识误区，否则会给经销商的日后出货工作带来障碍。

③把握好经销商：多数铺货奖励政策是通过经销商来执行的，这可能会引发一个问题：经销商侵占促销品，促销品没有落到实处。针对这种现象，可采取以下措施：加大经销商促销配合奖励的额度；直接把赠品放到产品包装内；给每一位铺货对象发放一份信函或宣传单，以告知其促销内容。

（6）地毯式铺货最好有广告支持　如果没有广告给铺货以支持，则可能会因铺货阻力大，使铺货时间拉得过长，导致产品难以集中规模推广，同时还会导致出现松散脱节式的疲态，消磨业务员和经销商的信心。而且，铺货时间拉得太长，铺货成本也高。广告配合终端铺货，其他宣传方式也配合跟进，引起终端兴趣，减少铺货阻力，使铺货工作顺利进行。

（7）做好销货后回访和服务　货铺到终端以后，如果业务员认为销售工作到此就告结束，那就大错特错了。为了能进入正常的销售轨道，必须对其进行及时回访和有效管理。回访一般在第一次铺货后三天内。回访的目的是了解终端销售动态，让终端感到你的关心，也给终端鼓劲加油；看看消费者和终端零售商对产品的反映；找出存在的问题和不足，为以后推广思路的调整找到根据。

（8）加强理货工作　在铺货后要加强理货工作，理货工作同铺货一样重要。一个店铺内每类产品都有多家产品，店主很难关照到每一个产品，因而需要业务员主动回访理货。每个终端每周至少理货一次，好的终端每两三天理一次，要把产品摆放得整整齐齐，要将产品摆放在最醒目的位置，如货架端头、与视线等高处等，增加产品的可视性，提高视觉冲击力，这些都会使零售店的销量增加。

（二）面式铺货

对于不具有全面铺货能力，但能控制一定区域的企业和经销商，可采用面式铺货的方式，即选择一块区域做目标市场进行铺货，但区域铺货的密度要细要广泛。进行这种方式铺货时要注意以下几个问题。

（1）调查该区域的终端数量和类型是否适合？

（2）这个区域对黄酒的消费水平如何？

（3）该区域市场对周围影响力和辐射力如何？

例如，江苏张家港酿酒有限公司，在发力推广“沙洲优黄”品牌开始时，选择苏州市场作为面式铺货的对象，通过促销手段的跟进，很快树立起样板市场，然后在无锡、常州全面铺开，为进入其他地区打下了良好的基础。

（三）点式铺货

对于不具备实力或有实力、但消费者对其产品的认知度并不很高的企业、经销商而言，采取点式铺货是比较科学的。所谓点式铺货就是指在一个市场区域内选择一定的终端作为点而进行铺货的方式。点式铺货须注意以下几方面。

（1）选择的点要具有代表性，具有很强的销售能力。

（2）选择的点要具有很强的辐射力，具有以点带面的功能。

（3）点与点的分布要均衡，易于以后形成面。

例如，绍兴塔牌绍兴酒，原来是主攻外销的，内销很少。为了提升内销的量，实施点式铺货，选择广东广州、北京、江苏常州、浙江宁波和台州进行点式铺货，很快塔牌绍兴酒的品牌形象得到了提升，形成了以点带面的良好局面，成为绍兴酒中做全国市场较好的品牌，使内销的销量得到了极大的提升。

六、终端铺货策略

前面详细介绍了铺货原则与铺货方式。所有这些原则与方式，其落脚点便是对铺货策略的制订。铺货策略，实际上是一种营销战术，强调实战性与有效性。所以要预先有一套实战方法，方能有效地夺取目的阵地。以下介绍一些实战方法。

1. 广告跟进促销法

广告跟进促销法就是企业确定进行终端铺货之前，先进行广告促销，形成一定的知名度，使消费者、终端对其产品有一个初步认识，为铺货工作打下基础。如地处北仑的宁波阿拉老酒，在铺货宁波市区前，先在宁波的车站、码头挂起大幅广告，尤其是所有公交车站上均出现了“阿拉老酒”的形象；在宁波“两会”召开之际，在宁波日报上连续三天在报头进行广告，并在“两会”的餐桌上，免费提供酒品。而后进行迅速铺货，一炮打响。

2. 样品试销法

样品试销法被各类企业广泛采用，就是将新进入市场的产品，在终端进行试销。即先把自己的产品作为样品送给终端，让其试销（不要钱的东西，终端没有不要的），当消费者自觉回头购买时，便成功了。这种方法“雪花啤酒”实施得最多，为了进入某一市场，往往是对终端酒店连续免费试饮一周，甚至两周、一月，让消费者只知道饮雪花，屡试屡奏效。

3. 赠品激励法

赠品激励法即企业在铺货时利用一些赠品激发终端进货的方法。例如给终端送打火机、酒杯、烟灰缸、圆珠笔等，引起终端商的兴趣，从而达到顺利铺货的目的。

4. 抽奖促进法

所谓抽奖促进法，即企业在进行铺货时可以让进货的终端，在某一天集中搞一次活动，提前告知活动中有进货抽奖，利用进货量的大小分组，每组可抽一次奖，多进多抽。利用此方法时要注意奖项设置，大奖要有刺激性，小奖要多而广，提高终端商的兴趣。

5. 品尝法

企业在进行终端铺货时，若终端对你的产品没有销售信心，可采用此法，在终端做一些免费品尝活动，以取得终端对产品的信任。这类方法也被广大酒类饮品类企业采用。

终端铺货的方法很多，也可不断创新，以上的只是已经过尝试，曾取得过效果的一些方法而已。营销、促销、终端业务员可举一反三推陈出新。

七、终端陈列

终端陈列又称终端生动化，即产品上架后的广而告知、摆放、堆头等的要求。对于厂家和经销商来说进行终端生动化管理的目的主要在于树立良好品牌形象，增加消费者对品牌的关注和信赖；刺激消费者冲动性购买，提升销量；提高货架占有空间和效率；避免断货脱销；争夺有限的终端资源；提高竞争力，打击竞争对手产品；建立良好的终端客情关系等。对于消费者而言，终端生动化后，便于找到所需的商品；对产品容易做出比较；整洁、生动化的陈列使消费者感觉到物超所值；可以加深消费者对所需商品的记忆等。

这里所说的终端生动化管理主要是指对终端产品的陈列、产品的宣传展示、促销物品布置等内容，下面从以下几个方面谈起。

1. 终端商圈的宣传展示布置

（1）了解终端商圈分布。

（2）在主要影响区域做宣传展示（如路牌、灯箱、宣传品、试用品等），有助于建立消费者的第一印象。

（3）在终端店内的有效空间做宣传展示（如灯箱、指引、宣传品、堆头、橱窗等），可增加消费者对产品的信心，并提示购买。

（4）在终端要进行产品本身陈列及周围辅助物的合理布置，可以确立消费者信心，并达成冲动性购买。

（5）要将整个商圈视为一个整体，有计划、有内容、有步骤地进行综合策划。

2. 保持终端的宣传展示形象统一

形象统一可形成较强的视觉冲击力，因为消费者逛市场时对各种广告与商品都是在不经意中看过的，是一种浏览式的注意，是浅层记忆。为使自己的某个产品给消费者留下较深的记忆，需要重复的视觉冲击，所以在进行终端管理时一定要保持形象的统一。包括：

（1）每一种宣传展示的投入内容和方式。

（2）产品的陈列、标价等。

（3）促销人员的着装等。

当然具体情况具体分析，不同场所运用不同的展示组合，因地制宜地合理布置，尽量使形象统一，其最终目的都是为了增强视觉冲击效果，加深消费者对该产品的记忆。

3. 寻找产品的最佳陈列

寻找产品的最佳陈列要做到：

（1）根据终端陈列的方法和价格标牌陈列，找出最佳陈列方法。

（2）根据陈列位置的选择，不断努力，争取获得最佳陈列位置。

（3）不同产品要根据其企业推广与促销要求制订不同的终端陈列标准。

4. 维护终端产品的最佳形象

维护终端产品的形象是终端管理的主要内容之一，终端管理一定要持之以恒，不断地进行跟踪、记录、调整，保证产品在终端有一个上佳的形象。

维护终端产品形象的具体做法是：不断观察终端的主要影响区域，留意可做宣传展示的位置或媒介；争取进行包装宣传、展示；检查展示效果；检查产品陈列，尤其是促销期间要保证促销产品在最佳位置，了解产品动销情况，整理旁边其他企业的产品，给自己的产品腾出最大空间；检查价格标牌的摆放，并同时收集竞争对手的价格变化；促销人员间要互相鼓励，争取有最好的终端形象。

5. 制订相应的管理奖惩制度

企业应根据市场拓展的阶段推进制订相应的、合理的终端管理巡察制度；同时，对终端管理人员也要进行查核，并根据制度及时予以公正、公开的奖惩，来确保终端管理工作顺利进行。

八、陈列方法

终端生动化陈列的方法根据产品的不同、终端环境的不同等陈列的方法也不相同，对酒类产品而言，酒店终端的陈列多数以柜台式陈列；其他零售终端陈列较少，下面就常用的陈列方式和方法进行介绍。

（一）封闭式柜台陈列

1. 平柜内

（1）产品按同一系列、从大到小或从小到大摆放，可根据柜台的大小、形状摆放。

（2）主推品种应加大陈列面积，并放在最醒目位置。

（3）平柜内必须整洁，摆放美观；若柜台较大，可多采用取单品叠放形式。产品若有外包装盒，应将产品取出放在盒子旁，让顾客更直观地看清产品。

（4）价格标牌清晰、正确。

（5）产品正面面向顾客。

2. 背柜内

（1）根据背柜形状，参考上述方法陈列，一般同一规格产品只放一个或几个叠放。

（2）应经常清洗，保持洁净。

（3）主推产品陈列在与视线平齐上下的15°角范围内，一般在1.4～1.65m之间。

（4）背柜上不放价格标牌。

（5）商品统一将正面面向顾客（平齐或圆弧形）。

（6）背柜下整齐储存产品、赠品、各种宣传物料等。

3. 辅助生动化

（1）在人口密集处及主要通道放置指引牌或促销公告牌。

（2）可在柜台范围外有效位置放置醒目灯箱。

（3）柜台上、甚至整个卖场上悬挂吊旗，柜台上的吊旗最好用大幅精美印刷品。

（4）平柜上放置促销公告牌，面向主客流方向。无促销时可写一些与产品相关的饮用常识介绍。

（5）把宣传品放置于平柜上顾客容易拿到的位置。

（6）平柜上放置试用饮酒品专用托盘，保持试饮品的洁净。

（7）柜台内可铺上绸布、射灯，放置其他饰物等。

（8）促销期间可将赠品与产品摆放在一起。

（9）可设计专有形象物体，如企业形象识别系统中的卡通形象等，能够促使顾客更容易记住企业与产品。

（10）所有与产品销售无直接关联的物品均不得放到产品展示柜上。

（二）自选货架陈列

1. 水平陈列法

将产品沿同层货架排成横排，尽可能排在视线水平上下的二层。产品按不同品种统一由大到小的方向排列，中间高两边低，终端按统一的范围大小进行排列。如酒瓶大小差不多，则主推品种应放在中间靠主客流方向；价格标牌必须将正面面对顾客；滞销的品种放在两边，成为边境线，守住阵地。

2. 垂直陈列法

有时终端为照顾各企业的需求，会统一多层货架某一块从上到下展示产品。此时将产品沿货架由上向下垂直陈列，可以将同一系列或同一规格摆在同一层，要注意大、小方向一致；每层宽最好在0.8m以上，如果太窄，顾客眼光很容易转移到其他品牌；将产品正面面对顾客；主推品种放在视线平齐上下位置；价格标牌清楚。

3. 辅助生动化

尽可能在货架上放置插卡、弹卡等宣传物料；在同类产品区域或全场上空悬挂吊旗；放置专有形象物，使之在顾客靠近时（利用红外感应等）做出特定反应（动作、声音等），吸引消费者；促销期间，将赠品绑在产品上陈列，更易形成冲动性购买；有条件的可为终端派一个形象佳、素质高的促销员。

（三）堆头陈列

堆头陈列也称割箱陈列。就是在产品展示柜前，或商场入口显眼处进行落地整箱堆垛摆放，上面一层割去纸箱的上半部分，使产品显露出来。最上层大多摆成坡形，以突出产品形象。割箱大多也割成斜口，使顾客尽可能多地了解产品的形象。

1. 陈列方法

将产品整箱整箱地堆成方形（或其他形状）垛，在 0.8 ~ 1.2m 起开始前低后高陈列；上层割掉一部分纸箱，露出产品商标、名称及较完整形象，并全部正面向前；一般陈列在特价区、收银台旁、人流大的主通道。相关产品货架附近，如果有几个品牌同时作堆头，则应放在主客流方向的最前面。

2. 辅助生动化

在纸箱上张贴广告画，应协调、整齐；纸箱应切得整齐，最好有艺术感；在堆垛中央放置公告牌，也可堆成四面金字塔形，使产品更多地展示给顾客；每个品种前排拿走 1 ~ 3 个，造成已销售状态，迎合顾客的从众心理；有赠品的将赠品与产品捆绑，摆在最显眼位置；在堆垛的主通道边上或四边形均挂上装有宣传品的有机板架，方便顾客取阅；价格标牌使用特写、放大、彩色字样；在入口处或主要通道上放置公告；应经常检查或由促销员专管，不断整理堆头、及时补货。

（四）形象货架陈列

形象货架陈列是企业根据终端卖场能够提供的有效空间、环境特色而订制的不同规格、统一形象的专用货架，或直接租用一定时期进行形象展示，只能陈列单一企业产品。

形象货架要根据用途而确定陈列方法。若是用以展示，则要陈列丰满；若是用以售货，就要用缺货陈列法；陈列更加注重色彩的搭配，要有视觉冲击力，引起进入商场顾客的视觉兴趣，进而激发冲动购买；其他可选择放置有利于营造氛围的物件。

九、终端陈列位置的选择

在终端和零售卖场，如果不能让消费者容易找到、看到、拿到，就大大地降低了产品的认知率和购买率。或者虽然能发现你的产品，但不方便拿到，消费者选择意愿也就自然降低了，若这样，再生动的陈列也不会带来理想效果。尤其在市场竞争激烈的今天，产品几乎都是供过于求，可替代的产品非常多，所以不仅要进行陈列生动化，选择一个好位置也是相当关键的。

那么，哪里才是好的陈列位置呢？

（一）人潮密集位置

（1）进入同类产品区域的入口处。

（2）畅销品牌旁。

（3）特价区。

（4）收银台旁。

（5）入口处。

（6）某些柱子旁。

（7）商场内广场中心等。

（二）最佳柜台位置

根据研究表明，由于顾客进入某类产品区域的行走速度变化、心态调整的微妙变化以及人的走路习惯微微左倾而喜欢往右边看等因素，陈列在通道右边的第二、三、四节的销售成交率最高。

（三）最佳高度

1. 高度分类

根据中国人的身高，一般可分为以下四个高度。

高度1：手伸展才能拿到的高度

男士一般在160～180cm；女士一般在150～170cm。

高度2：视线平齐高度

男士一般在160cm左右；女士一般在150cm左右。

高度3：双手容易取到的高度

男士一般在80～160cm；女士一般在60～150cm。

高度4：弯腰才能取到的高度

男士一般在40～70cm；女士一般在30～60cm。

2. 各高度对销售的影响

由高度4换至1，销量可提升34%；

由高度4换至2，销量可提升78%；

由高度4换至3，销量可提升63%；

除非体积大又笨重，不采用高度4。

（四）光线充足、环境舒适的位置

在陈列产品时一定要注意光线选择，太耀眼的光线会让人感觉不适，而光线太暗的环境又会令人选择产品的兴趣大大降低，而造成销量下降的结果。所以，必须选择一个环境明亮而又不刺眼的位置。

陈列产品时除了上述的几个方面，还应考虑位置的周围是否有令人不适的状况，如洗手间门口、垃圾堆、旁边有刺激性气味产品、环境邋遢等，这些都会影响陈列的效果，应极力避开。

消费者越来越注重购物的环境，现在已经没有人愿意为购物而受罪了，相反地，越来越多的人希望在购物中享受到乐趣，而环境正是人们能否感觉到乐趣的基本条件。所以，令人舒适的环境是我们选择位置的首要条件。

（五）错误的陈列

1. 缺货

由于维护人员工作不到位、客情不好等因素，造成柜台上经常缺货，其结果是将一部分顾客推给了竞争对手，又留下了不好的印象；如果是自选货架，还会造成柜位逐渐被竞争对手的产品挤占，位置越来越小。

2. 陈列面内混入其他品牌产品

维护人员由于工作不到位，造成其他品牌产品或其他企业维护人员故意插入该企业的产品，这种现象很容易混淆顾客对品牌的印象，从而降低顾客对品牌的信任感。

3. 陈列失控

产品陈列重叠混杂、倒瓶后没有及时摆正、产品被放置于货架角落、被人为地放置于看不到的角落里。

【案例】

庄稼院酒终端生动化管理规定

酒店、零售终端作为消费者购买行为产生的主要场所，其功能不仅局限于买与卖的中间环节和商品交换场所，越来越多的厂商将市场推广的焦点集中于终端，因为，消费者大部分购买行为产生于终端；终端产品信息输出直接影响消费者的购买行为。

加强终端产品生动化管理，有助于公司形象、品牌形象的树立以及产品销售的促进。庄稼院酒终端产品生动化管理须做到以下几个方面。

一、货品陈设规范

1. 随时保持陈列货品清洁，禁止破旧包装上柜；

2. 柜台设置（地柜）于柜上层，从色彩方面与其他产品形成反差；

3. 货架设置（背柜）于1.2～1.6m高处；位于货架中部，从色彩方面区别其他产品；

4. 尽可能增大陈列面积；

5. 橱窗陈列：选取橱窗最佳位置陈列货品，配合POP等方式进行陈列；

6. 尽量利用有利条件进行造型陈列。

二、POP设置

POP的设置要求：

1. 设置位置必须醒目，尽量与其他品牌区别开来；

2. 每周必须整体检查 POP 的设置及完整情况；如有污损，必须及时更换，随时保持 POP 的连续性、完整性。

三、挂旗/条幅设置

1. 店堂外；

2. 店门上方；

3. 店外人行道上方 2.0m 左右；

4. 店堂内：货架顶部边沿；

5. 店堂上空交叉悬挂等。

四、招贴设置

1. 店堂玻璃门上；

2. 店门外两侧墙上；

3. 店内收银台柜上；

4. 店堂内墙柱醒目的位置上。

五、立体 POP 放置

1. 店堂门外两侧；

2. 有关柜台的转角处，尽量独立于其他陈设品；

3. 尽量放入店堂橱窗内。

六、其他方面（略）

第五节　终端促销策划

所谓终端促销策划就是根据企业促销的要求，在规定的时间里和预算内，对终端及消费者所采用的能迅速产生激励作用、刺激需求、达成交易目的的措施和计划；也是企业对促销组织、行动方针、促进目标、策略、时机及促销中的问题进行全面、细致地安排和规划。

一、终端促销策划的目的

进行终端促销策划时，首先要明确其目的是什么。只有明确目的，才能为达到目的而采取一定策略去实现，一般来说促销策划有以下几种目的。

（1）带动消费，吸引潜在消费者；

（2）巩固市场，保持现有顾客；

（3）使目前的使用者加大购买量；

（4）加速新产品进入市场；

（5）引导消费者消费本企业产品；

（6）抵御竞争对手的促销活动；

（7）带动关联产品的销售；

（8）提高企业的美誉度和知名度等。

二、终端促销特征

终端促销活动与其他促销方式相比较，具有以下明显特征。

1. 即时性

终端促销一般是为某种目的专门开展的一次性促销活动，它不像广告、人员推销、公共宣传那样作为一种连续的、常规性的促销活动出现，终端促销往往着眼于解决一些更为具体的销售问题，因而是非规则、非周期性地使用和出现的，终端促销是非连续性的促销活动。

2. 形式多样性

终端促销的方式多种多样，如抽奖、免费品尝、赠酒样、酒文化知识比赛活动、POP 广告、产品生动化等，这些方式各有优缺点，企业应根据不同产品特点、不同市场环境和不同的消费心理等情况，灵活地加以选择和运用。

3. 即效性

终端促销往往是在一个特定的时间里，针对某方面的消费者或终端客户提供一种特殊优惠的购买条件，能给买方以强烈的刺激作用。只要方式选择运用得当，其效果能很快地在其经营活动中显示出来，而不像其他促销方式那样需要一个较长的周期。因此，终端促销比较适合于那些突击式的、需要短期见效的促销目标。

4. 针对性

终端促销的针对性特别强，它的目的是针对市场上某一些问题而采取促销行动。例如，是调动消费者消费积极性还是回击和抵御竞争者，是新产品上市还是老产品上量等，其针对性是很明显的。

5. 刺激性

终端促销活动带有很强的刺激性，因为终端促销的目的是为了刺激消费者和终端，调动其购买欲望，采取购买行为。刺激性是终端促销一个明显的特征。

三、终端促销策划主要内容

终端促销策划主要内容包括：促销目的、促销对象、促销形式、促销范围、促销时间、促销条款六个方面。

1. 促销目的

企业在进行促销策划时，为什么要进行促销，促销要达到什么样的目标，必须搞清楚，这是促销策划第一要明确的。

2. 促销对象

促销对象就是促销活动实施对象，即向谁促销。必须搞清促销对象的消费水平、习惯、文化背景、购买心理、决策权等情况，针对不同对象而采取不同策略。

3. 促销形式

促销形式的选择对终端促销策划而言是十分重要的，从策划角度而言，促销的形式可分为即时价值、延时价值、降低价格与附加价值等形式。

即时价值促销就是使消费者在购买的同时又受益，而延时价值促销则是消费者必须在采取一次甚至多次购买行为后才有所受益。前者的影响力较大，尤其是在销售现场效果极佳，而后者的影响力较弱，但具有长期效果。因此，在进行终端促销策划时，一定要根据具体情况采取不同的促销形式。

4. 促销范围

促销范围是指促销的实施市场范围，应根据市场的情况、企业情况而定，一般在选择实施促销的市场范围内，当然大型企业也可通过媒体在全国市场同时促销。但促销工作要注意管理、人员、费用和促销效果等方面的问题。

5. 促销时间

在进行终端促销策划时，促销时间选定也是十分关键的。促销活动在何时宣传、何时促销、持续时间及频率等几个方面都必须明确。

6. 促销条款

促销条款是指促销活动实施过程中对促销对象采取的条件及规定，即激励促销对象采取行动购买的政策。在制订促销条款时，一定要简单易懂。

四、终端促销策划应注意的原则

1. 激励原则

激励是促销策划的出发点和原则，没有激励效应的促销策划是没有意义的策划，是很难达到目标和预期效果的。激励可以使促销人员产生实现目标的动力，激励可以使消费者、终端客户产生购买的欲望。同时，在实现这一目标和意愿过程中体验到各种满足。

2. 公平竞争原则

各家企业促销时都想产生一种轰轰烈烈的隆重氛围，为了产生最佳的促销效果，力图使促销活动更具冲击力、影响力及刺激性，往往忽视市场竞争的规则和有关法律规定。因此，企业在促销中的各种承诺一定要遵循有关法律，不能任意夸大，盲目许诺。所以在策划时必须注意各类项目的审核，如促销金额限度的可行性；承诺及结算方式；奖品、礼品等促销工具的可行性；企业服务方式及内容的可行性；促销时间和地点情况等。

3. 创新原则

创新是策划的灵魂，创新是促销策划成功的基础，在促销策划中必须坚持创新，体现个性化，这样会给人耳目一新的感觉，能使自己的企业在众多的竞争中脱颖而出。促销策划的创新性主要表现在两个方面：①促销战略与策略上的创新；②促销方式、方法上的创新。

4. 实用原则

促销策划具有高效实战和抗击竞争对手的作用。促销策划是同对抗竞争者紧密相连的，促销的主要困难是客户面临着多重选择，策划所起到的预期效果是以促销活动与竞争者相比较而得到的，促销策划必须满足竞争的要求。

五、终端促销策划的步骤

终端促销策划方案包括：促销目标建立、促销对象、促销工具的选择、促销时间、促销策略、促销预算以及促销效果的评估等内容。

（一）促销目标的建立

终端促销的目标，主要有两个：一是对终端客户的促销目标；二是对终端消费者的促销目标。

1. 对终端客户的目标

（1）建立终端客户的品牌忠诚度；

（2）提高终端客户的销售信心；

（3）开发新的终端客户；

（4）增加终端购买次数和数量；

（5）与终端建立良好客情关系等。

2. 对消费者的目标

（1）鼓励消费者经常购买和重复购买；

（2）吸引新购买者试用；

（3）建立品牌知名度和美誉度；

（4）树立和改进品牌形象；

（5）培养忠诚消费者等。

（二）确立促销主题

终端促销主题主要包括以下几个方面。

（1）扩大企业知名度，以提升企业形象为主题；

（2）以拉近客户的情感为主题；

（3）以重大事件和节日表现主题；

（4）以高度的社会责任和公益活动为主题等。

（三）确认促销对象

（1）企业要劝告、说服、激励和服务对象；

（2）谁是产品的使用者、决策者及购买者；

（3）目标对象的收入情况；

（4）目标对象的特殊性及对产品的理解程度；

(5) 目标对象的消费习惯及爱好等。

(四) 促销工具的选择

促销工具主要有以下几种：免费促销、优惠促销、竞赛促销、组合促销等。

(五) 拟订方案内容

(1) 促销策略选用;

(2) 促销时间的确定和安排。

(六) 促销经费预算

促销经费主要包括策划费和执行费。具体有场地费、设备费、运输费、制作费、人员工资、宣传费、公关费、样品费、礼品费、服装费等其他费用。

(七) 促销方案执行与控制

(1) 在实施中要注意和监测市场反应;

(2) 及时对促销范围、强度、频度和重点进行调整;

(3) 保持对促销方案实施的良好控制。

(八) 促销效果的评估

(1) 活动前预测评估;

(2) 活动中的控制与评估;

(3) 活动后评估。

六、终端促销策划方案的撰写

当促销的创意确定之后，必须按一定的规则将其写成文案以便于指导、检查和传阅，此文案即促销策划书，在写文案时可参考以下格式。

1. 促销策划文案格式之一

(1) 活动目的;

(2) 活动的时间、地点;

(3) 活动方式;

(4) 活动区域;

(5) 经营预费;

(6) 活动效果预测。

2. 促销策划方案格式之二

(1) 前言 (背景);

(2) 企划的目的;

(3) 促销对象;

(4) 活动地区:

(5) 活动内容;

(6) 活动地点与时间;

(7) 活动工作分配;

（8）效果预测；

（9）预算经费。

3. 促销策划文案格式之三

第一章：市场分析

（1）总则；

（2）市场调查报告；

（3）市场预测及建议。

第二章：促销目标

（1）总体目标；

（2）分目标。

第三章：促销方案

（1）方案细则（时间、地点、对象、策略、方式、主题等）；

（2）活动说明。

第四章：经费预算

（1）预算计划；

（2）资金费用来源。

第五章：附录内容

七、终端促销形式

根据酒类终端特点主要采取奖励促销、评选促销、赠品促销等方式，下面就此做一介绍。

（一）奖励促销

奖励促销即为激励终端酒店进货和调动其销售的积极性而采取一定奖励办法。例如，某啤酒公司，针对终端饭店对该公司产品销售不积极情况，而开展一次终端累计销售奖励活动，目的是调动终端的销售积极性。时间为半年，自2000年3月1日至8月1日，凡在此期间销售该公司A产品800件者奖励展示柜1台；600件者奖励冰柜1台；500件者奖励消毒柜1台，除此之外，每次进货还送一定数量的杯和圆珠笔。三个月之后该公司产品在终端销售得到了改观。但奖励促销也有弊病，就是终端销售有时会盯着你的促销办事，这就是副作用了。

（二）评选促销

评选促销主要是针对终端服务员而进行的促销活动，目的是拉近与终端的感情，调动服务员对自己商品的推销热情，同时，也为挖掘终端“内线”促销员。例如，某白酒公司举办1999年度XX市十佳酒店形象小姐评选活动，就收到很好效果，活动具体内容如下。

（1）活动目的　①调动服务员对该公司推荐热情；②挖掘内线促销员。

（2）活动内容　歌咏比赛、才艺表演、时装表演及服务礼仪知识表演等内容。

（3）报名条件 ①均持该公司产品包装的5个瓶盖即可报名；②年龄18～25周岁女性；③从事一年以上的服务工作者；④初中以上文化程度，有一定表演才能等。

（4）评选办法 专家评分与观众打分相结合。

（5）时间与地点 XX酒店，9月10日。

（6）奖励办法 一等奖1名，奖金5000元；二等奖2名，奖金3000元；三等奖3名，奖金2000元；四等奖6名，奖金1000元；优秀奖20名，奖金300元；入围奖500名，各奖精美礼品1份。

（7）媒体发布 在山东济南市电视台、济南晚报等发布该活动消息。

（8）经费预算（略）。

（9）活动效果 这次活动不仅收到了良好的社会效益，而且大大地调动了各终端服务员促销该酒的积极性，对销售有很大的推动作用。

（三）赠品促销

对终端采取的赠品促销活动很多，这也是酒类企业常用的一种促销方法。分为广泛性的赠品促销和针对性的赠品促销两种。广泛性的赠品促销是对所有的终端统一开展的，如某酒业公司规定只要终端销其品牌的产品，均赠送一定量的玻璃茶杯和打火机；而针对性赠品促销是对特殊的终端，在特殊的情况下而采取的有针对性的促销活动，如江西四特酒在2002年元月针对春节来临，为让零售终端多提货、存货就采取了凡购买某种四特酒XX箱者均赠送电脑一台。四特酒采取这一方法在当时收到了很好的促销效果。

（四）门头装修装饰促销

门头装饰促销指企业在终端合作前或合作中，为激励终端，采取对终端的门店门头进行装修装饰的办法，以达到广告宣传、促进销售的目的。这种促销法在酒界运用十分广泛，不论是著名品牌还是普通品牌；不论是白酒、啤酒还是红酒、黄酒无一不使用此法，使消费者未入店中，便能感知某产品的形象。绍兴多家黄酒企业，为了突出传统文化，还在酒店等终端悬挂灯笼，灯笼上印有“福、禄、寿、禧”，及企业品牌等字样，营造出一种历史悠久，古朴喜庆的氛围。

（五）给终端免费派服务员促销

给终端免费派服务员作为对终端的一种促销方法，在酒界也是比较常见的。就是企业将培训好的促销员，派驻终端作为服务员，一面为终端工作，一面做好企业的促销员。工资待遇由企业支付，这种办法对企业而言虽然营销成本高了点，但其促销效果十分明显。由于服务员是企业的，对终端的维护会有一个较大的改观。

（六）对终端消费者促销

根据酒类消费者特点（文化背景、消费习惯、生活水平与质量、地理分布及市场环境等）不同，所进行促销的目的也不同。但促销一个最根本的目的是增加消费者的购买，这一点是相同的。对消费者促销其方式灵活多样，但究竟采用哪种形式、哪种促销工具，这就须根据企业需要而定。针对终端消费者促销主要常用促销工具有以下几种类型。

免费样品派送。主要形式：逐户派送、中心定点派送、联合派送等。

优惠促销。主要形式：有奖促销、优惠券等。

赠品促销。主要形式：免费赠品促销、付费赠品促销等。

产品展示促销。主要形式：现场演示促销、店内展示促销、展览会、展销会等。

服务促销。主要形式：售前服务、送货服务等。

1. 免费样品派送类促销

免费样品派送是将产品直接送到消费者手中的一种促销方式。样品派送主要针对潜在消费者。当一种新的产品或一个产品进入一个新市场时，为了鼓励消费者试用，提高产品的知名度和美誉度可以采取这种方法。

酒类产品不同于其他小食品、化妆品等，因此就决定了派送的方式不同，一般酒类产品常用的方式有：逐户派送、定点派送等。

逐户派送就是由促销人员亲自将样品挨家挨户送到目标消费者手中。这种派送能够直接面对目标消费者，因此，试用后的购买率较高，促销效果较好。但逐户派送也存在成本较高、难控制等缺点。

定点派送就是选固定的场所派送。一般选择繁华热闹的商业区、公共场所、社区、超市、量贩、便民店内等地。定点派送应注意几点：

（1）派送员、促销员服装统一，注重整体形象；

（2）派送方向一致，以进入或出来的方向派送，减少重复；

（3）统一产品广告语，例如“欢迎免费品尝 XX 酒”；

（4）定点派送结合其他促销活动一起执行效果更好。

免费样品促销的注意事项：

（1）样品派送的时机

①产品上市初期，又有一定的终端铺货率；②已建立了足够大的销售网络。

（2）派送样品要求

①应体现产品差异化特点；②能激发消费者购买欲望；③样品包装应与实际产品相符。

（3）样品派送的缺点

①费用昂贵；②样品分送过程难以控制和监督；③样品易流失等。

2. 优惠类促销

（1）有奖促销　有奖促销是企业根据市场的需要，通过给予奖励的刺激和诱导来引起消费者的注意，促使消费者参与，最终达到购买产品的目的的一种促销方式。有奖促销在酒类产品中运用比较多，其方法多种多样，形式灵活，奖励的幅度大小可控制，以这种形式能够引进消费者的注意，起到良好的刺激作用，其特点是：

对消费者刺激性大；终端客户和零售商积极支持；便于控制促销费用；能够很快地提升销售量；树立和强化企业形象及品牌形象。

①随机抽奖：消费者可以从报刊或企业海报、传单等得到抽奖活动参加表，根据要求将姓名、地址、电话、身份证等内容填写后寄到指定地址，从中随机抽取。

②问答调查有奖促销：消费者获得企业活动信息后回答企业及产品相关问题或调查问卷题，然后寄到指定地点，企业对回答正确者或回答者赠送奖品。

③购买有奖促销产品：在所购产品中印有中奖的标志，凭此标志可以到指定的地址领取兑换。购买抽奖的优点是买与获奖紧密联系，买得越多中奖机会越多，组织管理工作比较简单，酒类企业广为采用。

④比赛促销：企业为调动消费者消费积极性而举办一些有趣游戏、智力游戏、歌咏、书法等大赛活动引起消费者注意，刺激其购买行为。一般企业所采取形式：在终端或通过媒体开展各类游戏活动；征求广告语、厂歌、厂徽、品牌名等；举办征文、歌咏比赛等表演活动。

浙江古越龙山绍兴酒股份有限公司的“广告语”有奖征集活动，设立奖项：参与纪念奖至10000元不等的各档奖项，收到全国各地的应征广告语数以千计，为“古越龙山”产品的促销起到了极为出色的作用。其实征集广告语此类的活动，其用意并非在于广告语本身，而在于利用活动，达到产品推广与促销的目的。

有奖促销和奖品选择：

有奖促销和竞赛活动的魅力在于其奖金与奖品对消费者刺激的程度。因此在奖金和奖品设置上一定要注意，大奖设得要尽可能大，中间奖适量少，小奖要多。设置奖品的值不能违反《不正当竞争法》和《消费者权益保护法》，同时又要将奖品设计得新奇和富有刺激性。

竞赛或抽奖规则及要求：①促销活动方案说明；②参加竞赛或抽奖办法及条件；③活动的截止日期；④中奖者的通知方式；⑤领奖方式、地点、日期；⑥活动所有权及解释权；⑦获奖者个人所得税的交付方式；⑧企业名称、地址及咨询电话；⑨监督抽奖活动机构——公证处。

（2）优惠券促销　优惠券作为一种购物凭证，以便消费者在下次购买时可以享受折扣，或凭此券可以兑换一定商品。通常在超市、量贩等零售终端购物时使用。

优惠券对促销产品的销售有很大帮助，主要适用于以下几种情况：

①新产品上市，宣传产品，推荐新口味、新包装时；

②市场有所下滑，产品出现滞销时；

③抵制竞争对手，提高竞争力；

④培养消费者的品牌忠诚度等。

优惠券的分类：根据优惠券送达消费者手中的渠道不同，可把优惠券分为三种，即直接发送、媒介发送、随货发送。

①直接发送：通过邮寄或人员直接发送给消费者，这种办法能正确选择目标对象，降低重复发放，但缺少轰动效应。

②媒介发送：把优惠券印在报纸或杂志等媒体上，这种方式优点是费用低，诉求对象广泛，但时效性、到达率和兑换率不高。

③随货发送：把优惠券放在包装上或包装内吸引消费者下次购买可以享受优惠。其优点是节约发送费用，优惠券的毁损率较低，但使用率不高，不易引起消费者注意。

3. 赠品类促销

赠品类促销主要包括免费赠品促销和付费赠品促销，在酒类产品中常用的是免费赠品促销，下面详细介绍一下免费赠品促销。

（1）免费赠品类促销适用的情况

①促使消费者试用新产品、新品牌；

②在销售淡季维持市场份额；

③在销售不好的市场开拓新市场；

④促使消费者从竞争品牌中改用本品牌；

⑤扩大影响。

（2）免费赠品促销常用形式

①酬谢包装：即将赠品直接随产品附送，这种方式能够激发消费者的购买欲望，能够使消费者迅速更换品牌。包装内赠品、包装上赠品和包装外赠品，以及可利包装，都属于包装赠品的促销方式。如很多酒类企业在中高档产品的酒盒中放入高档打火机、钥匙扣、茶叶等赠品以促进销售。

②邮寄赠品：通过邮寄对消费者提供免费赠品或礼物的方法。特点是消费者把购买凭证（如购买产品外包装商标等）寄回指定地点，将获得免费邮寄赠品，这种方法酒类企业很少用，但也有一些酒类企业采用这种办法。

4. 产品展示促销

产品展示作为一种促销方式，在酒类产品中是非常常见的，产品展示主要有以下几种。

（1）现场演示；

（2）终端店内展示；

（3）展览会、展销会及糖酒会；

（4）咨询服务讲座等。

除以上介绍的几种促销类型外，还有服务类促销、公关类促销等，这里不做一一介绍。

5. 促销效果评估种类

促销效果评估主要分为三类：事前评估、事中评估和事后评估。这三种评估各自有各自的特点和作用，下面就此依次进行介绍。

（1）促销活动事前评估　促销活动事前评估实际就是对促销活动的方案与计划，在正式实施前所进行的测定和研讨分析，来评估促销活动的计划及方案的可行性、有效性和风险性，以在多个方案或计划中评选出最佳方案。事前评估常用的方法有以下两种。

①征求意见法：策划者邀请部分消费者和一线销售人员等对几套方案发表意见，选出一个可以得到普遍接受和相对比较理想的方案，这种方法得到的结论往往比较客观，具有较高的参考价值，对促销方案的实施具有重要的意义。

②试验法：选择一定地区，在一定时间内对促销策划方案进行试验性运行实施，然后根据试验实施效果进行评估，分析促销方案是否可以执行，是否需要进行调整和修改等。

（2）促销活动的事中评估　促销活动的事中评估就是在活动进行过程中对其效果进行评估，主要是判断促销活动能否进行，收效如何，并进行考量，确定是否需要对方案进行调整和修改。对促销活动的事中评估的主要方法是消费者调查，效果分三个方面。

①消费者动态调查：在促销活动进行期间可通过现场记录来分析消费者参与的数量、购买量、重复购买率及购买量的增幅等。

②参与活动的消费者结构调查：主要调查新老消费者参加比例和参加者是目标消费者与潜在消费者比例，以及他们的购买数、购买量等。

③消费者意见调查：包括消费者参与动机、态度、要求、建议和评价等。综合上述几个方面的调查和分析，就可大致掌握消费者对促销活动的反应，客观评价促销活动的效果。

（3）促销活动的事后评估　事后评估就是在促销活动结束后或告一段落对其产生的效果进行评估。其目的是为今后的促销策略提供借鉴。常用的方法有比较法、调查法和综合分析法等。

①比较法：即比较促销活动开展前后销售额的变化情况，在假定其他条件不变的前提下，对销售额增加幅度与促销投入进行比较，来判断评价促销活动实际效果。

②调查法：即对参与促销活动的消费者进行调查，以了解他们对促销的意见和受影响程度，以及他们由此获得的利益。

③综合分析法：即对促销活动对企业所产生影响进行综合评价，包括知名度、美誉度和抗击竞争者效果等方面。

第六节 终端销售队伍的建设与管理

终端销售必须有一支高素质、有凝聚力、能吃苦耐劳的营销队伍。要组建一支高素质、高效率的销售队伍，关键在于选择有能力的优秀的销售人员。在销售过程中一般的销售员与优秀的销售员的业务水平有很大的差距。因此，企业如何挑选高素质的销售人员是终端营销成败的一个重要环节。现代企业也越来越注重销售员的素质。销售人员是企业开拓市场的先锋，是企业形象的代表，必须具备一定的基本条件和素质。那么，作为一个终端销售人员应具备哪些基本条件和素质呢?

一、终端营销人员基本素养

（一）强烈的敬业精神

终端销售工作是一项很辛苦的工作，其中有许许多多的困难、挫折需要克服，还会有许多冷酷的回绝需要去面对，这就要求销售人员必须有强烈的事业心和高度的责任感，否则就不能把工作进行到底。作为一位优秀的销售人员必须有一种吃苦耐劳，勇于进取，积极向上的精神；要有踏千山万水，进千家万户，尝千辛万苦，记千言万语，想千方百计的工作作风，来达到开拓市场的目的。

（二）敏锐的观察能力

终端市场和客户的情况是很复杂的，不仅差别很大，而且受到很多因素的制约。一个有敏锐观察力的销售人员，要有眼观六路、耳听八方的本领；要及时发现并抓住市场机会，揣摩顾客的购买意图和购买心理，来不断地提高销售的成功率。

（三）良好的服务意识

销售人员不仅是企业的代表，也应是客户和消费者的顾问，应真正地树立“用户第一”“顾客是上帝” 的服务理念；要想客户所想，急客户所急，积极为客户服务，赢得客户与消费者的信任。

（四）说服顾客的能力

销售人员要能熟练地运用各种推销技巧说服客户。要熟知推销工作的一般程序，了解客户的购买动机和购买行为，善于展示和介绍自己的产品；善于接近客户；善于排除顾客的异议直至达成交易。当然，要做到这些，首先必须相信自己，相信自己的产品，相信自己所代表的企业，这样才能产生积极性和动力，继而才能成功。

（五）渊博的知识

销售人员经常与各种各样的客户打交道，需具有宽阔的知识面。知识面的宽阔与否在一定程度上决定了销售人员的推销能力，所以作为销售人员应有旺盛的求知心理，善于学习并掌握多方面的知识，运用这些知识使之转化为生产力。一般来说，一个优秀的销售人员应具备下列几个方面的知识。

1. 企业知识

每个销售人员都应掌握自己所在企业的发展历史、背景、行业地位、生产能力、产品种类与标准、技术水平与装备水平、企业发展战略、经营理念、方针和宗旨、销售政策、定价策略、交易方式以及服务范围等有关企业方面的知识。

2. 产品知识

作为一个优秀的业务人员必须全面地了解自己所推销的商品的技术特点、口感风格特点、规格型号、外观式样等及产品在本行业中的竞争地位、发展趋势、用户赞扬语等。产品介绍中应注意或避免与竞争对手产品相比的相同特征及其他不及特点。如销售人员对所推销的产品还缺乏全面的了解，便会失去正确介绍的机会，会给客户或消费者带来不信任感。

3. 市场营销知识

销售人员应熟悉并掌握基础的市场营销知识，如分析市场，进行市场划分、细分、准确找到目标市场；了解客户的购买力情况及分布规律，了解潜在客户的需求量及分布情况，能够研究和分析目标市场环境的变化，具有一定的市场策划能力等。

4. 消费知识

销售人员应了解谁是产品的购买决策者，其购买动机和购买习惯如何，对交易条件、方式、时间有什么要求，对产品看法存在哪种顾虑等。需具备一定的消费心理学、消费行为学常识。

5. 管理知识

一个优秀的销售人员，不仅要掌握一定的营销技能与营销理论知识，还要能应用管理知识，进行业务管理，不但对人管理，而且对产品、时间、客户等方面进行管理，做到有条有理，思路清晰。

6. 社会知识

销售人员必须要了解市场所在地区的经济情况和社会风土人情，以及和业务有关的民族、宗教、心理等方面的知识，这些知识越丰富越有利于业务工作。当然销售人员需要的知识面是非常广的，还需要有一定的统计知识、社交知识、医学知识、美学知识、法律知识、财务知识等。

销售人员必备的十个“心”：信心、野心、恒心、专心、耐心、善心、灵心、虚心、诚心、精心。

二、终端营销人员激励机制

实施终端营销的促销人员，企业需建立合理的薪资及激励制度，这样有利于激发促销人员的工作积极性，能大大地提高促销人员工作效率和热情。同时，可以减少促销人员的流失。作为促销人员的管理者必须不断地通过各种手段和形式刺激促销人员的工作积极性，充分调动其工作热情，发挥较高的促销水平，同时还要不断提高促销人员的士气和信心，从而提高其促销量，使终端业绩不断创造出新纪录。

（一）促销人员的报酬制度

在目前我国支付促销人员劳动报酬制度通常可归纳为四种：第一是直接薪金制，即按促销工作时间支付；第二是固定薪金制，即每人完成一定促销量，完成即可得到应有工资；第三是固定工资+提成，即促销员除拿到固定工资外，还可以按其销量给予提成，目前这种方法使用比较普遍；第四是提成+奖励，即促销人员没有固定工资，根据销量多少给予相当的提成和奖励，这种方法在小型企业中用的较多。

（二）促销人员的奖励

促销人员作为企业营销一线的工作人员，在促销取得优秀业绩时，企业应给予一定的奖励。对促销人员的奖励主要有两种：物质奖励和精神奖励。

三、终端促销绩效评估

终端促销绩效评估是对促销员的综合评价，是按照一定的评估项目来衡量促销人员业绩和工作效率情况，是在一定时期对各项工作指标完成情况的核定。具体见表6-4。

表6-4　　促销活动成果分析表

促销内容：	实施时间：
1. 销售目标：　元　箱 2. 目标达成状况 （1）销售金额 （2）销售数量 （3）产品结构 3. 终端管理 （1）陈列位置 （2）陈列材料 （3）POP广告等 4. 广宣活动支持 （1）促销前 （2）促销期间 5. 促销反应 （1）业务人员 （2）终端 （3）顾客	

续表

6. 经费
（1）预算
（2）实际费用
7. 费用比率
8. 总评 A、良好 B、普通 C、差

四、终端促销员绩效考核

企业对促销员绩效考核主要是对促销员的促销金额、工作态度、专业技巧、客情关系等方面进行的，并根据考核项目的重要与否给予不同的评分参数。标准具体见表6-5。

表6-5 促销员绩效考核表

终端名称	促销员	考核项目及得分（满分10分）					重要违纪	得分	促销员签名
		促销金额 5	客户反馈 2	配合程度 1	个人形象 1	其他 1			

注：重要违纪一般指：迟到、早退、未执行工作、未按规定着装、用餐超时、报表随意、私占促销品、与客人争吵等。

五、终端促销员的管理

对促销员进行管理，这里主要是指监控。监控办法主要有两种：一是人员监控，就是通过促销主管对他们工作进行监督指导，这种办法对规模较小的公司使用效果较好。二是制度监控，就是规定促销纪律，填写各种报表，又称表格监控。这种办法使用比较广泛有效，被多数企业所采用。表格管理要求促销员在日常工作中必须完成四个报表，见表6-6至表6-9。

表 6-6 促销员工作日报表

促销员姓名：		日期：	
终端名称		地点	
产品销售量 产品 A 产品 B 产品 C			
销售金额 产品 A 产品 B 产品 C 合计			
赠品（样品）使用情况			
消费者反映			
竞争对手情况说明			
其他情况			

表 6-7 促销员工作周报表

促销员姓名		日　期	
计划完成目标		实际完成任务	
促销主管		报表日期	

表6-8　促销员月总结报表

促销员姓名		日期	
本月完成任务情况			
市场信息反馈及问题			
建议			
下月计划完成任务			
其他			

表6-9　终端促销统计月报表

终端类别：

序号	终端名称	月售金额	产品类别（A/B/C）	促销员姓名

六、高绩效团队打造

尽管在打造高绩效团队方面还没有保证管用的方案，但通过观察，很多成功的团队还是有一些共同的地方。

（1）培养紧迫感，确立严格的绩效标准以及行动方向。比如给团队树立一个有意义的目标，告诉团队成员，他们完成某个目标对于公司今年上市意义重大，此时团队成员潜能会得以发挥。

（2）根据实际技能和潜在技能以及团队需要来挑选团队成员。可以在团队成立时，考虑团队若完成绩效目标需要的全部技能，然后挑选团队成员。

（3）作为团队领导者要注意第一次会议和第一次行动，第一印象很重要。当团队第一次聚集时，团队管理者的言行被团队成员视为以后言行的风向标，如果团队管理者第一次会议时迟到，那么团队成员以后会怎样呢？如果自己迟到却要求成员不能迟到，又会使得团队成员如何想呢？

（4）确立一些明确的行为准则。比如，规定开会时“人人平等”，都可以随时表达不同意见；奖金的多少完全按照绩效来，不能看平时的交情等。

（5）将全年目标，进行合理的分解。如果只盯着总的目标，就会显得难以完成，如果团队参与将总目标分解为一个个近期要完成的任务，那么团队总目标就会随着近期任务的完成而逐步向前推进。

（6）定期用新的事实和信息来挑战团队。这样团队会形成共同奋斗的意识，形成共同的宗旨。

（7）经常在一起。常识告诉我们，日久生情，团队成员需要花时间在一起，进行必要的互动，尤其是在团队成立之初的开始阶段。然而，事实上由于高管们日常比较忙，常常缩短与成员在一起的时间。当然，通讯发达的今天，也不用非要面对面，可以通过微信、视频电话等方式多联系。

（8）利用好正面反馈、奖励的强化作用。如果团队成员新的利于团队绩效的反馈或行为得到及时、恰当的奖赏，那么团队其他成员就会效仿，从而带动整个团队绩效的提升，团队管理日常就要留意这些对团队有利的行为，尽量不遗漏。反之，若团队成员的这些反馈或行为被忽视，那么该成员积极性就会受挫，其他团队成员也会认为这些反馈或行为是可有可无的。

（9）给团队成员一些特殊待遇。人是有感情的，都希望受到别人的尊重，比如，有几天团队成员干劲十足，那么就可以给他几天休假或者他请求的事情给予一定的区别待遇。抑或是给予比较情绪化的女员工一些生日惊喜，这有时是给几百块奖金不能比拟的。

（10）虽然遵守团队规则很重要，但在团队规则下，还要表现出浓厚的人情味。一个人情味十足的团队管理者，会给团队成员工作时带来轻松感，更易发挥员工的潜能。比如，帮加班的团队成员带外卖，下属生病时，及时探望，即使没有时间也要打个电话问候一下等。

（11）帮助员工但不接受员工任何形式的感谢。团队管理者对员工的举手之劳，可能换来员工的感激，帮助的人越多，得到的也越多，但不要接受员工的答谢酒宴等。如果接受了，员工可能会认为已经补偿过了。

（12）有时向员工吐露一点小秘密。日常中，人们会认为别人向他吐露秘密是亲近的表现，是信任的表现。同样作为团队成员也希望团队管理者可以那样做。

第七节 终端的客户管理

一、终端客户的管理内容

终端客户管理的对象主要是与企业具有买卖关系的酒店、饭店、超市、量贩、商场、娱乐场所、百货店、糖烟酒店等，终端管理对象是复杂多样的，进行终端管理的目的是提高工作效率、稳定市场占有率、促进销售，建立与终端客户良好关系以及有效控制终端，控制和预防终端风险的发生等。终端客户管理的内容很多，归纳起主要有以下几个方面。

1. 终端客户的基础资料

终端客户的基础资料即终端客户最基本的原始资料档案，主要包括终端客户的名称、地址、电话、所有者、经营管理者、法人代表及他们个人的性格、兴趣、爱好、家庭、学历、年龄、能力、创业史、与本公司合作时间、组织形式、资产、信用等。这些资料是客户管理的起点和基础，主要是通过推销员进行的终端客户访问和交易过程中调查搜集的。终端客户的基础资料内容应尽量完整全面，很多企业在进行终端营销时，总是认为对一个小小终端客户没有必要花那么大的力气做这些，其实这种观点是不可取的，客户无论大小，对其了解都应该是全面的，因为这对一个企业的长远发展具有很大的意义。

2. 终端客户特征

终端客户特征主要指其经营方面，如服务对象、顾客来源、发展潜力、销售能力、经营理念、经营特色、经营方向、经营规模等。

3. 业务状况管理

业务状况管理主要包括终端的经营实际业绩，经营管理者和工作人员的素质，与其他竞争者的关系，与本公司的业务关系和合作态度等。

4. 终端的交易状况

终端的交易状况主要包括终端客户对本公司产品销售状况，存在问题和优势，以及终端客户的声誉、信用、交易条件等方面的问题。

5. 终端的产品生动化管理

主要包括对终端产品的陈列以及辅助生动化手段、产品的宣传展示、促销物料布置、终端维护等内容。

6. 对终端的投诉管理等

主要包括客户定期回访、投诉处理后二次回访、投诉处理程序、投诉处理人员的选拔与培训等内容。

二、终端客户的管理原则

无论什么样的客户管理，都必须遵守一定的原则，终端客户也是如此，只有按照一定的原则管理才能有章可循，有条不紊。在终端客户过程中，应注意以下原则。

1. 专人专管原则

终端客户资料是企业的商业机密，只能供企业内部使用，所以客户管理应确定具体的规定和办法，由专人负责管理终端客户资料和情报信息。

2. 分类管理原则

由于终端客户多而杂，在管理时应对其进行分类管理，可按照终端经营类型、终端的经营规模、交易时间序列以及终端重要性等情况进行分类管理，另外还可以建立终端动态 ABC 客户档案等。

3. 灵活运用原则

终端客户资料的收集管理目的是在销售过程中加以运用。所以在建立终端客户资料卡或客户管理卡后不能就此完事，应以灵活的方式全面地提供给推销人员及其他有关人员，使他们能进行更详细的分析，使死资料变成活材料，提高终端客户的管理效率。

4. 动态管理原则

终端客户的资料卡和档案建立后不能置之不理，若是如此，也就失去了管理的意义。因为客户的情况会随着合作及市场的变化而不断发生变化，因此，终端客户的资料要不断地加以调整。剔除过去无用的或已经变化了的资料，及时补充新的资料，对客户的变化进行跟踪，使客户管理保持动态性。

5. 突出重点原则

因为不同类型的终端客户资料很多，企业在管理或使用时，要通过这些资料找出重点终端客户。重点终端客户不仅要包括现有终端客户，而且还应包括未来客户或潜在终端客户，为企业选择新终端客户、开拓新市场提供资料。

三、终端客户信用管理

终端客户的信用管理直接涉及企业的根本利益，一个优质客户给企业带来效益，一个喜欢赖账的客户会给企业、给业务员带来许多麻烦，有的甚至是直接的经济损失。因此，作为酒类产品的客户，尤其是终端客户要进行必要的管理，以提高企业的收益，增加抵抗竞争风险的能力。

（一）终端客户信用调查的方法

（1）深入终端内观察　业务员在推销拜访前可以以终端的顾客身份进行观察，对终端的顾客和内部工作，进行观察和调查；在与终端推销的过程中，对终端进行观察和了解各种情况。

（2）通过人际交往获得　可通过自己的人际关系，如在终端工作的同学、朋友或在终端上级主管部门工作的熟人朋友等了解终端客户的信用情况。

（3）通过与终端老板打交道了解　通过对终端老板的了解来了解终端的信

用，是最直截了当的，推销员可以在与终端老板打交道过程中可以了解老板为人处事、个人信誉等，通过对终端老板个人了解便可知道终端的信用如何。

（4）通过终端促销员、服务员等员工调查　通过对在终端工作的促销员或终端的服务员及其他员工调查来获得终端的信用情况。

另外，还可以通过终端竞争对手、行业等进行调查了解终端的信用。

（二）终端客户信用调查结果的处理

1. 调查完成后，应编写终端客户信用调查报告

因为终端客户的管理是一个动态的管理过程，所以要定期以书面的形式报告给主管；平时也要口头日常报告和紧急报告。定期报告时间根据不同类型的终端而采取不同报告期限。具体如下。

（1）对于规模大、信誉高、实力雄厚的终端每月做一次信用调查报告；

（2）对于信用状况一般、信誉较好的客户每半个月报告一次；

（3）对于一般的小终端客户、新终端客户，要求每周报告一次；

（4）对于较差的终端客户要求每两天报告一次或随时报。

2. 信用状况突变的处理

业务员如发现自己所负责的终端客户信用状况发生变化，应直接向上级报告，按紧急报告处理，立即采取措施，一般要做如下对策：

（1）减少供货量或实行发货限制；

（2）停止供货、追要货款；

（3）停止合作等。

3. 对终端客户不同信用等级采用不同管理

（1）根据实际情况，划分出不同的信用等级，如终端 ABC 三类客户；对于 A 类，其信用好，信用额度可以不受限制；对于 B 类，可先确定一个信用额度基数，以后再逐渐放宽限制；对于 C 类则应仔细审核，适当地给予少量的信用额度。

（2）对终端客户确定的不同信用额度不是一成不变的，应随着实际情况的变化而有所变化。

（3）可确定一个最高限额，然后根据终端客户的不同设定不同的信用度。

（4）业务员所辖终端客户超过规定的信用限时，须向主管或经理汇报。

（三）终端营销的风险控制

终端营销中，因为直接面对的是造就你销量的对象，许多情况下会制约你的行为。所以，特别要引起高度的重视，并注意日常的磨炼，培养自己独立的个人研判能力。

1. 终端营销的风险控制

随着酒类市场的竞争加大，终端营销已成为酒类及各行业的核心业务，终端营销作为一个新的营销课题，也引起众多企业的广泛关注，尤其是终端营销面临

的风险，是很多企业迫切需要解决的问题，这一问题严重制约和阻碍着企业终端营销的开展。要解决酒类终端的风险问题，首先要弄清终端营销存在哪些风险，是什么原因造成的，以及终端营销风险的类型。终端营销风险主要有以下几种类型：跑户、终端转让、终端倒闭、呆账、死账等：造成这些风险的因素主要有以下几种。

（1）终端的经营不善 终端经营不善造成的企业风险在终端营销风险中占有绝对数额。由于终端生意不好，对企业的货款迟迟不做结算，长期拖欠，企业催款也无可奈何，最后导致呆账、死账等。造成这种风险的主要原因，在于当初选择终端标准、资格审查上不能严格把关，对欠款问题不能做出及时的处理而造成的。

（2）合作双方矛盾 在终端营销中，合作双方矛盾造成的风险，也占相当大的比例。这种矛盾是双方在合作上缺少沟通造成的，有时终端常要求企业这么做或那么做，而企业有时做的令终端不满意，这样便会产生一些小矛盾，这些小矛盾如果得不到解决，终端就会拖欠酒款，要是企业再不合作，就撤你的酒，所欠酒款也让你拿不到，或者迟迟不肯付，这样对企业来说就是一种损失。

2. 终端习惯性拖欠款

终端营销最怕的是终端习惯性拖欠货款。因为企业只要终端货款有拖欠就一定会带来风险，这种风险在终端营销中占有很大比例，必须要减少和控制。

3. 业务员的流失

终端营销中业务员的流失和跳槽，会给企业带来一定的风险。如一个业务员管理 20 家终端，由于该业务员对企业失去信心，辞职了，终端客户便一下子失去了管理。更有甚者，业务员拿着货款，不打招呼就走了人，结果几天后企业才知道业务员不干了，这样不仅损失了货款，而且其所负责的终端再让其他业务员接管也比较困难。因此，业务员的流失造成的终端营销风险也不可小视。

4. 业务员不负责任

业务员流失和跳槽会给企业带来终端营销的风险，而终端业务员对工作不负责任，同样也能造成终端营销的风险。如由于业务员不对终端及时回访，有时一些终端转让、倒闭、关门了，业务员还不知道，等知道了终端所欠的货款也“跑”了。这对企业来说就是一种风险，但这种风险是完全可以避免的。

5. 终端自身管理问题

终端自身管理问题造成的企业风险，虽然在终端营销风险中的比例较小，但也不可忽视。这一风险主要表现在终端财务管理上，有些终端，企业送货容易，结货款时就比较困难了，必须找大老板、前厅经理、财务经理、采购等人员签字，若一人不签，你就别想拿到货款。由于终端的这种管理环节多、关卡多等因素造成企业的货款难结，造成积压，从而导致终端营销风险的产生。

6. 企业自身管理不善

由于企业在终端营销方面缺少管理经验，无从下手，尤其在终端业务管理、业务员管理、促销管理等方面缺少周密的计划和部署，缺少完善的管理制度，造成管理上的疏忽和漏洞，导致终端营销风险的产生，这在终端营销风险中占有相当大的比例。

（四）如何预防终端营销的风险

终端销售的风险因素很多，如竞争对手不正当竞争造成的、业务员相互扯皮造成的、终端的赖账造成的等，以上所述只是常见的几种风险因素。了解了终端营销风险的原因，我们就不难找出预防的办法，如何预防终端营销的风险呢？

1. 注意终端选择

终端营销时，必须重视终端选择的标准。首先要了解终端的经营状况、性质、规模、客源、有何特色等；第二要调查终端的信用如何；第三要进行终端的等级划分，建立终端 A、B、C 客户档案，对终端进行分类管理。

2. 勤于沟通和回访

沟通和回访是预防终端营销风险最有效的办法之一。沟通能使双方更好地合作，与终端沟通得越深越久，双方就越能达成默契，这样在结款时就比较顺利；回访能有效了解终端经营的动态、动向等，回访越勤、越多就越能有效地监督终端的一举一动，如终端转让、倒闭等都能很快了解情况，并及时采取措施，避免风险的产生。

3. 及时清账，不给终端留有欠款机会

预防终端营销风险的最好办法是不赊账，不赊账在目前而言不是不可能。那么，及时清账便是预防终端营销风险的有效办法。及时清账不给终端留有欠款的借口，这是每个做终端营销的业务员必须坚持的原则。当然，这在终端营销时就必须和终端协商好结算的时间，到结算时一定要想尽一切办法把货款结清，绝不能给终端留有借口，不能让终端养成欠账、积压账款的习惯。

4. 加强终端业务员的管理

终端营销风险的控制主要在于业务员，因此，对业务员管理就显得极其重要，不容忽视。做终端必须有一支稳定的销售队伍，要建立一支稳定的销售队伍，关键在于对终端业务员的管理，使终端业务员乐意干、干得值，只有这样业务员才会尽力、尽责去做，终端营销的风险才能得到有效的控制。

5. 与终端业务人员多交流

终端的业务人员大多喜欢与企业业务员交流，在交流中可以加强促销效果，还能了解和观察终端内部的情况并及时收集汇报。这样就能有效地降低终端营销中的转让、跑户、顶户等原因造成的风险。

6. 服务及时，承诺兑现

企业在做终端营销时要尽可能多地为终端做好服务，及时服务，尽量减少与终端冲突。承诺兑现是企业在做终端营销时必须注意的问题，向终端承诺要实事求是，不要光说不做，光承诺不兑现。但作为业务员一定要根据企业的营销政策和终端营销方案中的内容进行承诺，千万不要对企业并没有的政策去做不必要的承诺，以防止承诺不兑现。

7. 签订平等的销售协议

为了进一步预防终端营销风险，在终端营销运作时，终端提出一定的条件，企业也必须提出相应条件，双方要进行平等协商，达成协议来保护双方利益，如终端提出进店费，企业可相应提出酒上柜的条件、结算方式、结算时间、销量等，以法律的形式确保双方的利益不受损失。

总之，预防终端营销的风险除上述方法外还很多，如加强企业自身的管理、提高营销员的业务水平和开发新的营销渠道等。关键是提高终端营销的效率和效益，使终端营销的风险降到最低。

复习思考题

1. 终端铺货需要注意的问题有哪些?
2. 终端铺货策略有哪些?
3. 高绩效团队如何打造?
4. 如何减小终端风险?

实践操作题

请根据本章内容，选择一款黄酒产品，并策划其在超市终端的促销活动。

参考文献

[1] 韩胜宝．姑苏酒文化．苏州：古吴轩出版社，2000.

[2] 四川省民俗学会，剑南春集团公司．四川文化与社会经济研究．成都：四川大学出版社，2000.

[3] 段纪刚，郭新成．话说谢村黄酒．北京：中国文联出版社，2009.

[4] 陈义方．台湾的酒．中国台湾：远足文化事业股份有限公司．2005.

[5] 宁夏区政协文史资料研究委员会．宁夏文史资料第十七辑．银川：宁夏人民出版社，1987.

[6] 杨国军．绍兴黄酒酿制技艺．杭州：浙江摄影出版社，2009.

[7] 陈彩云，陈国灿．金华酒酿造技艺．杭州：浙江摄影出版社，2012.

[8] 中国酿酒工业协会．中国酒业研究报告．北京：中国轻工业出版社，2011.

[9] 蔡霞．市场营销学．青岛：中国海洋大学出版社，2012.

[10] 杨勇，陈建萍．市场营销理论、案例与实训．北京：中国人民大学出版社，2014.

[11] 上海市国有资产监督管理委员会，上海市企业管理现代化创新成果评审委员会．上海市企业管理创新成果集（2004）．上海：华东理工大学出版社，2004.

[12] 甘华鸣，王俊杰，等．新产品开发管理操作规范．北京：企业管理出版社，2004.

[13] 孟跃．勾兑营销：中国酒类新营销策略与实战．北京：北京理工大学出版社，2008.

[14] 马科姆·麦当娜，马丁·克里斯托弗．市场营销学．北京：经济管理出版社，2011.

[15] 庄贵军．营销渠道管理．北京：北京大学出版社，2012.

[16] 李进恩．市场营销实务．青岛：中国海洋大学出版社，2012.

[17] 杨旭．酒类终端营销实战技巧．中国香港：中国经济文化出版社，2003.

[18] [美]《营销新闻》，1985 年 3 月 1 日，第一页.

[19] [美] 菲利普·科特勒著．王永贵译．营销管理．上海：上海格致出版社、上海人民出版社，2009.

[20] 马鸿飞．营销策划．北京：机械工业出版社，2011.

[21] 李先国，胡志勇，等．国家职业资格培训教程——高级营销师．北京：中央广播电视大学出版社，2006.

[22] 陈启杰，江晓东，等．市场调研与预测．上海：上海财经大学出版社，2008.